Übersetzung als Kulturvermittlung

Posener Beiträge zur Angewandten Linguistik

Herausgegeben von Prof. Dr. Waldemar Pfeiffer und Prof. Dr. Camilla Badstübner-Kizik

Band 6

PETER LANG
EDITION

Camilla Badstübner-Kizik / Zbyněk Fišer / Raija Hauck
(Hrsg.)

Übersetzung als Kulturvermittlung

Translatorisches Handeln. Neue Strategien. Didaktische Innovation

PETER LANG
EDITION

Bibliografische Information der Deutschen Nationalbibliothek
Die Deutsche Nationalbibliothek verzeichnet diese Publikation
in der Deutschen Nationalbibliografie; detaillierte bibliografische
Daten sind im Internet über http://dnb.d-nb.de abrufbar.

Diese Publikation entstand in Zusammenarbeit der Masaryk-Universität Brno, der Adam-Mickiewicz-Universität Poznań, der Ernst-Moritz-Arndt-Universität Greifswald und dem Alfried Krupp Wissenschaftskolleg Greifswald.

Gedruckt mit freundlicher Unterstützung der Philosophischen Fakultät der Masaryk-Universität Brno.

Wissenschaftliche Begutachtung:
Prof. PhDr. Věra Janíková, Ph. D.
Prof. Dr. Michael Düring

Umschlagabbildungen:
Logo und Aula der Adam Mickiewicz-Universität Poznań
Abdruck mit freundlicher Genehmigung
der Adam-Mickiewicz-Universität Poznań.

ISSN 2191-3536
ISBN 978-3-631-65747-8 (Print)
E-ISBN 978-3-653-05037-0 (E-Book)
DOI 10.3726/978-3-653-05037-0

Peter Lang Edition ist ein Imprint der Peter Lang GmbH.

Peter Lang – Frankfurt am Main · Bern · Bruxelles · New York · Oxford · Warszawa · Wien

Diese Publikation wurde begutachtet.

www.peterlang.com

Inhalt

Juliane House

Vorwort

Der vorliegende Band befasst sich mit einem für die Übersetzungswissenschaft derzeit besonders relevanten Themenbereich: der Übersetzung in ihrer Funktion als Kulturvermittlerin. Die Verfasser der einzelnen Kapitel versuchen, diesen Themenbereich in interessanter und neuartiger Weise mit gegenwärtigen Entwicklungen in der Translationsdidaktik zu verknüpfen. Eine solche Verknüpfung ist nur möglich durch eine interdisziplinäre Perspektive – und es ist eine solche Perspektive, die diesen Band kennzeichnet, kommen in ihm doch Übersetzungswissenschaftler aus vielen verschiedenen Ländern und Disziplinen zu Wort. Sie alle verbinden in hervorragender Weise Theorie und Praxis und geben so wichtige, innovative Impulse für die Ausbildung angehender Übersetzerinnen und Übersetzer. Solche Impulse sind natürlich besonders notwendig in Zeiten der Dominanz der sog. Sprachindustrie, der kontinuierlichen Weiterentwicklung neuer Informationstechnologien und von Sprach- und Übersetzungskorpora, in denen mehr als je zuvor Sensibilität, Reflektion, Kreativität und Flexibilität beim Übersetzen gefragt sind.

Nach einer kurzen Einleitung der drei Herausgeber mit dem wegweisenden Titel: „Vermittlung statt Vereinfachung" gliedert sich dieser Band in vier größere Themenbereiche: konkrete, theoriegestützte Vorschläge zur Übersetzerausbildung, sprachwissenschaftliche Ansätze, kreatives Handeln beim Übersetzen sowie literarische und intermediale Ansätze. In allen diesen Bereichen finden wir eine Vielzahl interessanter Vorschläge und Überlegungen zur besseren Vermittlung von Übersetzungskompetenz, die unseren Horizont wesentlich erweitern.

Als jemand, die über lange Jahre in der Übersetzungswissenschaft, der Sprachwissenschaft, der Lehr- und Lernforschung und der Interkulturellen Kommunikation geforscht und gelehrt hat, kann ich diesen Band allen an der Entwicklung unserer Disziplin Interessierten wärmstens zur Lektüre empfehlen.

Camilla Badstübner-Kizik, Raija Hauck, Zbyněk Fišer

Vermittlung statt Vereinfachung. Zur Einleitung in den vorliegenden Band

Kulturelle Entwicklungen sind in allen Aspekten ihrer Entstehung, Dauer, Veränderung und gegenseitigen Verflechtung durch komplexe Prozesse bedingt, darunter nicht zuletzt durch Prozesse subjektiver und gruppenorientierter Identitätsbildung mit sprachlicher, historischer, territorialer, sozialer oder auch ästhetischer Dimension. In besonderem Maße spiegelt sich dies in den unterschiedlichen Textsorten sowie in konkreten Texten wider, die im Ergebnis kultureller Entwicklungen als deren ‚Produkte' entstehen und die ihrerseits Einblick in „kulturelle Deutungsmuster" (Claus Altmayer) zulassen. Menschliche Handlungen und ihre Ergebnisse – Texte im weitesten Sinn des Wortes – werden auf ihren Wegen von einer Person zur anderen, von einer Gruppe zur anderen, ununterbrochen axiologisch bewertet und auf ihre Verständlichkeit und Vermittelbarkeit hin geprüft. Entstehen auf diesen Kommunikationswegen Barrieren, die auf der Unkenntnis oder Fehlinterpretation von sprachlich und / oder kulturell ‚anders' determinierten Zeichen, Codes, kommunikativen Regeln oder Werten beruhen bzw. daraus resultieren, so kommt es zu Missverständnissen, Irrtümern, Äußerungen der Nichtanerkennung, Nichtbeachtung, Ablehnung oder Distanz bzw. zu Versuchen, das ‚Fremde' und ‚Unverständliche' zu unterwerfen oder zu erobern. In Kontakt- und Vermittlungskonstellationen – über Sprachgrenzen hinweg, aber auch innerhalb von Sprachgemeinschaften – ist es daher von größter Bedeutung, gegenseitigen Respekt gegenüber Alterität, Vertrauen in ‚Fremdes', Neugier und Empathie zu entwickeln sowie eine Minimalisierung von Berührungsängsten anzustreben.

Übersetzerinnen und Übersetzer sind in Prozessen dieser Art sowohl unentbehrlich als auch unersetzlich. Auf ihnen ruht eine besondere Verantwortung, von ihnen wird eine besondere Sensibilität gefordert, gepaart mit hoher (inter) kultureller Kompetenz. Gerade in Zeiten dynamischer kultureller Kontakte und zunehmend durchlässiger werdender, beweglicher kultureller und sprachlicher Grenzen auf der einen sowie neuer kultureller Festschreibungen auf der anderen Seite ist es besonders wichtig, dass möglichst viele differenzierte Zugänge zum ‚Eigenen' und ‚Fremden' offen bleiben, dass sinnvoll und kompetent zwischen ihnen vermittelt und immer neue Wege für gegenseitige Erkenntnis und gemeinsames Erleben eröffnet werden. Kultur als veränderliches und veränderbares Netzwerk von Bedeutungsstrukturen – gerade auch über sprachliche und kulturelle Grenzen hinweg – fordert unserer Meinung nach einen neuen Blick auf die Tätigkeit von kultureller und sprachlicher Vermittlung. Dabei gehen wir davon aus, dass nicht nur Übersetzerinnen und Übersetzer – oder in vergleichbarer Weise Dolmetscherinnen und Dolmetscher – in einer eher traditionellen Auffassung die Vermittlung kultureller Inhalte abdecken, etwa bei der Übertragung publizistischer, politischer, kommerzieller, administrativer, literarischer oder audiovisueller Textsorten bzw. privater oder öffentlicher Gesprächsinhalte. Auch Erst-, Zweit- und Fremdsprachenlehrende, Lehrende der Fächer Geschichte, Philosophie, Kunst und Musik, KünstlerInnen und JournalistInnen, WissenschaftlerInnen in Lehre und Forschung, in kulturellen, sozialen und dienstleistenden Berufen tätige Personen, agieren in Kontexten, in denen die Vermittlung von Informationen, Ansichten und Werten zwischen Individuen und Gruppen eine wesentliche Rolle spielt. Sie alle entwickeln dafür spezifisch strukturierte Kompetenzen, sie alle aber benötigen auch eine angemessene professionelle Vorbereitung auf die sehr unterschiedlichen und dynamischen Kontaktsituationen und -konstellationen mit Angehörigen von Gruppen, die möglicherweise axiologisch, kognitiv und emotional ganz anders strukturiert und hierarchisiert sind als ihre ‚eigene', bzw. die in sich sehr viel differenzierter sind als zunächst angenommen. Guten Gewissens kann kaum von ‚homogenen Zielgruppen' gesprochen werden, sei es in der akademischen Ausbildung, sei es bei Anfertigung ‚adressatengerechter' Übersetzungen. In der Konsequenz braucht es differenzierte Perspektiven sowie hohe Flexibilität und Kreativität.

Unser Anliegen ist es, mit dem vorliegenden Band in die aktuelle Diskussion zu diesen Fragestellungen aus dem Blickwinkel der Translationsdidaktik einzugreifen. Wir möchten zeigen, dass es möglich – und notwendig – ist, für die translatologische Forschung transdisziplinär angelegte Ansätze zu entwickeln und zu vertiefen sowie in besonderem Maße deren didaktische Dimensionen auszubauen. Die moderne Translatologie wollen wir damit als eine *Disziplin mit hohem didaktischen Potenzial* vorstellen, deren Angebote einen weit über sie hinaus reichenden, anwendbaren Nutzen haben. In diesem Sinne bieten die vorgestellten Konzepte Anregungen für die Theorie und Didaktik der Übersetzungswissenschaft, sie wollen angehende und im Berufsleben stehende Übersetzerinnen und Übersetzer sowie deren akademische Ausbilder erreichen, darüber hinaus aber auch Personen, die in den oben skizzierten Kontakt- und Vermittlungssituationen tätig sind.

Der Band hat Wissenschaftlerinnen und Wissenschaftler aus Deutschland, Tschechien, Polen, Großbritannien und der Slowakei zusammengeführt, die sich in innovativer Weise mit ausgewählten didaktischen Aspekten des Übersetzens beschäftigen und neue Wege für die akademische Übersetzerausbildung suchen.

Grundgedanke ist, dass es vereinter, sprach- und disziplinübergreifender Anstrengungen bedarf, um die Ausbildung von Studierenden der Übersetzungswissenschaften zu profilieren und zu optimieren, sie auf interdisziplinäre Grundlagen zu stellen und daraus nachhaltige didaktische Innovation zu beziehen. Die einzelnen Beiträge thematisieren unterschiedliche Aspekte von Übersetzungsprozessen und ihren Produkten, sie zeigen Berührungspunkte zwischen bisher eher getrennten Ansätzen und können so – im Idealfall – zu Impulsgebern für weitere Überlegungen werden. Ein besonderer Fokus liegt auf der Rolle der Kreativität in der Translationsdidaktik: kreative Prozesse können durchaus ‚suboptimale' Ergebnisse bringen, diese aber sollten nicht von vornherein als ‚falsch' oder ‚fehlerhaft' etikettiert werden. Kreativität als didaktisches Kriterium initiiert vielmehr heuristische Prozesse, die überraschende und überzeugende übersetzerische Leistungen hervorbringen können. Sie spielt eine wichtige formative Rolle für das Denken und sprachliche Handeln.

Konkret werden im vorliegenden Band drei Fragencluster aus didaktischer Perspektive erörtert: die Rolle einzelner Arbeitsetappen im Übersetzungsprozess und ihre genaue Beschreibung, die Entwicklung übersetzerischer Kompetenzen als Teil der Kommunikationskompetenz von Studierenden sowie schließlich die zieltextorientierte Arbeit in unterschiedlichen medialen Formaten. Dabei werden diese Fragen nicht vorrangig produktorientiert behandelt, die Beiträge betrachten das Potenzial didaktischer Ansätze vielmehr hauptsächlich unter dem Gesichtspunkt der Prozessorientierung. Sie zeigen, dass das Ziel einer zeitgemäßen translatorischen Ausbildung *auch* darin bestehen sollte, Studierenden Methoden und Blickwinkel zu vermitteln, durch die kreative Prozesse ausgelöst werden können. Diese wiederum befähigen in besonderem Maße zur selbstständigen Produktion eines Zieltextes als Träger einer sprachlich und kulturell adäquaten Botschaft. Translationsdidaktik schließt damit die Anleitung zu reflektiertem kreativen Handeln zwischen und mit Sprachen ein.

Den methodologischen Rahmen des Bandes bildet die funktionalistische Übersetzungswissenschaft. Die Autorinnen und Autoren konzentrieren sich aus unterschiedlichen Perspektiven auf die Möglichkeiten der Entfaltung translatorischer Kompetenzen, wobei die Kreativität der Übersetzerpersönlichkeit im Zentrum steht. Anregungen verspricht die den einzelnen Beiträgen immanente Systematisierung didaktischer Ansätze zu verschiedenen Übersetzungsaufträgen. Es werden Übersetzungen aus den Bereichen Literatur, Drama, Film, Tourismus oder Marketing erörtert und damit ein Anknüpfungspunkt zur Diskussion intermedialer Beziehungen geschaffen, die auch in Übersetzungsprozessen eine zunehmende Rolle spielen (müssen). Zunächst erörtern **Christiane Nord** und **Jana Rakšányiová** in ihren Beiträgen die sprachübergreifende Problematik der

Ausbildung von Übersetzern auf unterschiedlichen Ebenen. Besonders wichtig scheinen uns dabei die Überlegungen dazu, welche spezielle didaktische Vorbereitung auch diejenigen brauchen, die Andere das Übersetzen lehren. Beide Autorinnen zeigen, wie wichtig es ist, bei den Studierenden strategische Entscheidungskompetenzen gleichzeitig mit bewusster Verantwortung für die verlangte, erwünschte Zieltextfunktion zu entwickeln. Die weiteren Beiträge konzentrieren sich auf methodologische Ansätze und das konkrete methodische Instrumentarium der Übersetzer-Ausbildung. **Bernhard Brehmer**, **Jarmila Fictumová** und **Jiří Rambousek** widmen sich in zwei Beiträgen dem Übersetzungsprozess aus der Perspektive der Korpuslinguistik, dabei spielen nicht nur studentische Korpora, sondern auch Übersetzungskorpora von authentischen, publizierten Texten eine besondere Rolle. **Raija Hauck**, **Zbyněk Fišer** und **Irena Přibylová** erörtern in insgesamt vier Beiträgen die Chancen und Grenzen von Prinzipien des Kreativen Schreibens und vergleichbarer kreativitätsfördernder Arbeitsverfahren im Übersetzungstraining und geben nachhaltige Impulse für ‚traditionelle' literarische Übersetzungsprozesse, mit besonderem Fokus auf poetische Texte und unter Einbeziehung flankierender visualisierender Methoden. Bisher seltener thematisierte Textsorten und Fragen der Intermedialität stehen in den folgenden vier Beiträgen des Bandes im Zentrum. **Petr Kyloušek** und **Katja Krebs** beschäftigen sich mit der partiellen Übersetzbarkeit von Bühnentexten und lenken die Aufmerksamkeit auf Fragen ihrer sozialen, sprachenpolitischen und historischen Bedingtheit und die daraus resultierenden translatorischen Probleme. **Anna Urban** und **Camilla Badstübner-Kizik** greifen Fragestellungen aus dem Umkreis der audiovisuellen Übersetzung auf, wobei ihr Augenmerk den besonderen Herausforderungen gilt, vor denen Übersetzerinnen und Übersetzer von (animierten) Kinderfilmen sowie mehrsprachig realisierten Filmen stehen.

Methodologisch stützen sich die einzelnen didaktischen Modelle einerseits auf funktionalistische Übersetzungstheorien und -strategien, andererseits auf Impulse aus Linguistik, Literatur-, Kultur-, Film- und Theaterwissenschaft, aus Ästhetik, Pädagogik und Intermedialitätsforschung. Diese breite Skala von Perspektiven halten wir für höchst inspirativ, und zwar sowohl in der praktischen Übersetzer-Ausbildung selbst als auch im Rahmen notwendiger trans- und interdisziplinärer Grundlagenforschung innerhalb der Übersetzungswissenschaften. In diesem Sinne möchten wir mit dem vorliegenden Band die Diskussion über die Berechtigung kreativer Ansätze auf dem Weg zur Innovation der konkreten translatorischen Arbeit am Text, der translatorischen Ausbildung sowie der translatologischen Forschung bereichern und neu anstoßen.

Poznań, Greifswald, Brno, Mai 2015

Übersetzerausbildung

Christiane Nord

Ausbildung der Ausbilder: Was man für die Übersetzungslehre wissen muss

People often complain that there is no formalized training for translation teachers. The following paper presents some basic considerations concerning translator training from a functional perspective. After looking at the complexity of the translation process from a didactic point of view and defining translation competence and its main components (knowledge, skills and abilities), the paper explains how this competence can be taught in a systematic way, making sure that translation tasks are presented in an appropriate learning progression. Concepts like translation problem vs. translation difficulty, translation type and translation brief as well as "auxiliary texts" as a tool in the translation process play an important role.

Key words: translation competence, translation brief, translation problem, translation difficulty, auxiliary texts, learning progression, 'rich points'

Schlüsselwörter: Translationskompetenz, Übersetzungsauftrag, Übersetzungsproblem, Übersetzungsschwierigkeit, Hilfstexte, didaktische Progression, Rich points

Einleitung: Wie wird man Lehrkraft für Übersetzen?

Die Personen, die an Universitäten oder auch Sprachenschulen Übersetzungsunterricht erteilen, haben eines gemeinsam: Sie haben in der Regel keine formelle Ausbildung, die sie zum Übersetzungsunterricht befähigt. Es sind Menschen mit einer philologischen Ausbildung für den Fremdsprachenunterricht, praktizierende Übersetzer oder Dolmetscherinnen, die selbst eine Ausbildung genossen haben oder auch Autodidakten sind, fremdsprachenkundige Fachleute aller möglichen Disziplinen (Ingenieurwesen, Jura, Medizin, Wirtschaftswissenschaften) oder Laien, ‚MuttersprachlerInnen' im Ausland – oder einfach Leute, die gerade zufällig vor Ort sind, wenn eine Lehrkraft für den Übersetzungsunterricht gebraucht wird. „Könnten Sie das nicht vielleicht machen – Sie können doch übersetzen?" Aber selbst wenn sie vielleicht wirklich gut übersetzen können, gilt hier, wie auf anderen Gebieten auch: Wer etwas gut kann, kann es nicht ohne weiteres auch gut lehren.

Das sagt nichts darüber aus, dass sie nicht vielleicht begnadete Lehrer oder Lehrerinnen sind oder werden können. Es heißt nur, dass es keinen Ort gibt, an dem man zur Lehrkraft für Übersetzungsunterricht ausgebildet werden kann.

Diese Lehrkräfte werden einfach ins kalte Wasser geworfen. Vielleicht übertragen sie ihre Erfahrungen aus der Fremdsprachendidaktik dann auf den Übersetzungsunterricht und bringen ihren Studierenden die alte Regel „So treu wie möglich, so frei wie nötig" bei, nach der sie selbst Kafka ins Englische oder einen Leitartikel ins Französische übersetzen mussten. Angesichts der Komplexität der im Übersetzungsunterricht zu vermittelnden Kompetenz ist das eine ziemlich unbefriedigende Situation.

Daher bilden sich diese Menschen selbst *on the job* aus, indem sie translationswissenschaftliche Literatur lesen, schauen, wie es andere machen (wenn die KollegInnen sie hospitieren lassen) und in ihrem Unterricht nach dem Modell *trial and error* immer wieder einmal etwas anderes ausprobieren. Und wenn sie dann ihr optimales Unterrichtsmodell gefunden haben, gehen sie mitsamt ihrer Erfahrung in Rente, und die oder der Nächste fängt genau dort wieder an, wo sie einmal angefangen haben.

Glücklicherweise hat sich die Situation insoweit etwas geändert, als Didaktik im Allgemeinen und *Übersetzungsdidaktik* im Besonderen an den Universitäten wenigstens kein Tabu mehr ist, wie zu meiner Zeit, sondern junge Forscherinnen und Forscher in vielen Ländern die Übersetzungskompetenz zu ihrem Forschungsfeld gemacht haben, das sie mit viel Hingabe und unter Einsatz der neuesten elektronischen Werkzeuge beackern. Da ich selbst kein *digital native*, sondern höchstens ein *digital immigrant* bin (Prensky 2001), möchte ich im Folgenden allerdings das Thema etwas altmodischer angehen und mich dem Gegenstand aus der Perspektive meiner jahrzehntelangen Unterrichtserfahrung widmen. Dazu soll zunächst einmal definiert werden, was ich unter *Übersetzungskompetenz* oder, wenn wir das Dolmetschen zunächst mit einbeziehen, *Translationskompetenz*, verstehe.

Was ist Translationskompetenz?

Je nach disziplinärem Zusammenhang wird Kompetenz unterschiedlich definiert. Allen Definitionen ist jedoch gemeinsam, dass sie sich auf bei Individuen verfügbare oder von diesen erlernbare Wissensbestände, Fertigkeiten und Fähigkeiten beziehen, die zur Lösung eines Problems oder einer Aufgabe erfolgreich und verantwortungsvoll eingesetzt werden können (vgl. z.B. Weinert 2001:27f.). Translationskompetenz heißt dann, die für die Translation erforderlichen Fähigkeiten, Wissensbestände und Fertigkeiten erfolgreich und verantwortungsvoll zur Herstellung eines Translats, also einer Übersetzung oder Verdolmetschung, einzusetzen. Da wir uns auf professionelle Translation beziehen und diese generell durch einen Auftraggeber initiiert wird, der das Translat für bestimmte Zwecke benötigt, müssen wir noch hinzufügen, dass ein *funktionsgerechtes* Translat hergestellt werden soll, also eines, das die Anforderungen des Auftraggebers erfüllt. Das gilt sowohl für die professionelle Translationspraxis als auch für die Ausbildung von Translatorinnen und Translatoren.

Es geht daher um eine funktionale Translationskompetenz. Das bedeutet, dass sich eine für die Translation kompetente Person darüber im Klaren sein muss, dass in der heutigen professionellen Praxis des Übersetzens und Dolmetschens Translate für viele verschiedene kommunikative Zwecke benötigt werden und dass diese Zwecke nicht unbedingt immer mit den Zwecken identisch sind, für die der Ausgangstext gedacht war. Funktionale Translationskompetenz schließt das Wissen ein, dass die Auswahl sprachlicher und nicht-sprachlicher Zeichen sowohl im Ausgangs- als auch im Zieltext von situationellen, d.h. pragmatischen, und kulturellen Faktoren abhängt und dass eine Veränderung der Situation-in-Kultur zwangsläufig eine Veränderung der Zeichenauswahl erfordert. Da die kulturellen Einflussgrößen für Ausgangs- und Zieltext möglicherweise unterschiedlich sind, bedeutet funktionale Translationskompetenz auch, dass die sogenannten *rich points* (Agar 1991) identifiziert werden müssen, an denen zwischen Mitgliedern der im Translationsvorgang in Kontakt tretenden beiden Kulturen kommunikative Konflikte auftreten können, die im Translationsprozess effektiv und unparteiisch gelöst (oder besser: vermieden) werden müssen.

Funktionale Translationskompetenz bedeutet darüber hinaus, zu wissen, dass Mitglieder verschiedener Kulturen scheinbar gleiche oder analoge Strukturen ihrer Sprachen aufgrund kulturspezifischer Normen und Konventionen nicht immer mit der gleichen Frequenz oder in derselben Situation verwenden, und dass die Verwendung des falschen kulturellen Kodes zu ernsten Beeinträchtigungen der Funktionalität eines Textes oder einer Äußerung oder sogar zum Kommunikationsabbruch führen kann. Dazu gehört auch, dass man einen funktionsgerechten Zieltext herstellen kann, auch wenn der Ausgangstext Defekte aufweist. Um dies alles zu erreichen, benötigt man eine gute Allgemeinbildung und ein noch besseres Fachwissen über das in der Kommunikation behandelte Thema bzw. die Kenntnis der Quellen und Ressourcen, mit denen man Wissensdefizite gegebenenfalls gezielt ausgleichen kann. Und natürlich wird erwartet, dass funktionale Dolmetscherinnen und Dolmetscher bzw. Übersetzerinnen und Übersetzer schnell und effizient arbeiten und absolut stressresistent sind.

Das hört sich schon sehr nach der ‚eierlegenden Wollmilchsau' oder dem ‚Hans Dampf in allen Gassen' an. Wir werden uns daher im nächsten Schritt den Translationsprozess etwas genauer anschauen, um festzustellen, welche Wissensbestände, Fähigkeiten und Fertigkeiten im Einzelnen für die Translation benötigt werden.

Um die Sache nicht unnötig zu komplizieren, möchte ich mich im Folgenden vorwiegend auf das Übersetzen als schriftliche Realisationsform der Translation beziehen und blende daher das Dolmetschen aus, für das allerdings die nachstehenden Überlegungen *ceteris paribus* ebenfalls gelten können.

Wissen, Fertigkeiten und Fähigkeiten im Übersetzungsprozess

Wie bereits angedeutet, beginnt jeder Übersetzungsprozess mit einem Übersetzungsauftrag. Weil Auftraggeber in der Regel keine Experten für Übersetzung sind, ist dieser Auftrag in der Übersetzungspraxis oft nicht besonders klar definiert, so dass zunächst herausgefunden werden muss, ob es sich um einen Routineauftrag handelt oder um einen, der besondere Anforderungen an die Qualität des Translats stellt. Dazu ist gelegentlich auch eine Rückfrage an den Auftraggeber nötig, denn eines ist klar: Je spezifischer und klarer die Angaben zum Zweck des Translats sind, aus denen sich das *Translatprofil* ergibt, umso eher kann auch ein Translat hergestellt werden, das den Anforderungen genau entspricht. Auf jeden Fall muss also der Übersetzungsauftrag ‚interpretiert' werden, damit das Ziel besser abgesteckt werden kann. Das gilt für die professionelle Praxis genauso wie für den Übersetzungsunterricht, der ja die Praxis so weit wie möglich simulieren soll.

Erst wenn klar ist, wohin die Reise gehen soll, wird der zu übersetzende Ausgangstext analysiert und mit dem Translatprofil verglichen. Kann der gewünschte Zieltext überhaupt mit dem vom Ausgangstext gelieferten Material hergestellt werden? Wenn nicht, ist eine Rückkopplung mit dem Auftraggeber nötig. Wenn ja, kann durch den Vergleich zwischen Ausgangstext und Translatprofil festgestellt werden, wie das Ausgangsmaterial verarbeitet werden muss und welche Übersetzungsprobleme dabei zu lösen sind. Dabei muss die Entscheidung für eine bestimmte Übersetzungsstrategie getroffen werden.

Abb. 1: Der Übersetzungsprozess aus didaktischer Sicht (vgl. Nord 1996:314)

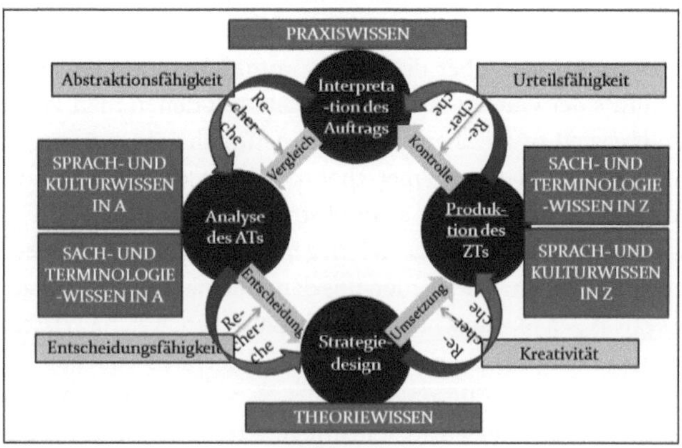

Die Übersetzungsstrategie wird dann bei der Produktion des Zieltextes umgesetzt. Die letzte Phase ist die Qualitätskontrolle, bei der das fertige Translat sozusagen über das Zieltextprofil gelegt wird, um festzustellen, ob es den Anforderungen des Übersetzungsauftrags entspricht. In Abb. 1 ist dargestellt, wie dieser Prozess (entgegen dem Uhrzeigersinn) abläuft und welche Wissensbestände, Fertigkeiten und Fähigkeiten dafür benötigt werden.

Zuerst das Wissen: Für die Interpretation des Übersetzungsauftrags braucht man Praxiswissen, man muss also wissen, wie in der professionellen Praxis Übersetzungsaufträge aussehen, was sie für die Übersetzungstätigkeit bedeuten bzw. welche Informationen man gegebenenfalls vom Auftraggeber erfragen muss. Die Analyse des Ausgangstexts erfordert Sprach- und Kulturwissen der Ausgangskultur und Sachwissen über den Kommunikationsgegenstand, zu dem auch die Begriffe und Termini gehören, mit denen er beschrieben wird. Für das Strategiedesign ist Theorie- und Methodenwissen nötig, damit man überhaupt aus den verschiedenen vorhandenen Möglichkeiten auswählen und antizipieren kann, welche Strategie zu welchen Konsequenzen führt. Sprach- und Kulturwissen der Zielkultur braucht man für die Produktion des Zieltexts; aber auch das Sachwissen hat eine zielkulturelle Komponente, da ja die Begriffe (sowie die dazugehörigen Termini) keineswegs deckungsgleich sind.

Beispiel 1: In China war ich sehr verblüfft, dass auf der Obstplatte für den Nachtisch neben Melonen und Weintrauben auch Cherrytomaten lagen. Bei uns würde man diese kleinen, zugegebenermaßen oft relativ süßen Tomaten als Gemüse klassifizieren, während sie in China zum Obst gezählt werden. Damit verschiebt sich aber das gesamte Begriffssystem sowohl im Bereich Gemüse als auch im Bereich Obst.

Soweit das Wissen. Etwaige Wissensdefizite können Übersetzende an der jeweiligen Stelle durch Rechercheverfahren ausgleichen – und dafür brauchen sie eine Recherchefertigkeit, nämlich das Wissen um die jeweils adäquaten (traditionellen und elektronischen Informationsquellen und die Methoden, mit denen diese Quellen auszuwerten sind. Womit wir bei den Fertigkeiten wären, die während der Ausbildung zu erlernen sind: Neben der Recherche sind das die Auftragsinterpretation, die Ausgangstextanalyse, die Zieltextproduktion und die Qualitätssicherung.

Neben Wissen und Fertigkeiten gibt es aber auch noch einige Fähigkeiten, die für die Übersetzung wichtig sind. Im Gegensatz zu den Fertigkeiten verstehe ich unter Fähigkeiten Persönlichkeitsmerkmale, die in der Ausbildung nicht neu angelegt, sondern weiter entwickelt und verstärkt werden: Abstraktionsfähigkeit, Entscheidungsfähigkeit, (sprachliche) Kreativität und Urteilsfähigkeit. Abstraktionsfähigkeit ist nötig, wenn man das (virtuelle) Zieltextprofil mit dem (real existierenden) Ausgangstext vergleicht; Entscheidungsfähigkeit brauchen Übersetzende, wenn sie sich zwischen mehreren verschiedenen Globalstrategien oder Formulierungen entscheiden sollen (manche Studierenden bieten der Lehrkraft in ihren Übersetzungen ‚Schrägstrichlösungen' an, weil sie sich nicht entscheiden können), Kreativität hilft bei der Zieltextproduktion, und Urteilsfähigkeit bei der Qualitätssicherung (vgl. Fišer in diesem Band).

Wir fassen zusammen: Die Übersetzungskompetenz setzt sich aus Fähigkeiten, Fertigkeiten und Wissen zusammen. Fähigkeiten, die beim Übersetzen gebraucht werden, sind Abstraktionsfähigkeit, Entscheidungsfähigkeit, Kreativität und Urteilsfähigkeit. Fertigkeiten sind Interpretation des Übersetzungsauftrags, translatorische Textanalyse, Translationsstrategien und -techniken, translatorische Textproduktion sowie translationsbezogene Recherche. Dazu kommen verschiedene Wissensbestände: Wissen um die Normen und Konventionen der Berufspraxis, Sprach- und Kulturwissen sowie Sach- und Terminologiewissen und translationsbezogenes Theorie- und Methodenwissen. Auf die einzelnen Komponenten der Übersetzungskompetenz kommen wir weiter unten noch zurück.

Grundprinzipien der Übersetzungsdidaktik

Die im vorigen Abschnitt aufgezählten Wissensbestände und Fertigkeiten sind nicht der Zweck einer Ausbildung zur Übersetzerin bzw. zum Übersetzer, sondern Mittel zum Zweck. Sie müssen zumindest bis zu einem gewissen Grade gegeben sein, wenn man die Übersetzungskompetenz im engeren Sinne erwerben will. Das bedeutet im Einzelnen:

- Übersetzen kann erst gelernt werden, wenn die *Sprach- und Kulturkompetenz* genügend entwickelt ist. Das heißt: Die Kenntnis der Ausgangskultur und -sprache muss so weit entwickelt sein, dass die Lernenden den gegebenen Ausgangstext – mit oder ohne Hilfestellung der Lehrkraft – unter Verwendung der geeigneten Hilfsmittel verstehen und mit Blick auf den Übersetzungsauftrag analysieren können. Die Beherrschung der Zielkultur und -sprache muss so weit entwickelt sein, dass die Lernenden (ggf. unter Verwendung geeigneter Hilfsmittel) einen Zieltext produzieren können, der den Anforderungen des Übersetzungsauftrags entspricht. Das kann in einer ersten Phase einer Unterrichtseinheit geschehen; es ist aber sinnvoller, hierfür eigene Lehrveranstaltungen vorzusehen, da sonst der Übersetzungsunterricht zum Sprachunterricht wird.
- Das *Sach- und Fachwissen* (einschließlich des Terminologiewissens) der Lernenden muss so weit entwickelt sein, dass es für das Verständnis und die übersetzungsrelevante Analyse des gegebenen Ausgangstexts einschließlich des präsupponierten Vorwissens ausreicht. Vor Beginn einer bestimmten

Übersetzungsaufgabe muss dieses Wissensniveau für den betreffenden Ausgangstext erreicht sein.
- Die *Recherchefertigkeiten* der Lernenden müssen so weit entwickelt sein, dass sie die bei einer Übersetzungsaufgabe auftretenden Schwierigkeiten mit den geeigneten Hilfsmitteln überwinden können. In der Einführungsphase können solche Hilfsmittel durch die Lehrkraft angegeben oder auch zur Verfügung gestellt werden.
- Die Übersetzungskompetenz muss in einer angemessenen Progression entwickelt werden. Das heißt: Auf der ersten Stufe wird in einer Übersetzungspropädeutik eine *passive Übersetzungskompetenz* entwickelt. Hierzu dienen u.a. folgende Übungen: Textanalyse, intralinguale Übersetzung (= Umtexten) in der Mutter- oder Bildungssprache, interlingualer Vergleich von Textsegmenten und ganzen Texten, Translatkritik und Translatvergleich und natürlich das kreative Schreiben, das Fišer eindrücklich beschreibt (vgl. Fišer in diesem Band). Hierher gehört auch eine Einführung in die Grundbegriffe der Übersetzungstheorie und -methode. Bei der Entwicklung der *aktiven Übersetzungskompetenz* ist auf eine nicht zu steile Lernprogression zu achten. Bei der Auswahl einer Übersetzungsaufgabe muss die Zahl und die Komplexität der in ihr enthaltenen Übersetzungsprobleme in Betracht gezogen werden. Im Idealfall sollte ein Teil der Probleme bereits bekannt, ein anderer Teil neu sein.

Übersetzungsunterricht systematisch

Wie lernt man eigentlich Übersetzen? Manche meinen, „Übersetzen lernt man durch Übersetzen", so wie Kleinkinder durch Sprechen sprechen lernen. Das geht sicher auch, nur braucht man dazu ziemlich viel Zeit und eine intensive Betreuung mit ständigem Feedback. Außerdem sind Übersetzungsstudierende keine Kleinkinder. Sie haben bereits Fremdsprachen gelernt und im Fremdsprachenunterricht auch eine Reihe der Fertigkeiten erworben, die beim Übersetzen gebraucht werden: zum Beispiel Analyse und Produktion von Texten. Anderes dagegen sollen sie lieber vergessen: Wenn sie im Fremdsprachenunterricht ‚übersetzen' mussten, um die Fremdsprachenkenntnisse zu erweitern oder ihren Leistungsstand unter Beweis zu stellen, dann muss ihnen klargemacht werden, dass professionelles Übersetzen etwas anderes ist als Übersetzen im Fremdsprachenunterricht. Das könnte beispielsweise in einer Lehrveranstaltung zu den Grundbegriffen der Translation geschehen.

Aus meiner Sicht heißt ‚Lernen' Wiedererkennen und Analogien herstellen. Wenn in der ersten Übersetzungsaufgabe bestimmte Übersetzungsprobleme behandelt wurden, sollten diese in der zweiten oder allen folgenden Übersetzungsaufgaben wiederzuerkennen sein. Nun sind allerdings Texte niemals vollkommen gleich – das Wiedererkennen muss also mit einer Analogiebildung einhergehen: So etwas oder so etwas Ähnliches haben wir in der vorigen Aufgabe auch vorgefunden. Um das zu lernen, hat sich die Unterscheidung zwischen *Übersetzungsproblemen* und *Übersetzungsschwierigkeiten* bewährt (vgl. Nord 2010:115–125), die hier nur kurz referiert werden soll.

Übersetzungsprobleme – Übersetzungsschwierigkeiten

Unter Übersetzungsproblemen verstehe ich die Aufgaben, die in einem Übersetzungsprozess zu lösen sind (vgl. lat. *problema* > griech. *próblēma*, „die gestellte wissenschaftliche Aufgabe", GWDS 1994 s.v.). Sie sind intersubjektiv, d.h., ein Übersetzungsproblem ist ein Problem für jede Übersetzerin und jeden Übersetzer, unabhängig davon, ob sie Anfänger, Fortgeschrittene oder Profis sind, ob sie lange über eine Lösung nachdenken müssen oder diese gewissermaßen automatisch finden, weil sie den Lösungsweg in ihrem Gedächtnis gespeichert haben. Wir unterscheiden pragmatische Übersetzungsprobleme (PÜP), die sich aus dem Unterschied zwischen der Situation des Ausgangstexts und der Situation des Zieltexts ergeben, konventionsbezogene Übersetzungsprobleme (KÜP), die durch die unterschiedlichen Normen und Konventionen des Verhaltens in den beiden Kulturen bedingt sind, sprachenpaarspezifische Übersetzungsprobleme (SÜP), die im Kontrast der Systeme von Ausgangs- und Zielsprache erkennbar werden, und einzeltextspezifische Übersetzungsprobleme (TÜP), die in einem bestimmten Text auftreten, deren Lösung aber in der Regel nicht verallgemeinerbar ist. Übersetzungsprobleme müssen *gelöst* werden, und die möglichen Lösungsverfahren oder -techniken werden im Übersetzungsunterricht an Beispielen gelernt und können dann auf neue, ähnliche oder analoge Probleme angewendet werden.

Beispiel 2: Deiktische Elemente wie *hier* oder *heute* sind ein pragmatisches Übersetzungsproblem (PÜP), wenn der Zieltext an einem anderen Ort oder zu einer anderen Zeit rezipiert wird und kein Verweis auf Ort und Zeit der originalen Rezeption vorgesehen ist. Auch Anspielungen werfen pragmatische Übersetzungsprobleme auf, wenn die Zielrezipienten sie nicht erkennen können (vgl. das Beispiel *One Flew over the Cuckoo's Nest* als Anspielung auf einen Abzählvers bei Přibylová, in diesem Band). Wenn, wie in dem Beispiel, die Anspielung eine interpretationssteuernde Funktion haben soll, kann sie in der Übersetzung *Einer flog über das Kuckucksnest* nicht funktionieren – auf Deutsch müsste es dann etwas sein wie „Und raus bist du!", aber das ist wiederum nur halb so poetisch wie das völlig sinnlose „Kuckucksnest".

Beispiel 3: Maßangaben in *inch* oder *yard* sind ein konventionsbezogenes Problem (KÜP), wenn in der Zielkultur das metrische System verwendet wird und der Übersetzungsauftrag eine Anpassung an die Konventionen der Zielkultur verlangt.

Beispiel 4: Die Verwendung verschiedener Diminutivendungen in einem Ausgangstext ist ein sprachenpaarbezogenes Problem (SÜP), wenn die Zielsprache nicht über ein ähnlich vielfältiges System von Diminutiva verfügt und der Übersetzungsauftrag eine möglichst ‚treue' Abbildung der Ausgangstextform verlangt.

Beispiel 5: Die Verwendung von Dialekt ist ein textspezifisches Übersetzungsproblem (TÜP), da je nach Funktion des Dialekts unterschiedliche Übersetzungsverfahren (einschließlich der Weglassung der Dialektmarkierung) in Frage kommen können. (Siehe auch das Problem der Mehrsprachigkeit in Steven Spielbergs Film *War Horse* von 2011, das Badstübner-Kizik, in diesem Band, anspricht.)

Übersetzungsprobleme sind also wiederholt auftretende Phänomene, die aus Sicht der Lehrenden dazu dienen können, eine Übersetzungsaufgabe zu *didaktisieren*, den Übersetzungsprozess der Lernenden zu steuern, bestimmte Übungen für den Übersetzungsunterricht zu entwerfen, das Lernziel für eine bestimmte Übersetzungsaufgabe zu definieren, Prüfungsaufgaben zu konzipieren und zu bestimmen, was als Übersetzungsfehler gelten soll, oder studentische Übersetzungen zu bewerten. Aus Sicht der Lernenden können sie nützlich sein, um sich Verfahren und Lösungen zu merken oder sich auf eine Prüfung vorzubereiten.

Übersetzungsschwierigkeiten sind dagegen individuell. Was für mich schwierig ist, zum Beispiel Arabisch, ist für Personen, deren Muttersprache Arabisch ist, nicht schwierig. Wenn ich demnächst Arabisch lerne, wird es für mich nicht mehr so schwierig sein wie im Augenblick. Übersetzungsschwierigkeiten können durch Defizite in den obengenannten Wissensbeständen bedingt sein (z.B. Unkenntnis der Fachterminologie des Gebiets, von dem der Ausgangstext handelt, ein unbekanntes Wort der Ausgangssprache, die Verwendung des Konjunktivs in der indirekten Rede im Deutschen), durch das Fehlen geeigneter Recherchequellen (z.B. „der Computer ist abgestürzt, ich kann nicht ins Internet, habe keine Wörterbücher zur Verfügung"), kurze Abgabetermine oder hohe Ansprüche an das Translat („druckfertig, morgen!"), einen hohen Schwierigkeitsgrad des Ausgangstexts (z.B. Nominalstil, viele Fachwörter, Textdefekte) oder einen komplexen, unklaren oder gar nicht vorhandenen Übersetzungsauftrag. Übersetzungsschwierigkeiten müssen durch die Verwendung geeigneter Hilfsmittel (zu denen auch Personen wie der Auftraggeber oder eine Expertin des Fachgebiets gehören, vgl. Nord 2002:160) *überwunden* werden, und zwar am besten vor dem eigentlichen Übersetzungsprozess. Das Konzept *Übersetzungsschwierigkeit* ist ein wichtiges Instrument für die Festlegung einer didaktischen Progression im Übersetzungsunterricht.

Der Übersetzungsauftrag

In einem traditionellen äquivalenzorientierten Modell ist der Ausgangstext das Vorbild für den Zieltext, der im Translationsprozess produziert werden soll. Es geht um Äquivalenz auf den verschiedenen Texträngen: auf der Wortebene, auf der Satzebene, auf der Textebene oder, wie bei Reiß (1971 und später, z.B. in Reiß/ Vermeer 1984), auf der Ebene des Texttyps oder der Textsorte. Der funktionale Ansatz lehnt (ausgenommen im Bereich der Fachterminologie) das Konzept der Äquivalenz als generelles Kriterium für Translation ab und ersetzt es durch das Konzept der Adäquatheit: Ein Translat ist adäquat, wenn es die Anforderungen des Übersetzungsauftrags erfüllt.

Das bedeutete jedoch, dass der Ausgangstext mit seiner Form und seinen Funktionen nicht mehr ein Vorbild für den Zieltext sein kann. Wie wir oben bei der Darstellung des Translationsvorgangs festgestellt haben, ist vielmehr das Translatprofil, das sich aus dem Übersetzungsauftrag ergibt, Dreh- und Angelpunkt für die Translation.

In der Berufspraxis hat es sich noch nicht überall eingebürgert, einen Auftrag so zu stellen, dass daraus Vorgaben für den Translations*zweck* (nicht die Translations*weise*, denn die liegt in der Kompetenz der Übersetzenden) abgeleitet werden können. Aber immer mehr Übersetzerinnen und Übersetzer haben ihre Auftraggeber soweit ‚erzogen', dass Nachfragen zu Verwendungsaspekten nicht mehr nur Kopfschütteln hervorrufen. Nur Qualität kann hier überzeugend wirken: Je mehr und je Genaueres über den zukünftigen Verwendungszweck bekannt ist, umso besser kann das Translat ‚funktionieren', desto weniger Revisionen sind nötig, und das spart Geld und Zeit.

Damit junge Translatorinnen sich als verantwortungsvolle Experten in der Praxis bewähren können, sollten sie in der Ausbildung an Übersetzungsaufträge gewöhnt werden. Auch der Übersetzungsauftrag ist eine der Schrauben, an denen man bei der Festlegung der didaktischen Progression drehen kann: Ein sehr ausführlicher, expliziter Auftrag macht die Aufgabe leichter, ein vager oder genereller Auftrag („Bitte übersetzen Sie diesen Text ins Englische!") macht sie schwieriger. Eine Aufgabe ohne Auftrag hat den höchsten Schwierigkeitsgrad, denn hierbei müssen die Lernenden erst die Situation analysieren, um daraus Rückschlüsse auf den Verwendungszweck zu ziehen. Auch ein Routineauftrag ist leichter: Wenn ich von einem bestimmten Auftraggeber immer wieder Aufträge erhalte, die für den gleichen Zweck und eine ähnliche Situation gedacht sind, reicht ein „Wie immer!" als Auftragsformulierung aus. Ein didaktischer Übersetzungsauftrag sollte so gestellt sein, dass er explizit oder implizit Informationen zu folgenden Faktoren liefert:

- die intendierte(n) Textfunktion(en),
- die Adressaten des Zieltexts,
- die (voraussichtlichen) örtlichen oder zeitlichen Bedingungen der Zieltextrezeption,

- das Medium, über das der Text übermittelt werden soll (besonders wichtig bei Texten für ein bestimmtes Layout oder für eine Internetpräsentation) und
- gegebenenfalls der Anlass, aus dem oder für den der Text produziert bzw. rezipiert werden soll.

Übersetzungstypen und Übersetzungsformen

Der Übersetzungsprozess verläuft dann top-down, das heißt: von oben, der Situation-in-Kultur, nach unten, bis zu den sprachlichen und nichtsprachlichen Zeichen, die in der Kommunikation verwendet werden. Entsprechend dem in Abb. 1 dargestellten Modell folgt auf den Vergleich zwischen dem aus dem Übersetzungsauftrag abgeleiteten Zieltextprofil und dem Ergebnis der Ausgangstextanalyse die Entscheidung über das weitere Vorgehen.

Dabei ist zunächst der Übersetzungstyp zu wählen. Die Geschichte der Reflektionen über das Übersetzen zeigt immer wieder, dass Übersetzende vor einem Dilemma stehen, das mit der Opposition *wörtlich/frei*, *ut interpres/ut orator* (Cicero), *Leser zum Text/Text zum Leser* (Schleiermacher), *foreignization/domestication* (Venuti) etc. charakterisiert wird (vgl. dazu auch Urban in diesem Band). Aus funktionaler Sicht ist dieses Dilemma durch die Skopostheorie gelöst: Je nach dem Übersetzungsskopos, der sich aus dem Übersetzungsauftrag ergibt, ist entweder der eine oder der andere Übersetzungstyp auszuwählen.

Meine funktionale Übersetzungstypologie unterscheidet zwischen dokumentarischer und instrumenteller Übersetzung, untergliedert die beiden klassischen *Typen* jedoch noch weiter nach Übersetzungs*formen*. Zur dokumentarischen Übersetzung, die eine ausgangskulturelle Kommunikationshandlung in zielsprachlicher Form *dokumentiert*, gehören die Interlinearübersetzung (z.B. für sprachwissenschaftliche Zwecke, aber auch zur Herstellung einer Grundlage für Lyrikübertragungen aus dem Chinesischen oder Arabischen), die wörtliche Übersetzung oder *grammar translation* aus dem Fremdsprachenunterricht (aber z.B. auch bei der Wiedergabe wörtlicher Zitate in Korrespondentenberichten), die philologische Übersetzung, bei der eine wörtliche Übersetzung mit pragmatischen, kulturellen oder sprachlichen Erläuterungen in Paratexten kombiniert wird (z.B. bei Literaturübersetzung aus weit entfernten Kulturen), und die ‚exotisierende' Übersetzung, in der die Ausgangskultur verständlich oder verstehbar gemacht wird, ohne dass sie ihre Fremdheit (‚Exotik') verleugnet (z.B. Berger/Nord 1999). Zur instrumentellen Übersetzung gehört die funktionskonstante Übersetzung, bei welcher der Zieltext (weitmöglichst) dieselben Funktionen erfüllen soll wie der Ausgangstext (in der Regel bei der Übersetzung von Fachtexten, Gebrauchstexten, Touristeninformationen, aber gelegentlich auch bei der Übersetzung von Stücken des Boulevardtheaters, die vom Situationswitz leben)[1], die funktionsvariierende Übersetzung, bei der nicht alle Funktionen des Ausgangstexts sinnvollerweise in derselben Rangordnung für das zielkulturelle Publikum übertragen werden können oder sollen (etwa bei der Übersetzung von *Don Quijote* oder *Gullivers Reisen* als Kinderbuch, wo die Satirefunktion des Originals bei einem heutigen Publikum nicht ‚ankommen' kann), und schließlich die korrespondierende Übersetzung, bei der ein zielsprachliches und -kulturelles Analogon zum Ausgangstext hergestellt wird, bei dem die Übertragung beispielsweise der Poetizität Vorrang vor inhaltlicher oder formaler ‚Treue' erhält.

Aus der Wahl von Übersetzungstyp und Übersetzungsform ergibt sich dann die Festlegung der Übersetzungsstrategie, die den Rahmen für die Lösung der einzelnen Übersetzungsprobleme darstellt. Erst wenn, weiterhin von oben nach unten, pragmatische, kultur- bzw. konventionsbezogene und sprachliche Übersetzungsprobleme entsprechend der Übersetzungsform und dem Übersetzungstyp gelöst wurden, kommen eventuell persönliche Präferenzen oder der individuelle Geschmack der Übersetzenden ins Spiel. An dieser Stelle müssen wir im Unterricht dann nicht mehr darüber diskutieren, ob diese oder jene Lösung ‚besser' ist – da sich über Geschmack bekanntlich nicht streiten lässt und die Lehrenden oft einer anderen Generation angehören als die Lernenden, ist das auch gut so. Bis wir da angelangt sind, können jedoch auf den verschiedenen Stufen (Pragmatik, Kultur, Sprachsystem) alternative Lösungen mit Blick auf den Skopos als adäquat oder nicht-adäquat eingestuft werden.

Hilfsmittel im Übersetzungsprozess

Auf der Seite der Lehrenden hört man oft die Klage, dass die Studierenden „nicht mal ein Wörterbuch richtig benutzen können". Aber hat es ihnen je jemand beigebracht? Schon im Fremdsprachenunterricht der Schule wird der korrekte Gebrauch eines Wörterbuchs stillschweigend vorausgesetzt. Dabei schleichen sich bestimmte Gewohnheiten ein, die später nur schwer wieder aufgegeben werden: Die einen nehmen immer das erste Äquivalent oder aber auf keinen Fall das erste; die anderen entwickeln eine „Faux-amis-Phobie", wie es Hans G. Hönig einmal ausgedrückt hat, weil eine Lehrerin sie vor den falschen Freunden gewarnt hat;

---

1 Die von Urban (in diesem Band) erwähnte polnische Synchronfassung von *Shrek* würde man ebenfalls hier einordnen müssen: Wenn ‚Lachen' die intendierte Funktion des ausgangssprachlichen Films ist und die polnischen Rezipienten über die Synchronfassung lachen, dürfte Funktionskonstanz vorliegen.

wieder andere nehmen überhaupt kein Wörterbuch mehr in die Hand, sondern ‚googeln' alles gleich im Internet.

Hier tut also zuallererst einmal gründliche Aufklärung not. Was kann ein Wörterbuch, was kann es nicht? Was für Typen von Wörterbüchern gibt es und wozu sind sie jeweils gut? Warum sollte man zuerst das Vorwort eines Wörterbuchs lesen, bevor man es benutzt? Was kann das Internet, das Wörterbücher nicht können (und umgekehrt)? Wo liegen die Gefahren von Internetquellen? Und so weiter.

Aber nicht nur (papierene und elektronische) Nachschlagewerke nützen beim Übersetzen. Ein ganz wichtiges Hilfsmittel sind die sogenannten Hilfstexte. Sie beruhen auf dem Konzept der Intertextualität. In einem kulturspezifischen Textrepertoire stehen alle Texte (auch übersetzte Texte gehören dazu) miteinander in Beziehung: durch ihre Zugehörigkeit (oder eben Nicht-Zugehörigkeit) zu bestimmten Textsorten, durch gemeinsame Entstehungsbedingungen in Bezug auf Ort und Zeit, durch inhaltliche Merkmale (z.B. Anspielungen auf ein gemeinsames Thema), durch soziolektale, regiolektale oder Registermarkierungen oder Stilfärbungen, Zitate und Anspielungen. Intertextualität entsteht im Auge/Ohr der Rezipienten (d.h., sie kann auch unbeabsichtigt sein), und wenn sie nicht erkannt wird, existiert sie nicht.

Jeder übersetzte Text geht in das zielkulturelle Textrepertoire ein und wird Teil des kulturspezifischen Intertextualitätsgefüges. Er soll vielleicht zu einer bestimmten Textsorte gehören oder bestimmte register- oder epochenspezifischen Merkmale aufweisen oder durch eine Anspielung auf einen bekannten Text (wie etwa einen Kinderreim, siehe den Beitrag von Přibylová in diesem Band) eine bestimmte Interpretation nahelegen. In diesem Sinne können originale Texte der Zielkultur als translatorische Hilfsmittel dienen, weil sie zeigen, wie (und ob überhaupt) Autorinnen und Autoren dieser Kultur solche Mittel einsetzen.

Während Nachschlagewerke zu dem Zweck erstellt werden, dass man dort nach bestimmten Kriterien bestimmte Informationen erhält, sind Hilfstexte einfach Texte, die in konkreten Kommunikationssituationen zu bestimmten Zwecken benutzt werden oder benutzt wurden und die beim Übersetzen als Informationslieferanten zu Rate gezogen werden. Wir unterscheiden verschiedene Arten von Hilfstexten:

- zum einen *Übersetzungen* (desselben Textes oder anderer Texte), an denen man sehen kann, wie andere Übersetzende ein bestimmtes Übersetzungsproblem unter bestimmten Umständen gelöst haben;
- dann die sogenannten *Paralleltexte*, unter denen wir – mit Spillner (1980), aber im Gegensatz zu der erst viel später erfundenen korpusgestützten

Übersetzungswissenschaft (vgl. z.B. Baker 1993)[2] – Originaltexte der Zielkultur verstehen, die derselben Textsorte angehören wie der Text, der produziert werden soll, und daher zeigen, wie solche Texte in der Zielkultur verfasst werden (und welche Erwartungen Rezipienten der Zielkultur daher an solche Texte haben);
- drittens Vergleichstexte, ebenfalls originale Texte der Zielkultur, die jedoch einer anderen Textsorte zuzuordnen sind, und
- schließlich die Hintergrund- oder Backgroundtexte, wie etwa Lehrbücher oder Fachliteratur, aus denen man Sachinformationen zusammen mit der zugehörigen Terminologie, fachspezifischer Phraseologie und typischen Kollokationen entnehmen kann.

Manche Paralleltexte sind dem Zieltextprofil so ähnlich, dass man sie als *Modelltexte* bezeichnen kann.

Beispiel 6: Für die Übersetzung der spanischsprachigen Zubereitungsanleitung auf der Packung eines *Flan* genannten spanischen Puddingpulvers ins Deutsche kann die entsprechende deutschsprachige Zubereitungsanleitung auf der Packung eines deutschen Vanillepuddingpulvers als Modelltext dienen (vgl. Nord 2002:46ff.). Ein deutsches Rezept für *Creme Caramel* (also den ‚richtigen' *Flan*) wäre dagegen ein Vergleichstext. Da der richtige *Flan* mit viel Eiern im Wasserbad zubereitet wird, steht auf der Packung für den künstlichen *Flan*, der nur ein Vanillepudding ist, er enthalte „weder Zucker noch Eier" – eine Information, die für ein deutsches Publikum redundant ist, weil ein Vanillepuddingpulver ohnehin keine Eier und keinen Zucker enthält. Ansonsten aber ist die Anleitung nahezu identisch. Ein Diskussionspunkt im Unterricht war immer die Frage, ob die 4–6 Esslöffel Zucker des spanischen Texts in der deutschen Übersetzung durch die 2 Esslöffel des deutschen Modelltexts zu ersetzen wären oder nicht.

In manchen Kulturen bilden übersetzte Texte (oder vielleicht alle Texte, die aus einer bestimmten Ausgangssprache übersetzt sind) eine eigene Menge und weisen dann bestimmte Merkmale auf, die in nicht-übersetzten Texten oder in Texten, die aus einer anderen Sprache übersetzt wurden, nicht zu finden sind (hier spricht man oft von *Translationese*). Daher muss man bei der Verwendung übersetzter

2 Die Bezeichnung *parallel corpus* hat die korpusgestützte Übersetzungswissenschaft aus der Korpuslinguistik übernommen (vgl. den Beitrag von Fictumová/Rambousek in diesem Band). Wenn Hartley/Paris (1996:222) die Bezeichnung *parallel text* für die Übersetzung eines bestimmten Texts damit begründen, „that the different language versions of a text are produced in parallel rather than serially", könnte man das vielleicht für das Simultandolmetschen akzeptieren – für die Translation insgesamt oder auch nur für das Übersetzen ist sie jedoch nicht haltbar (vgl. die Begriffsklärung bei B. Nord 2002:11ff.).

Texte als Hilfsmittel besondere Vorsicht walten lassen, um solche Merkmale von *Übersetzerisch* nicht unbedacht zu kopieren.

Didaktische Progression

Wie bereits erwähnt, ist für den Übersetzungsunterricht, wie für jeden anderen Unterricht auch, eine adäquate Lernprogression vom Leichten zum Schwierigen unabdingbar für den Lernerfolg. Damit die Lernprogression nicht zu steil, aber trotzdem stetig ist, ist es sinnvoll, die Aufgaben für einen Kurs (ein Semester, ein Studienjahr) im Voraus festzulegen. Dann kann der Schwierigkeitsgrad von einer Aufgabe zur nächsten langsam gesteigert werden. Damit die Motivation immer wieder gefördert wird, ist darauf zu achten, dass jede Aufgabe einen Anteil bereits aus früheren Aufgaben bekannter und einen Anteil neuer Übersetzungsprobleme bietet.

Faktoren der didaktischen Progression sind:

- die sprachliche Form des Ausgangstexts (absoluter Schwierigkeitsgrad) in Bezug auf Lexik, Syntax, Kohärenz, Perfektionsgrad/Defekte, Reproduktionsqualität, Menge und Art der nonverbalen Elemente wie Tags (= TEXT),
- der Kompetenzgrad der Übersetzenden in Bezug auf Ausgangssprache und -kultur, Sach- und Weltwissen, Zielsprache und -kultur, Übersetzungskompetenz; Curriculumsphase (– TRL),
- Explizitheit/Konventionalität des Übersetzungsauftrags, Menge und Komplexität der Übersetzungsprobleme, ggf. explizite Hinweise auf Übersetzungsprobleme und adäquate Lösungsstrategien, Qualitätsanforderungen (z.B. Rohübersetzung, druckfertige Übersetzung), Kombination von Her- und Hin-Übersetzung ähnlicher oder gleicher Textsorten, Stellung von Parallel- oder Modelltexten (= PRAG),
- technische Bedingungen des Übersetzungsauftrags (Verfügbarkeit von Hilfsmitteln und Hilfstexten, Zeitdruck) (= TECH).

Beispiel 7: Schwierigkeitsgrad „leicht"
Der Text ist ein mehrsprachiges Anmeldeformular für eine spanische Sprachenschule (vgl. Nord 2001:22) auf Spanisch, Englisch, Französisch und Deutsch. Der Auftrag: Das Formular soll überarbeitet werden. Die deutsche Fassung ist auf Adäquatheit zu überprüfen und ggf. zu korrigieren.

TEXT: Der Text weist einfachen Alltagswortschatz auf, kleine Einheiten, syntaktisch nicht verbunden, stark standardisiert.

TRL: Thema mit Bezug zur Lebenswelt der Studierenden, diese gehören zu den Adressaten des Textes.

PRAG: Es handelt sich um eine Revisionsaufgabe. Die englische und französische Fassung sind zwar auch nicht perfekt, können aber als Hilfsmittel bei Verständnisschwierigkeiten verwendet werden.

TECH: Es ist reichliches Recherchematerial in Form von Paralleltexten und Modelltexten vorhanden, sowohl im Internet als auch in Sprachenschulen vor Ort.
Die Paralleltexte helfen beispielsweise bei der Diskussion über die Frage, ob für *profesión* die Übersetzung *Beruf* angesichts der Tatsache, dass die Adressaten Schülerinnen oder Studenten sind, adäquat ist oder ob *nacionalidad* mit *Nationalität* oder besser mit *Staatsangehörigkeit* wiedergegeben werden soll.

Die Aufgabe in Beispiel 7 hat den niedrigstmöglichen Schwierigkeitsgrad und könnte daher als erste Aufgabe in einem Kurs der Einführungsphase dienen, weil sie trotzdem eine Menge pragmatischer, konventionsbezogener und sprachenpaarspezifischer Übersetzungsprobleme aufwirft. Ein schwierigerer Text, ein Thema, mit dem die Studierenden nicht vertraut sind, eine Aufgabe, die viele, vielleicht miteinander verzahnte Übersetzungsprobleme stellt oder starke Transformationen verlangt, oder das Fehlen angemessener Hilfsmittel machen die Aufgabe schwieriger (vgl. Nord 1997). Sie sollte jedoch für das jeweilige Ausbildungsniveau nicht *zu* schwierig sein – wenn sich die Schwierigkeiten zu hoch türmen, können die Lernenden nicht zeigen, was sie schon können, und verlieren den Mut. Dabei hat mich die Erfahrung gelehrt: Es gibt keine zu leichten Aufgaben, nur zu schwere. Was mir aus meiner Sicht kinderleicht vorkommt, bietet den Studierenden immer noch genug Schwierigkeiten.

Schlussbemerkung

Der vorliegende Beitrag ersetzt natürlich keine ‚Ausbildung der Ausbilder', die nach wie vor ein dringendes Desiderat ist. Auch konnten aus Platzgründen nicht alle wichtigen und interessanten Aspekte des Übersetzungsunterrichts angesprochen werden, wie beispielsweise die Frage nach den Arbeitsformen (vgl. hierzu Nord [1996]2010), der Übersetzungsbewertung und der Fehlerdefinition, nach der Rolle von Übersetzungslehrbüchern, sowie Aspekte der Curriculumentwicklung oder der beruflichen Ethik, um nur ein paar zu nennen. Dazu habe ich an anderer Stelle einiges publiziert (vgl. u.a. Nord 2010b).

Das Anliegen dieses Beitrags war es, aufzuzeigen, dass Übersetzungskompetenz nicht mit Sprachkompetenz gleichzusetzen, sondern eine eigene Kompetenz ist, die meist an einem oder zwei Sprachen- und Kulturpaaren erworben wird, dann aber – und das haben mir meine Übersetzungen aus dem mittelalterlichen Latein (z.B. Saint-Thierry 2012) oder auch meine Mitarbeit an einer Übersetzung des Neuen Testaments (Berger/Nord 1999) gezeigt – auf andere Sprachen- und

Kulturpaare übertragen werden kann, sofern man die entsprechenden Sprach- und Kulturkenntnisse erworben hat oder mit jemandem zusammenarbeitet, der sie besitzt. Nicht nur für die praktische Übersetzungstätigkeit, sondern auch für die Übersetzungslehre sorgt daher Teamarbeit in vielen Fällen für bessere Übersetzungs- bzw. Ausbildungsqualität.

Literatur

Agar, Michael (1991): The Biculture in Bilingual. In: Language in Society 20 (1991), 167–181.

Baker, Mona (1993): Corpus Linguistics and Translation Studies: Implications and Applications. In: Baker, Mona / Francis, Gill / Tognini-Bonelli, Elena (Hrsg.), Text and Technology: in Honour of John Sinclair, Amsterdam-Philadelphia, 233–250.

Baker, Mona (1996): Corpus-based translation studies: The challenges that lie ahead. In: Somers, Harold L. (Hrsg.), Terminology, LSP and Translation. Studies in Language Engineering in Honour of Juan Sager, Amsterdam, 175–186.

Berger, Klaus / Nord, Christiane (1999): Das Neue Testament und Frühchristliche Schriften. Übers. und kommentiert von Klaus Berger und Christiane Nord, Frankfurt.

GWDS ([2]1994): Das große Wörterbuch der deutschen Sprache [in 8 Bänden], hrsg. von Günter Drosdowski, Mannheim.

Hartley, Anthony / Paris, Cécile (1996). Automatic text generation for software development and use. In: Somers, Harold L. (Hrsg.), Terminology, LSP and Translation. Studies in Language Engineering in Honour of Juan Sager, Amsterdam-Philadelphia, 221–242.

Nord, Britta (2002): Hilfsmittel beim Übersetzen. Eine empirische Studie zum Rechercheverhalten professioneller Übersetzer, Frankfurt.

Nord, Christiane (1987): Zehn Thesen zum Thema ‚Übersetzungslehrbuch'. In: Königs, Frank G. (Hrsg.), Übersetzen lehren und lernen mit Büchern, Bochumer Manuskripte zur Sprachlehrforschung Nr. 28, Heidelberg, 65–82.

Nord, Christiane ([1996]2010): Wer nimmt denn mal den ersten Satz? Überlegungen zu neuen Arbeitsformen im Übersetzungsunterricht. In: Gerzymisch-Arbogast, Heidrun / Haller, Johann / Steiner, Erich (Hrsg.), Übersetzungswissenschaft im Umbruch, Festschrift für Wolfram Wilss, Tübingen, 313–327. Nachdruck in Nord, Christiane (2010a), 281–301.

Nord, Christiane (1997): Leicht – mittelschwer – (zu) schwer. Zur Bestimmung des Schwierigkeitsgrads von Übersetzungsaufgaben. In: Fleischmann, Eberhard / Kutz, Wladimir / Schmitt, Peter A. (Hrsg.), Translationsdidaktik. Grundfragen der Übersetzungswissenschaft, Tübingen, 92–102.

Nord, Christiane ([2004]2010): Loyalität als ethisches Verhalten im Translationsprozess. In: Müller, Ina (Hrsg.), Und sie bewegt sich doch... Translationswissenschaft in Ost und West, Festschrift für Heidemarie Salevsky zum 60. Geburtstag, Frankfurt/M. 234–245. Nachdruck in Nord, Christiane 2010a, 101–113.

Nord, Christiane ([2006]2010): Nach Bologna (nichts) Neues? Überlegungen aus dem Ruhestand. In: Nord, Christiane 2010a, 311–318.

Nord, Christiane (2010a): Funktionsgerechtigkeit und Loyalität. Theorie, Methode und Didaktik des funktionalen Übersetzens, Berlin.

Nord, Christiane (2010b): Fertigkeit Übersetzen. Ein Kurs zum Übersetzenlehren und -lernen, Berlin (Schriftenreihe des BDÜ 38).

Prensky, Marc (2001): Digital Natives, Digital Immigrants. In: On The Horizon, Part 1: Vol. 9 No. 5, Oktober 2001 und Part 2: Vol. 9 No. 6, Dezember 2001, MCB University Press.

Saint-Thierry, Wilhelm von (2012): Kommentar zum Römerbrief. Übers. Klaus Berger und Christiane Nord, Mainz.

Spillner, Bernd (1981): Textsorten im Sprachvergleich. Ansätze zu einer Kontrastiven Textologie. In: Kühlwein, Wolfgang / Thome, Gisela / Wilss, Wolfram (Hrsg.), Kontrastive Linguistik und Übersetzungswissenschaft. Akten des Internationalen Kolloquiums Trier/Saarbrücken 1978, München, 239–250.

Weinert, Franz E. (Hrsg.) (2001): Leistungsmessungen in Schulen, Weinheim und Basel.

Jana Rakšányiová

Übersetzerkompetenz in der Ära der sogenannten Sprachindustrie

The field of language industry offers a variety of activities to translators (various types of computer aided text creation as well as translating), which, however, requires new competence on the part of professionals. In this study we enter the discussion about the issue of which competences have to be imparted to our students - future experts in intercultural mediation. The translators' supra-competency is based on elementary intellectual prerequisites and the command of languages; it requires professional and methodical knowledge and is supported by research, strategic and service competence. The common denominator of all these competences is flexibility and creativity. In the process of formation of these skills the method of lateral thinking can be applied. We used the model of Edward de Bono *Six Thinking Hats* in the analysis of six areas of problems in teaching translation as well as in the process of how translation works. Each *hat* stands for a specific and sometimes untraditional view on a complex object, inspiring creative and critical thinking. Individual processes of thoughts are also at work during translation and the way in which we use them in the sensitisation of students is recorded in case studies. These deal with critical analysis of products from the *Google translator*, possible translations of metaphors and localising web pages. We explored the efficiency of the seminar by means of a *translation slam*. The analyses of translations, case studies as well as surveys have shown that translatological starting points are extended by interdisciplinary dimensions.

Keywords: translator skills, language industry, Edward de Bono, creativity, *homo translator*, localisation, *translation slam*, Project *TransIus*

Schlüsselwörter: Übersetzerfertigkeit, Sprachindustrie, *Denkhüte* von Edward de Bono, Kreativität, *homo translator*, Lokalisierung, *translation slam*, Projekt *TransIus*

Einleitend: Über die Lehre und das Denken

Auf dem Weg durch mehrere (mittel)europäische universitäre Ausbildungsstätten fallen Übersetzungsforschern und -lehrkräften immer wieder inspirierende Momente auf. Die Philosophische Fakultät der *Palacký-Universität* im mährischen Olomouc (Tschechische Republik) arbeitet unter dem Motto: „Učíme myslet" („Wir bringen Denken bei"). Zweifellos handelt es sich dabei um eine translatorische und didaktische Herausforderung, die anschließend unter Studierenden an der *Comenius-Universität Bratislava* thematisiert wurde. Auch die slowakische

Fassung („Učíme mysliet“) ist kurz und bündig, aber die Übertragung ins Deutsche stellte für jüngere Studierende (2. Studienjahr BA) mehr grammatische und lexikale als Verstehens- oder Interpretationsschwierigkeiten dar. In einer Gruppe von 32 Studierenden entstanden innerhalb von ein paar Minuten über 40 Versionen, von denen sich nur 3 wiederholten („Wir lernen nachdenken“[1]). Zur Illustration seien einige angeführt (unkorrigiert und unsortiert):

> Über Dinge selbständig nachdenken! / Wir lehren junge Leute denken. / Unser Unterricht ist über das Denken. / Hier wird Denken gelernt. / Wir lernen uns darüber Gedanken zu machen. / Unsere Uni denkt ans Denken. / Lehren nachzudenken. / Wir bringen (euch) zum Denken bei! / Denken muss man auch lernen. / Das Denken ist unsere Priorität. / Wir lernen mit dem eigenen Kopf nachzudenken! / Denken ist ein Thema des Denkens. / Wir lehren sie denken zu beginnen. / Wir lernen die Studenten, den Sinn suchen. / Nachdenken ist am wichtigsten. Unterricht des Denkens. / Wir geben einen Blick aufs Denkunterricht. / Die Universität vorbereitet dich richtig, das Nachdenken im Leben ist wichtig.

Im Wechselbad der Gefühle (Verzweiflung über die fremdsprachlichen Inkompetenzen und die Freude über die Kreativität) taucht die Frage nach der Progression im Übersetzungs-Unterricht auf. Sind fortgeschrittene Studierende (2. Studienjahr MA) ‚besser‘? Ein kleines Experiment sollte die Antwort bringen. Im Seminar *Praxeologie der Übersetzung* legten Studierende unterschiedlicher Spezialisierungen folgende Versionen in mehreren Sprachen vor (unkorrigiert – auch Englisch, Italienisch, Spanisch, Portugiesisch, Französisch):

> Wir lehren denken. / Wir lehren Sie nach zu denken. / Wir lernen an der Uni nachdenken. / Lernen und lehren zu denken. / Nachdenken, nicht Kenntnisse. /
>
> We teach to think. / We teach you think. / Teaching thinking. / We teach reasoning. /
>
> Insegniamo a pensare/riflettere. / Enseňamos a pensar. / Ensinames pensar. /
>
> (Pour vous) apprendre a penser. / Nous ensignons a réflechir. / Apprenos réfléchir.

Dies allein zeigt, wie wichtig es für Lehrkräfte ist, sich mit notwendigen translatorischen Kompetenzen im Lichte der gegenwärtigen Ausbildungssituation auseinanderzusetzen. Diese sind sowohl durch die Qualitäten und Ambitionen der heutigen Studierenden als auch durch die Anforderungen und die sich bietenden Möglichkeiten im neu konzipierten Bereich der sog. Sprachindustrie bestimmt. Darunter werden gegenwärtig folgende Bereiche verstanden:

- Translation in allen ihren Facetten
- Textproduktion und -redaktion

1 Zur Erläuterung des oft vorkommenden Fehlers: učiť = lehren, učiť sa = lernen.

- Sprachtraining
- Technologien.

Im Rahmen dieses neuen ‚Mensch-Maschine-Hybridkonzepts' werden traditionelle sowie neue Kompetenzen verlangt, wobei sicherlich die humane Komponente das Alpha und das Omega bleiben muss.

Auf dem Weg zur Profi-Übersetzerin und zum Profi-Übersetzer: Übersetzerkompetenzen an sich

Das häufig thematisierte Problem der (wichtigen und ‚richtigen') Übersetzerkompetenzen ist in einer langen Reihe wissenschaftlicher Veröffentlichungen angesprochen worden (vgl. z.B. Gromová 2009; Nord 2011; Müglová 2009; Prunč 2011; Stahl 2012; Štefková 2013). Anschaulich und alphabetisch geordnet umschreibt die *Bundesagentur für Arbeit* die translatorischen soft skills[2] (Kompetenzen im zwischenmenschlichen Bereich) folgendermaßen:[3]

- Flexibilität
- Kontaktfähigkeit
- Lernbereitschaft
- selbstständige Arbeitsweise
- Sorgfalt
- sprachliche Ausdrucksfähigkeit
- Umgangsformen.

Ein interessantes Kompetenzen-Modell wurde im Rahmen des *EMT*-Programmes (*European Master's in Translation*) ausgearbeitet. Dieses Partnerschaftsprojekt zwischen der Europäischen Kommission und 64 Hochschuleinrichtungen aus 21 EU-Ländern koordiniert Masterstudiengänge in Übersetzen.[4] Im Hinblick auf die Ausbildung entwirft es ein inspirierendes Kompetenzprofil von Translatoren.

---

2 „Soziale Kompetenz […] auch Soft Skills genannt, ist die Gesamtheit individueller Einstellungen und Fähigkeiten, die dazu dienlich sind, eigene Handlungsziele mit den Einstellungen und Werten einer Gruppe zu verknüpfen und in diesem Sinne auch das Verhalten und die Einstellungen dieser Gruppe zu beeinflussen. Soziale Kompetenz umfasst eine Vielzahl von Fertigkeiten, die für die soziale Interaktion nützlich bzw. notwendig sind." http://de.wikipedia.org/wiki/Soziale_Kompetenz (25.9.2014).

3 Vgl. http://berufenet.arbeitsagentur.de/berufe/docroot/r2/blobs/pdf/archiv/8306.pdf (25.9.2014).

4 Vgl. http://ec.europa.eu/dgs/translation/programmes/emt/index_de.htm (25.9.2014).

Die Fertigkeiten, die aus mehreren Komponenten bestehen, werden kreisförmig dargestellt:

Abb. 1: Das im Rahmen des EU-Ausbildungsprogramms European Master's in Translation *erarbeitete Modell*[5]

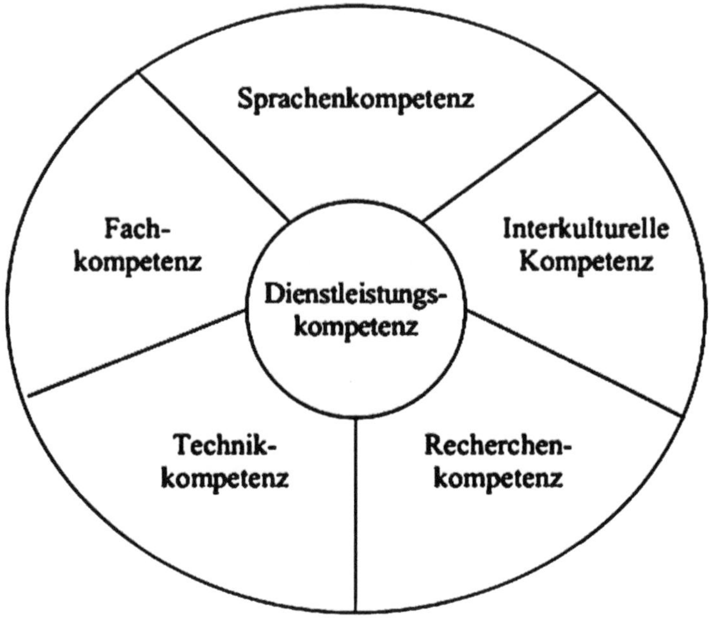

Ohne an der Gültigkeit und Richtigkeit anderer Modelle zu zweifeln, bietet sich für mich aufgrund von eigenen Erfahrungen und vielfältigen Inspirationen die folgende Darstellung der Übersetzer-Suprakompetenz an. Sie setzt sich aus 3 Stufen zusammen, angefangen von den intellektuellen Voraussetzungen, über erworbene Kenntnisse bis hin zu ausgefeilten spezifisch übersetzerischen Fertigkeiten.

5 Vgl. http://ec.europa.eu/dgs/translation/programmes/emt/key_documents/emt_competences_translators_de.pdf (25.9.2014).

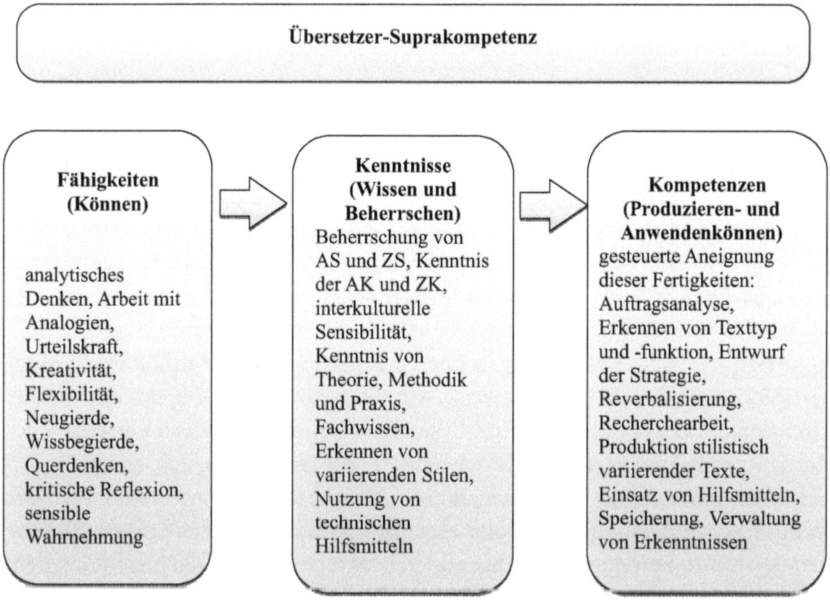

Die Suche nach einer geeigneten Methode, die Freiraum für neue Ideen bietet und verschiedene Bestandteile der Übersetzerausbildung ‚unter einen Hut' bringen würde, führt zur Kreativitätstechnik der *Denkhüte* von De Bono.[6]

Die *Denkhüte* von De Bono

Edward de Bono, ein britischer Mediziner und Kognitionswissenschaftler, wurde in den 1970-er Jahren zum führenden Lehrer für kreatives Denken. Er entwickelte Techniken, mit deren Hilfe man neue Ideen findet und sich aus eingefahrenen Denkmustern löst. Dazu gehören z.B. das Denkkonzept des lateralen Denkens und die Kreativitätstechnik der *Denkhüte* (1989).[7] In de Bonos vielfach verwendeter Trainingstechnik des lateralen Denkens dominieren vier Prinzipien:

6 Edward de Bono nannte seine Methode des kreativen Denkens *Six Thinkings Hats*. Vgl. z.B. http://de.wikipedia.org/wiki/Denkh%C3%BCte_von_De_Bono; http://www.zeitzuleben.de/2387-die-methode-des-6-hut-denkens/ (02.09.2014).

7 Vgl. http://de.wikipedia.org/wiki/Edward_de_Bono (30.8.2014).

1. Erkennen beherrschender Vorstellungen und Denkwege
2. Suche nach anderen Wegen, die Dinge zu betrachten
3. Lockerung der strengen Kontrolle, die das rational-logische (vertikale) Denken ausübt
4. bewusste Verwendung des Zufalls.[8]

Bei der Untersuchung eines heterogenen Phänomens handelt es sich dann um eine Art Gruppendiskussion, um 6 metaphorische Hüte, die aufgrund ihrer Farbe jeweils eine Art des Denkens über dieses Phänomen symbolisieren und das kreative Sortieren einer unendlichen Masse an Daten ermöglichen. Die einzelnen Hüte stehen für die unterschiedlichen Stellungnahmen einzelner Teilnehmerinnen und Teilnehmer in der Diskussion, und die Erläuterung einer vielschichtigen Erscheinung beweist, wie facettenreich ein Objekt, eine Sache, ein Sachverhalt sein können. Auf diese Weise sollen neue Ideen entstehen. Jeder Hut und seine Farbe verkörpern einen Spiegel, in dem sich einige Teilaspekte des Phänomens widerspiegeln. Mit Hilfe dieser Methode kann auch der multidimensionale Versuch, motivierte Studierende zum Nachdenken über die Translation zu bewegen, kurz abgebildet, kommentiert und dargestellt werden.

Dieser Ansatz wurde versuchsweise im Rahmen der Übersetzungsseminare mit Studierenden in Bratislava verwendet, um sie aus dem eindimensionalen Denken zu ‚wecken' und ihnen die verschiedenen Facetten der Translation bildhaft zu zeigen.

Der Weiße Hut: Analytisches Denken, d.h. Konzentration auf Tatsachen und Ansätze

An eine leere virtuelle Tafel könnte zuerst das Symbol des Janus-Kopfes gezeichnet werden. Janus, den römischen Gott der Tür, des Ein- und Ausganges, des Beginns und des Endes, kennt man als eine symbolische Figur, dargestellt mit zweigesichtigem Kopf, der vor- wie rückwärts blickt. Übersetzerinnen und Übersetzer identifizieren sich gelegentlich mit dieser Janusköpfigkeit, einer gewissen Bipolarität, Bilingualität oder auch Bikulturalität. Jede Translation funktioniert als Medium der Fremderfahrung und jede Übersetzung steht für einen Ausgangstext und anstelle eines Ausgangstextes. Der Blick zurück auf den Ausgangstext und gleichzeitig der Blick nach vorn auf den Zieltext machen auch die Übersetzerin bzw. den Übersetzer mehr oder weniger zum ‚Janus'. Sie müssen die Ausgangs- und Zielkultur kennen, multi- oder wenigstens bikulturell sein. Als passive und aktive

8 Vgl.: http://www.denkclub.de/html/laterales_denken.html (5.9.2014).

Glieder in der Rezeptionskette ermitteln sie die Wirkungsabsicht, den Ereigniswert als Zielvorhabenwert, der sich interkulturell bei der Translation in seiner Art oder seinem Grad oder beiden ändern kann. Der Januskopf schaut sowohl nach hinten als auch nach vorne und erfasst mit seinem Blick einen Ausschnitt des Universums, vielleicht das ‚Andere', das Faszinierende. Über einen Doppelblick auf die Fakten zu verfügen, die Fähigkeit, die potentielle Doppelbödigkeit einer Mitteilung zu entschlüsseln, die Herausforderungen sowie die gestellten Fallen, ja ‚Minen' im Text und in seinem Umfeld zu entdecken, all das gehört zur translatorischen Arbeit.

Es bieten sich drei methodische Möglichkeiten für die Arbeit mit Studierenden an: die erste Erkundung eines Textes beginnt normalerweise unterhalb der normalen Augenhöhe – im übertragenen Sinne: mit Kinderaugen, naiv, laienhaft betrachtet, aus dem Kontext entfernt, ohne Ein- und Übersicht –, d.h. aus der ‚Froschperspektive'. Aus dieser Position heraus reflektieren und übersetzen Anfänger und Laien einen Text. Die ‚Normalperspektive' wäre die Wahrnehmung aus normaler Augenhöhe; diese nähert sich der objektiven Betrachtungsweise an. So kann eine Übersetzung entstehen, die einem industriell hergestellten Produkt nahe steht. Möchte man jedoch großzügiger vorgehen, wählt man die ‚Vogelperspektive' (‚Vogelschau'), aus der sowohl der Grundriss als auch andere Merkmale des Gegenstandes sichtbar werden. Aus dieser Perspektive erblicken professionelle Übersetzerinnen und Übersetzer nicht nur sprachlich-stilistische und thematische Merkmale des Originals, sondern auch versteckte Wechselbeziehungen ihrer Vorlage mit der soziokulturellen Realität.

Der Weiße Hut in der translatorischen Praxis. Fallstudie: Versteckter *Google-Translator*

Unter den weißen Hut („Konzentration auf Tatsachen und Ansätze") gehört nicht zuletzt eine aufmerksame Sensibilität der Übersetzerin oder des Übersetzers für fremde (nicht nur fremdsprachige) Texte. Eine Aufgabe an angehende Übersetzer in Bratislava brachte dabei interessante Ergebnisse in puncto Einblick in einen Text. Der Auftrag an 15 Studierende aus unterschiedlichen Semestern lautete: Beurteilen Sie (in beliebiger Form, aber auf Deutsch) den folgenden deutschsprachigen Text, der auf der Webseite der Stadt Bardejov[9] in dieser ‚ungehobelten Fassung' [sic!] tatsächlich veröffentlicht wurde.

9 http://translate.googleusercontent.com/translate_c?client=tmpg&depth=1&hl=en&langpair=sk%7Cde&rurl=translate.google.com&u=http://www.bardejov.sk/mesto/aktuality/1093-manazment-plan-lokality-svetoveho-dedicstva-2013-2020-prve-

Managementplan fur das Weltkuturerbe 2013–2020 – nutzt eine Implementierung

Vielleicht ist es nicht notwendig, zu sagen, dass die Lage im historischen Zentrum von Bardejov hat eine nationale und internationale Bedeutung. Es ist Teil eines lebenden Organismus von Bardejov, damit die besonderen Herausforderungen für ihren Schutz und Entwicklung. Zur Erhaltung dieser außergewöhnlichen Wert wurde Managementplan bearbeitet für die Weltkulturerbe 2013–2020.

Das Dokument ist eine Forderung der UNESCO, unter denen ist es, jeden Ort auf der UNESCO-Weltkultur-und Naturerbes der Verarbeitung des Managementplans haben. Ist ein strategisches Dokument, das festlegt, die Vision für den Standort in die Welterbeliste und mit Maßnahmen, die es zu erreichen.

Wurde in enger Zusammenarbeit mit der Stadt Bardejov, Prešov Regional Denkmalamt, Denkmalamt der Slowakischen Republik, Experten relevanten Bereichen und die Mitglieder der lokalen Verwaltungsgruppe vorbereitet.

In dieser Zeit beginnt seine Umsetzung, dh ihre praktische Umsetzung und Erfüllung.

Zur Stabilisierung und Verbesserung der Website vorgeschlagenen 30 Projekte, die in sich in vier Schwerpunktbereiche unterteilt unterteilt sind:

- Schutz des Standorts
- Verwaltung der Website
- Nutzung und Entwicklung der Website
- Interpretation und Präsentation der kulturellen Werte.

Die historische Stadt Bardejov nach Zulassungsstatus – Dieser gesamte Prozess wird von einem umfangreichen „Lenkungsgruppe" Management-Welterbe UNESCO verwaltet werden.

Praktische Umsetzung von Projekten und im Managementplan vorgeschlagenen Maßnahmen, die Art der deren Einhaltung vollständig innerhalb der Stadtverwaltung, wird „Kommission für die Umsetzung des Managementplans." Liefern

zasadnutie-riadiacej-skupiny-a-implementacnej-komisie&usg=ALkJrhjy_G8Dmk-Al8RRfY3_Wy5Rab5-og (30.3.2014).

Die 9 schriftlich gelieferten Reaktionen der Studierenden waren mannigfaltig, auch sprachlich nicht einwandfrei (Fehler sind nicht korrigiert worden), aber in einer Hinsicht gleich: sie alle kritisieren fast nur die sprachlichen Fehler (Orthographie, Grammatik und Lexik), kaum jedoch den Stil. Im Folgenden einige gekürzte und unkorrigierte Ausschnitte:

> Ich habe das übersetzte Dokument nachgeschaut und mich stören vor Allem die grammatischen Fehler. Falls es sich nur um manche Artikel, Präpositionen oder falsche Endungen handelte, wäre es nicht so schlimm, aber in diesem Text fehlen zum Beispiel auch die Verben, die vielleicht die wichtigste Teilen eines deutschen Satzes sind. (Lucia, 2. Jg. MA).

Zusammenfassende Feststellungen zielen – nicht immer sprachlich sehr überzeugend – auf das translatorische Scheitern des Textes:

> Der Text [...] ist meiner Meinung nach verständlich, aber wenn es sich um eine professionelle Übersetzung handeln sollte, die auch eine sog. „Visitkarte" der Übersetzer wäre, sollte die Übersetzung des Texts noch korrigiert und verbessert werden, vor allem in Bezug auf die Grammatikfehler, die solch eine Übersetzung nicht beinhalten werden sollte [...]. (Ján, 1. Jg. BA).

> Viele Bedeutungseinheiten wurden in die Zielsprache falsch übertragen. Der Übersetzer konnte sich vielleicht von der so gennanten Hypnose von Originaltext und Originalsprache nicht befreien und konnte die Sprachmittel der Zielsprache nicht richtig verwenden. Als Folge solcher Übersetzung ist schon die erwähnte Unverständlichkeit des Textes und nicht gerade positive Repräsentation der Stadt Bardejov zu erwarten. Das bedeutet, dass das Ziel dieses Textes nicht erreicht wurde [...]. (Bea, 3. Jg. BA).

> [...] Die grammatischen Fehler beweisen nur nicht genügende Kenntnisse der deutschen Sprache und die Unfähigkeit einen komplexen und gut lesbaren Text zu schaffen. Und das hinweist auf die schlechte Ausbildung des Übersetzers oder auf die Frage, ob diese Übersetzung nicht von einem „Google Translate" oder einem anderen Übersetzungsprogramm übersetzt wurde. (Lucia, 3. Jg. BA).

> Es sind genau solche Fehler, die diesen Text unverständlich machen. Die Nachricht bleibt einfach verloren [...] Vielleicht beherrscht der Übersetzer die deutsche Sprache nicht entsprechend gut und deswegen übersetzte er nur Wort für Wort [...] Oder vielleicht gab es eigentlich auch keinen Übersetzer und der Text wurde nur mit der Hilfe einer Übersetzersoftware übersetzt, ohne jeglichen Posteditings. Eine Antwort ist aber ganz klar – der Autor des Textes wollte Geld sparen. Dies geling ihm auch, aber zu welchem Preis? (Marián, 2. Jg. MA).

Die Vermutung, es handele sich um eine Maschinenübersetzung, taucht viermal auf:

> Die elektronischen Übersetzungsprogramme benutzen eine begrenzte Database der Wörter und können nicht die stilistische Schicklichkeit bzw. Unschicklichkeit abschätzen. Das ist der Grund, warum die Bedeutung manchen Wörter mit dem Bedeutung der Wörter in Quellensprache nicht stimmt. (Dominika, 1. Jg. BA).

> Im Allgemeinen ist der Text, so wie er Übersetzt ist, überhaupt nicht verständlich. Die Aufgabe des Textes, eine Information weiterzugeben, ist dadurch völlig unmöglich [...] Ich würde sagen, dass der Text zu automatisch übersetzt wurde. Als ob ihn eine Maschine übersetzt hätte. (Nina, 2. Jg. BA).
>
> Die vorgelegte Übersetzung finde ich ziemlich unverständlich. Ich vermute, es geht um eine Maschinenübersetzung, die von einer Person mit sehr begrenzten Sprachkenntnissen „korrigiert“ wurde, [...] aber im Text taucht eine Menge von Anfängerfehlern auf. (Studentin, 2. Jg. MA).

Eine sehr professionelle Stellungnahme lieferte ein sehbehinderter Student, der nur mit Hilfe eines Vorlese-Programms arbeitet. Die deutsche Fassung in Audioform ließ ihn vermuten, dass sein Computer kaputt oder der Text falsch sei. Umso einsichtsvoller klingt daher sein Kommentar:

> Ich werde in meiner Kritik dieser Übersetzung meine Aufmerksamkeit nicht nur auf die Grammatik, sondern auch auf die Zielgruppe dieses Textes lenken. Dieser Bericht ist vor allem für die ausländischen Besucher und Investoren bestimmt. Deshalb muss so ein Text die Leser Fesseln und sicherlich nicht mit seinen Grammatischen Fehlern.
>
> Schon die Überschrift ist falsch geschrieben. Das Wort „Weltkuturerbe“ wird den Leser sicherlich Fesseln, aber nur weil sie falsch geschrieben ist. Die Überschrifte sind oft sehr wichtig und der Leser kann dann sehr einfach entschieden den ganzen Bericht nicht zu lesen. Noch etwas: Auch wenn man nicht mit eine deutschen Tastatur arbeitet, ist es immer besser „fuer“ als „fur“ zu schreiben. (Michal, 3. Jg. BA).

Eine gestellte ‚Falle‘ hatte jedoch niemand erkannt. Hätte man auf die genannte Webseite geklickt, wäre sofort sichtbar geworden, dass bei der Wahl einer fremdsprachigen Fassung sofort auf *Google-Translator* umgeschaltet wird. Vermutungen oder Misstrauen sind keine schlechten Ansätze, für professionelle Übersetzerinnen und Übersetzer reichen sie jedoch nicht aus. Die Arbeit mit Ausgangs- und Zieltext ist nämlich eine Art Ermittlung und die eingeforderte Recherchekompetenz muss diese untermauern.

Im Allgemeinen stellt man fest, dass zeitraubende Nachsuchen in Büchern, Lexika, Enzyklopädien bei den meisten Studierenden wahrscheinlich ‚out‘ sind; ‚in‘ ist das Googlen, Surfen im Internet. Wie oberflächlich jedoch oft das Erfassen eines Auftrags ist, zeigt diese Sonde. Es wird gern und viel gegoogelt, leider oft am falschen Ort und zur falschen Zeit.[10] Umso dringender scheint es daher, die Studierenden zu einem Sichtwechsel zu befähigen, von der Frosch- zur Vogelperspektive.

---

10 Als Illustration kann die todernst gemeinte Frage einer Studentin gelten: „Wie konnten Sie übersetzen, als es noch kein Internet gab?“

Der Rote Hut: Emotionales Denken und Empfinden, d.h. Konzentration auf Gefühle und Meinungen[11]

Wie wichtig scheinbar belanglose Gefühle auch im Kontext des Übersetzungsakts sein können, zeigt uns das Emotionskonzept von Häusel[12] (2008). Seine Aufforderung lautet: „Denken Sie emotional!" Emotionen seien Gefühle, die auf etwas (sei es ein Prozess, ein Phänomen, eine Person oder ein Gegenstand) in der Welt gerichtet sind und sie in bestimmter Weise repräsentieren. Sie haben einen repräsentationalen Inhalt und vermitteln dem Menschen Wissen über die Welt.

Nach Häusel verfügt jeder Mensch über drei einprogrammierte Vital-Bedürfnisse (vgl. zum folgenden Häusel 2008):

1. **Stimulanz:** Die besonders neugierigen und innovativen Organismen sind am erfolgreichsten. Die Stimulanz-Instruktion in unserem Kopf sagt uns fortwährend: „Suche Neues! Beweg dich! Geh Risiken ein! Teste deine Grenzen!" Diese Anweisungen verschaffen uns bei der kreativen Arbeit Gewinn, Spaß und Lebensfreude und steigern unsere (sicher auch translatorische) Leistung.
2. **Dominanz:** Sie ruft uns zu: „Sei aktiv! Setz dich durch! Erweitere dein Territorium! Verdränge deine Konkurrenten!" Diese Instruktionen stimulieren das Durchsetzungsvermögen, was sicher im harten Wettbewerbskampf in der Übersetzungslandschaft wichtig ist.
3. **Balance:** Das dritte Bedürfnis in unserem Gehirn steht für den Überlebens-Instinkt, für Beharrung und Erhaltung. Es sagt uns: „Vermeide Gefahren! Baue Gewohnheiten auf und behalte sie bei! Vermeide Störungen und Unsicherheit! Vergeude keine Energie!"

Um die selbstbewusste Darstellung der eigenen Konzeption, des eigenen Entwurfs einer Übersetzung geht es in der folgenden Ausführung.

11 Im Folgenden geht es nicht ausschließlich um Emotionen, sondern auch um Meinungsaustausch und Durchsetzungsvermögen.

12 Häusels Gehirnforschung ist viel komplexer, in diesem Zusammenhang beschränken wir uns jedoch auf die Rolle der Emotionen bei rationalen Entscheidungen.

Der Rote Hut[13] in der translatorischen Praxis. Experiment *Translation Slam*

Kreativität und selbstbewusstes Darstellungsvermögen ‚entflammen' in produktiven Seminar-Formen, bei denen Studierende in der Regel begeistert mitmachen. Über diese Workshop-Art hieß es auf dem *FIT*-Kongress 2014 in Berlin:[14]

> Was geschieht eigentlich im Kopf des Übersetzers oder der Übersetzerin beim Übersetzen eines Textes? Beim *Translation Slam* treten zwei oder mehr Übersetzer mit ihrer jeweiligen Übersetzung eines identischen Ausgangstexts gegeneinander an. Dabei geht es nicht darum, wer die bessere Übersetzung abliefert, sondern welche Überlegungen zu einzelnen Übersetzungsentscheidungen geführt haben. In diesen Diskussionsprozess wird das Publikum, dem sowohl Ausgangstext als auch Übersetzungen vorliegen, mit einbezogen und zu eigenen Lösungsvorschlägen und Diskussionsbeiträgen eingeladen.[15]

Praktisch durchführbar ist ein *Translation Slam*, indem zwei Fassungen einer Übersetzung an die Wand projiziert werden, diese von ihren Autorinnen bzw. Autoren verteidigt und von den anderen Teilnehmenden begutachtet und diskutiert werden, die zusätzlich ihre eigenen Übersetzungs-Versionen vor sich liegen haben.

Abb. 2: Studierende im 3. Studienjahr der Nederlandistik an der Philosophischen Fakultät der Comenius Universität präsentieren im WS 2014/2015 ihre Versionen einer Übersetzung aus dem Niederländischen ins Slowakische

13 Es könnte auch ein rot-grün gestreifter Hut sein (siehe unten: *Der Grüne Hut*).

14 *FIT* (*Fédération Internationale des Traducteurs/International Federation of Translators*) http://www.fit-ift.org/ (10.9.2014).

15 http://www.goethe.de/lhr/prj/d30/ver/de12200122v.htm (10.09.2014); vgl. auch: http://www.goethe.de/lhr/prj/d30/ver/dok/de13220812.htm (10.05.2015).

Diese Seminar-Form hat sich in der Praxis sehr bewährt, weil dabei nicht nur der Beweis dafür erbracht wird, dass unterschiedliche Versionen vorliegen dürfen, sondern weil die Studierenden ihr rhetorisches und translatorisches Können wie auf einem Forum demonstrieren müssen. Sie lernen fachsimpeln, ihre Gedanken ordnen und verbalisieren, Argumente untermauern, ihre Produkte fachgemäß benennen und verteidigen, mit Kritik und Andersdenkenden umgehen, aber auch Fehler zulassen, bessere Lösungen akzeptieren usw. Als Methode der Kompetenzenentwicklung ist dies effektiv, beliebt und aktivierend.

Der Schwarze Hut: Kritisches Denken, d.h. Risikobetrachtung, Probleme, Skepsis, Kritik und Ängste

Eine deutliche Lücke in der translatologischen Landschaft stellt die soziologische Dimension des Übersetzungsprozesses dar. Translatorisches Handeln spielt sich in einem spezifischen sozialen Raum ab, in einem Kräftefeld, wo asymmetrische externe (Macht-)Verhältnisse herrschen. Unter Einsatz eigenen Wissens und Könnens werden Phänomene (Translate) gegen Entgelt produziert, zur Verfügung gestellt und in laufende Diskurse eingebaut. Die Frage lautet jedoch: Stehen sich in dem genannten Kräftefeld gleichberechtigte Seiten gegenüber? Die Antwort muss negativ ausfallen. Inwieweit können nicht nur die Normen und Konventionen, sondern auch die sozialen Kräfteverhältnisse, die ökonomischen und kulturellen Mittel sowie die Spielregeln von der jeweiligen Translationskultur (oder -unkultur) beeinflusst werden? Dieses Problem wurde kaum untersucht, obwohl es viele Stimmen für die Etablierung einer Übersetzungssoziologie gab (vgl. Holz-Mänttäri 1984; Risku 2004; Prunč 2011; ansatzweise schon Popovič 1975; später auch Müglová 2009; Djovčoš 2012). Anregungen dafür lieferte auch die Skopostheorie von Hans Vermeer (Reiß /Vermeer 1997). Prunč (2011:3013–320) kritisiert mit Recht das translatologische Konstrukt eines „idealen Translators", er modelliert den sozialen Raum und leitet eine soziologische Wende in der Translationswissenschaft ein, hin zur Translationssoziologie.

Der Schwarze Hut in der translatorischen Praxis. Vom *homo translator* zum *homo oeconomicus*

Die heutige Übersetzungslandschaft besteht zweifellos auch aus völlig neuen und oft ungeahnten Spannungsfeldern, auf denen der *homo translator* zum *homo oeconomicus*, zum ‚Texter', zum Sprecher und zur Zielscheibe unterschiedlicher Interessen und Rationalisierungsmaßnahmen wird oder werden muss. Logische Folgen sind Skepsis, Zukunftsangst und Unsicherheit, auch schon unter

Studierenden. In einer im Wintersemester 2014/2015 durchgeführten Umfrage unter 72 slowakischen Studierenden verschiedener Sprachen kurz vor dem Studienabschluss wurde u.a. die Frage nach den beruflichen Plänen gestellt. Die Antworten zeigen, dass etwas unter 50% der Befragten im Bereich Sprachmittlung tätig werden wollen (etwa zu gleichen Teilen Dolmetschen, Fach- und literarisches Übersetzen). Fast 30% der Befragten steuern andere Berufe innerhalb der weitverstandenen Sprachindustrie an, darunter Unterrichtstätigkeit, Arbeit in ausländischen Unternehmen, im Auswärtigen Dienst, im Innenministerium, im Kulturbereich, im Fremdenverkehr, im Bereich von PR oder in NGO's. Alarmierend ist, dass 20% „keine Ahnung" haben und von z.T. massiven Zukunftsängsten geplagt werden. Ob nicht auch Lehrkräfte einen ‚schwarzen Hut' tragen sollten, muss hier dahingestellt bleiben.

Der Gelbe Hut: Optimistisches Denken. Was ist das beste Szenario?

Auf der Suche nach Lichtblicken und optimistischen Anstößen für die translatorische Praxis wird man nicht leicht fündig. Die sinkende Nachfrage nach ‚klassischen' Übersetzungen, der oft übersättigte Markt, der blinde Glaube an maschinelle Translatoren und vieles mehr lassen ahnen, dass hier ein Umdenken sowohl in Theorie als auch in Didaktik und Praxis notwendig ist. Ein Blick in die Materialien der Europäischen Union, eines *global players* auf translatorischem Feld, zeigt einen erweiterten Bedarf an Fachleuten, die künftig ein breiteres Spektrum an Berufen bekleiden werden (müssen). Die Füllung des Begriffes *language industry* in den EU-Sprachen deutet einerseits auf einen breiten Dienstleistungssektor hin[16], andererseits führt die hypnotische Übersetzung der industriellen Bedeutungskomponente auch in die Irre, geht es doch keineswegs um Fabrikarbeit, um mechanische industrielle Herstellung!

Die Übersetzungstätigkeit im engeren Sinne wird zweifellos erweitert. Das Anwachsen des Sprachsektors schafft hier einen deutlich wachsenden Wirkungsbereich und bietet vielfältige Arbeitsgebiete, darunter folgende:

- Übersetzen und Dolmetschen (in immer neuen Bereichen)
- Lokalisierung und Globalisierung von Webauftritten
- Sprachcoaching
- Sprachunterricht

---

16 Vgl. http://ec.europa.eu/dgs/translation/programmes/languageindustry/platform/documents/language_industry_statistics_en.pdf (17.01.2013).

- Sprachkonsultation
- (Post-)Editing
- Terminologie-Verwaltung
- internationale Konferenzorganisation
- Computertechnologien: *Computer Assisted Translation* (*CAT*) mit *Translation Memory*.

Wie optimistisch sich die EU über diesen Wirtschaftszweig äußert, zeigt der Titel eines einschlägigen Presseberichtes von 2013 in den jeweiligen Sprachen der EU[17]:

EU language industry set to ride out the crisis.

Sortie de crise en vue pour les industries de la langue de l'Union européenne.

EU-Sprachindustrie krisenfest.

Езиковата индустрия на ЕС може да се справи с кризата. (BG)

Odvětví jazykových služeb v EU se dostává z krize. (CZ)

EU's sprogindustri godt rustet til at klare krisen. (DK)

El sector de los idiomas de la UE planta cara a la crisis. (ES)

Η γλωσσική βιομηχανία της ΕΕ αντεπεξέρχεται στην κρίση. (EL)

ELi keelesektor tuleb kriisist välja. (ET)

EU:n kieliteollisuus selville vesille kriisistä. (FI)

Az EU nyelvi ágazata ellenáll a válságnak. (HU)

L'industria linguistica dell'UE sembra pronta a uscire dalla crisi. (IT)

ES valodas nozare ir apņēmības pilna pārvarēt krīzi. (LV)

ES kalbų pramonė turėtų įveikti krizę. (LT)

L-industrija tal-lingwi tal-UE mistennija tegħleb il-kriżi. (MT)

Taalindustrie in de EU goed op weg om de crisis te overleven. (NL)

Branża językowa w UE wychodzi z kryzysu. (PL)

A indústria das línguas da UE prepara-se para sair da crise. (PT)

Industria lingvistică a UE este gata să iasă din criză. (RO)

Odvetvie jazykových služieb EÚ uniká kríze. (SK)

Jezikovna industrija EU na poti iz krize. (SL)

EU: s språkindustri rider ut krisen. (SV)

---

17 http://europa.eu/rapid/press-release_IP-09-1828_en.htm (30.03.2014).

Sicherlich sind diese Aussagen zugleich ein dankbares Beispiel für die globalisierte Auffassung und die in den meisten Fällen mechanische Lehnübersetzung des *industry*-Begriffs. Mit der Behauptung, die Sprachindustrie sei tatsächlich krisenfest, soll hier nicht polemisiert werden. Eins ist jedoch deutlich: Das individuelle Profil jeder einzelnen Translatorin und jedes Translatoren wird und muss sich erweitern. Sie unterliegen dem Zwang, immer mehr zu bieten, multi- und interdisziplinär zu arbeiten und immer neue Kompetenzen in der modernen Textverarbeitung umzusetzen.

Der Gelbe Hut in der translatorischen Praxis

Auf der Suche nach optimistischen Impulsen muss man im Übersetzungsunterricht bei der Theorie der Übersetzbarkeit einsetzen. Die pessimistischen Behauptungen von Studierenden („Das lässt sich nicht übersetzen!“, „Dafür gibt es im Slowakischen kein Äquivalent!“) dürfen nicht akzeptiert werden. Die erste Kontrollfrage richtet sich dann auf das Nachsuchen, Recherchieren. Eigene Bildungslücken sind in den Nachschlagewerken und Hintergrundtexten zu füllen; Vermutungen oder sogar negative Einstellungen von Seiten weniger leseerfahrener Studierender sind hier fehl am Platz. Das wäre der erste didaktische Schritt.

Ein zweiter Schritt sollte optimistisch zur übersetzerischen Freiheit führen, zur Fähigkeit, sich von der Hypnose des Originals zu lösen. Differenzen zwischen Ausgangs- und Zieltext sind legitim, man muss sie jedoch rationell begründen können. Dabei entstehen bei Studierenden oft Diskussionen, die Spuren von echtem Fachsimpeln tragen.

Jeder Dozent sollte den Weg zur Professionaliät und in das Berufsleben eher optimistisch als pessimistisch vermitteln. Obwohl die Praxis niemals nur in hellen Farben erscheint, müssen künftige Sprachmittler das breite Spektrum der Möglichkeiten der Sprachindustrie erkennen und sich darauf mit unserer Hilfe bewusst vorbereiten.

Der Grüne Hut: Kreatives, assoziatives Denken, d. h. neue Ideen, Kreativität

Aus dem Beispiel der „krisenfesten Sprachindustrie“ wird ersichtlich, dass der EU-Sprachdienst strikt die Äquivalenztheorie respektiert und im Allgemeinen hoch symmetrische Übersetzungen produziert. Die Praxis (v.a. in den Bereichen Wirtschaft, Werbung und Handel) stellt jedoch auch andere Anforderungen an einen (‚klientenfreundlichen‘) Zieltext: dieser muss verführerisch wirken und ggf. zielkulturspezifisch sein. Über Strategien der Lokalisierung sollen Texte inhaltlich an die sprachlichen, regionalen, kulturellen, wirtschaftlichen und technischen Nuancen des jeweiligen Landes angepasst werden. Übersetzerinnen und Übersetzer müssen die lokalen Gegebenheiten und Gebräuche des Ziellandes bei der (interpretierenden) Übertragung des Ursprungstextes in einen lokalisierten Zieltext selbstverständlich kennen und möglichst genau berücksichtigen, damit der Eindruck entsteht, er wäre ‚vor Ort' entstanden.[18] Das Publikum muss beim Lesen eines lokalisierten Textes davon überzeugt sein, dass es sich um die ursprüngliche Version handelt, in der es sich natürlich und leicht orientieren kann. Translatorische Lokalisierungsprozesse müssen zudem auch den gültigen Gesetzen und Rechtsvorschriften bzw. den kulturellen oder anderen Normen des Ziellandes entsprechen.

Hier geht der Trend von der Äquivalenz- zur Skopostheorie. Wie dies im Alltag aussieht, zeigen einige lokalisierte Übersetzungen, die die graphisch ausdrucksstarken *Käfer*-Webseiten (untersucht in den Jahren 2012 und 2014) ergänzen.[19] Im 2012 konnte man auf den graphisch glanzvollen Internetseiten über die Geschichte dieses Wagens Folgendes lesen:

> 1960:
> Das Wirtschaftswunder hatte viele Motoren. Und einen Heckantrieb.
>
> Hospodárske zázraky mali mnoho dôvodov čo ich hnalo dopredu. Tento mal motor vzadu. [„Die Wirtschaftswunder hatten viele Gründe, die sie nach vorne trieben. Dieses hatte einen Heckmotor."][20]
>
> Some people say it's ugly. Some say it's an icon. We say it's a bit of both.
>
> El icono del Flower Power.
>
> 1970:
> Der Käfer erobert die Welt im Sturm. Und macht sich dabei nicht nur einen Namen.
>
> Chrobák dobil svet v tých najťažších časoch. A meno Chrobák / The Beetle sa stalo pojmom [„Der Käfer hat die Welt in den schlechtesten Zeiten erschlagen (in der Bedeutung „totgeschlagen"). Und der Name Chrobák / The Beetle wurde zum Begriff."][21]
>
> The one, the only. With a different name wherever it goes.

18 Vgl. http://www.de.languageconnect.net/services,lokalisierung.htm (5.5.2014).
19 Vgl. www.beetle.de, www.vw.de, www.vw.sk (25.3.2012).
20 Die wörtliche Übersetzung dieses semantisch unlogischen und inkonsistenten slowakischen Slogans ist unakzeptabel.
21 Ebenfalls eine wörtliche Übersetzung.

Vocho. Käfer. Fusca. Bug. Maggiolino. Coccinelle. Escarabajo. Beetle habla todos los idiomas.[22]

Man sieht, wie unterschiedlich hier ein suggestiver Text konzipiert wird. Die slowakischen Übersetzungen müssen sowohl orthographisch (‚dobil' statt ‚dobyl'[23], fehlendes Komma) als auch im Hinblick auf Semantik und Intention als misslungen bezeichnet werden. Der eigentliche Sinn der Lokalisierung im Bereich der Translation ist hier verloren gegangen. Statt den einheimischen Kunden zu (ver) locken, erreichten die unprofessionellen Texter das Gegenteil: Slowakische Leser amüsieren sich köstlich über den ‚Killer-Käfer'. Zwei Jahre später (2014) zeigte sich auf den Webseiten eine positive Progression:

KANTENSPRUNG. Der neue Polo zeigt sich von der schnittigen Seite. Ein starker Charakter.

Vyhranené. Nové Polo prezentuje elegantným spôsobom: svoj silný charakter.

[**Ausgeprägt**. Der neue Polo präsentiert auf elegante Weise: seinen starken Charakter.][24]

Skrajne innowacyjne. Nowe Polo ujawnia swój sportowy charakter.

Nové Polo. Předprodej zahájen.[25]

Dass eine Übersetzung eine Summe von sowohl Gewinnen als auch Verlusten darstellt, zeigt der Ausdruck ‚Kantensprung'. Von Seiten des deutschen Texters handelt es sich in diesem Fall um kreative Spracharbeit; er spielt mit der Ähnlichkeit zweier Lexeme – Kantensprung und Quantensprung.[26] Das vorliegende deutsche Wortspiel (bzw. der intertextuelle Verweis) funktioniert im Slowakischen nicht: Es gibt zwar den physikalischen Fachausdruck ‚kvantový skok', jedoch nur in der

22 http://vwaccessoriesshop.com/vw-beetle-decklid-nickname-inscription-a024.aspx (10.2.2014).

23 Vgl. Slowakisch: ‚dobiť' = zu Tode schlagen, erschlagen, im Gegensatz zu ‚dobyť' = erreichen, erkämpfen, erringen.

24 Wörtlich übersetzt, wobei betont sei, dass das slowakische Äquivalent für ‚ausgeprägt' das Wort ‚hrana' [Kante] enthält.

25 http://www.volkswagen.de/de/models/der-polo/gallery.html, www.volkswagenrybnik.pl/model/nowe-polo/galeria/, volkswagen.auto.cz/strana/51 (02.04.2014).

26 Vgl. http://de.wikipedia.org/wiki/Quantensprung (28.1.2015). Ein Quantensprung ist der Übergang von einem quantenmechanischen Zustand in einen anderen. Der allgemeine Sprachgebrauch versteht unter einem Quantensprung einen durch eine Entdeckung, Idee oder Erfindung hervorgerufenen ungewöhnlich großen Fortschritt in einem bestimmten Bereich.

denotativen, nicht in konnotativer Bedeutung. Hätte der anonyme slowakische Texter ‚kvalitatívny skok' verwendet, wäre er der Intention näher gekommen.

Der Grüne Hut in der translatorischen Praxis

Der Hieronymus-Preis 2014 des Bundesverbandes der Dolmetscher und Übersetzer e.V.

> [...] für beispielhaftes Handeln im Bereich der mehrsprachigen Kommunikation [ging] an das After Sales Fremdsprachenmanagement der Volkswagen AG. Der Sprachendienst arbeitet in bis zu 39 Sprachen und wickelte zuletzt ein Übersetzungsvolumen von mehr als 250.000 DIN-A4-Seiten pro Jahr ab [...].[27]

Die oben genannte Progression in der slowakischen Lokalisation wäre auch ein kleiner Stein in der Laudatio an diesen Riesenauftraggeber.

Der Blaue Hut: Ordnendes, moderierendes Denken, d.h. Überblick über Prozesse

Auch in der Translationswissenschaft ist in den letzten drei Jahrzehnten eine deutliche Tendenz zur Interdisziplinarität kennzeichnend. Zur Erforschung des facettenreichen Phänomens ‚Übersetzung' werden neben Literaturwissenschaft und Translationslinguistik längst nicht nur weitere Wissenschaften herangezogen, sondern auch neue pragmatische Ansätze genutzt. Der Begriff der Übersetzung als einer Art interkultureller Kommunikation erscheint in einem neuen Licht: Die Überlegungen zum Thema Translation und Translat sind schon oft befreit von der Last der Terminologie und der (sich oft nur in der virtuellen Realität abspielenden) Konzepte und Modelle der Übersetzungstheorie. Umso mehr Grund, künftig für eine praxisnahe Translatologie zu plädieren, die wohl kaum neue Modelle entwickeln muss oder soll, die aber umso aufmerksamer die aktuellen Tendenzen in der Übersetzungslandschaft, ihre Wechselbeziehungen zur maschinellen Übersetzung reflektieren, benennen und kritisch darstellen sollte.

Für sehr wichtig halten wir die Wechselbeziehungen nicht nur zwischen der Translatologie und ihren Nachbardisziplinen, sondern auch unsere aufmerksame Reflexion des Geschehens und der gesellschaftlichen Prozesse. In jedem Bereich des öffentlichen Lebens ist die Übersetzung sichtbar oder unsichtbar präsent und

27 http://www.bdue.de/fileadmin/files/PDF/Newsletter-Archiv/Newsletter_Oktober_2014.pdf (30.10.2014).

unsere Herausforderung besteht darin, die Probleme rund um die Translation zu erkennen und zu ordnen.

Dazu ein Beispiel, das in diesem Rahmen nicht weitgehend analysiert werden kann, aber interessant ist. Das Phänomen der *corporate identity*, des komplexen visuellen Systems, mit dessen Hilfe eine Institution mit ihren Kunden kommuniziert, betrifft nicht nur typische nonverbale Merkmale (Logo, Farben usw.), sondern auch ihre verbale Ausdrucksweise. Unsere Analyse der Formulare und Texte mehrerer Versicherungsgesellschaften brachte z.B. das Ergebnis, dass jede ihre eigenen Fachausdrücke benutzt, sodass wir Übersetzer uns auf keine allgemein gültige slowakische Versicherungsterminologie verlassen dürfen, sondern von jedem Auftraggeber sein internes Vokabular verlangen sollten.

Der Blaue Hut in der translatorischen Praxis

Übersetzen lernen und lehren heißt auch forschen und Querverbindungen zu anderen Disziplinen sowie Anwendungsbereichen suchen. Auf diesem Wege erfährt man z.B., wie die Sachverhalte aus einem anderen Blickwinkel erscheinen. In diesem Kontext wäre unser Forschungsprojekt *TransIus*[28] erwähnenswert. Es lieferte u.a. bemerkenswerte Antworten von slowakischen Richtern, Staatsanwälten, Notaren, Anwälten, Polizei-Ermittlern und Beamten auf die Frage danach, wer beeidigte Übersetzungen ausfertigen sollte:

1. Juristen mit Fremdsprachenkenntnissen (50%)
2. Philologen mit Übersetzer-Ausbildung und Jura-Basis (48,4%)
3. Absolventen verschiedener Magisterstudiengänge mit Fremdsprachenkenntnissen (0,3%)
4. Bilinguale Personen, Personen mit ausgeprägten Interessen für das Übersetzen aus Fremdsprachen (0,3%).

Wenn die oben genannten relevanten Auftraggeber immerhin zu 48,4% studierte Übersetzerinnen und Übersetzer als gewünschte Dienstleister nennen, ist dies ein deutliches Zeichen dafür, dass deren Ruf nicht schlecht ist und sie sogar gegenüber Juristen ehrenhaft abschneiden. Das widerlegt die allgemein gültige Auffassung,

28 Vgl: APVV projekt 0226-12: „Od konvencií k normám prekladu v právnom diskurze" [„Von den Konventionen zu den Normen der Übersetzung im juristischen Diskurs"], online: www.fphil.uniba.sk/transius (10.05.2015), realisiert an der Philosophischen Fakultät der *Comenius Universität Bratislava* (Institut für Germanistik, Nederlandistik und Skandinavistik) sowie der *Matej-Bell-Universität Banská Bystrica* (Institut für Germanistik).

dass die Vertreter dieser Branche eher Juristen mit Fremdsprachen-Kenntnissen bevorzugen und professionelle Übersetzer unterschätzen. Mittlerweile begreift also die Hälfte der von uns angesprochenen Auftraggeber von beeidigten Übersetzungen, dass ein Übersetzer mit juristischer Basis-Bildung ein besseres Translat produzieren kann als ein ‚Jura-Profi'.

Abschluss und Ausblick

Diese hier nur knapp dargestellten Einblicke in die gegenwärtige Übersetzungslandschaft, in der vielleicht einige entscheidende Impulse für eine angemessene Reflexion der Übersetzungsdidaktik zu suchen sind, zeigen, dass das Konzept des sog. *Lateralen Denkens* höchst inspirierend ist. Jeder, der mit Übersetzung – sei es in Forschung, Lehre oder Praxis – in Berührung kommt, muss letztlich ein ‚Querdenker' sein.[29] Es wäre sicherlich ratsam, ab und zu gewohnte Pfade zu verlassen. Ein deutlicher Nachholbedarf besteht – abgesehen von der literarischen Übersetzung – u.a. auf dem Gebiet der Übersetzungssoziologie einschließlich der Übersetzungsethik, in der didaktischen Vorbereitung und der kritischen Reflexion der Lokalisierung sowie in der ‚Re-Humanisierung' der maschinellen Übersetzung. Ein aktuelles Problem stellt auch die qualitative und theoretische Bewältigung aller Arten von beeidigten Übersetzungen dar. Ins Zentrum der Aufmerksamkeit sollten daher Fragen der

- Positionierung von Übersetzerinnen und Übersetzern in der Gesellschaft
- Sichtbarkeit (Sensibilisierung der Auftraggeber und der Empfänger) und
- Berufsethik (in Bezug auf andere soziale Akteure, die in die Übersetzungsproduktion involviert sind) treten.

Eine weitere, soziologische, Wende zeichnet sich wohl in der angewandten Translationswissenschaft ab: Der soziale und kulturelle Raum sowie das Wertesystem der jeweiligen Gesellschaften und ihrer Ordnungen, zwischen denen übersetzt wird, sind auch aus translatologischer Sicht zu untersuchen. Diese Faktoren stellen die brennendsten Herausforderungen dar und werden zunehmend Aufmerksamkeit verlangen.

---

29 *Laterales Denken* ist die wissenschaftliche Bezeichnung für den geflügelten Ausdruck ‚Querdenken'.

Literatur

Djovčoš, Martin (2012): Kto, čo, ako a za akých podmienok prekladá: prekladateľ v kontexte doby [Wer, was, wie und unter welchen Bedingungen übersetzt: der Übersetzer im Kontext der Epoche], Banská Bystrica.

Bono, Edward de (1989): Das Sechsfarben-Denken. Ein neues Trainingsmodell, Düsseldorf.

Gromová, Edita (2009): Úvod do translatológie [Einführung in die Translatologie], Nitra.

Häusel, Hans-Georg (Hrsg.) (2008): Neuromarketing. Erkenntnisse der Hirnforschung für Markenführung, Werbung und Verkauf, Freiburg.

Häusel, Hans-Georg (o.J.): Die wissenschaftliche Fundierung des Limbic Ansatzes, Online: http://www.nymphenburg.de/tl_files/pdf/121129%20Wiss%20Fundierung%20Limbic-Ansatz.pdf (10.9.2014).

Holz-Mänttäri, Justa (1984): Translatorisches Handeln, Helsinki.

Müglová, Daniela (2009): Komunikácia, tlmočenie, preklad alebo Prečo spadla Babylonská veža [Kommunikation, Dolmetschen, Übersetzung oder Warum stürzte der Turm von Babel], Nitra.

Nord, Christiane (2011): Funktionsgerechtigkeit und Loyalität, Berlin.

Prunč, Erich (2011): Entwicklungslinien der Translationswissenschaft, Berlin.

Popovič, Anton (1975): Teória umeleckého prekladu [Theorie der künstlerischen Übersetzung], Bratislava.

Reiß, Katharina / Vermeer, Hans J. (1997): Grundlegung einer allgemeinen Translationstheorie, Tübingen.

Risku, Hanna (2004): Translationsmanagement. Tübingen.

Stahl, Jaroslav (2012): Kvalita tlmočenia v teórii a praxi [Dolmetschqualität in Theorie und Praxis]. In: Kontexty súdneho prekladu a tlmočenia 1, 112–121.

Štefková, Marketa (2013): Právny text v preklade. Translatologické aspekty právnej komunikácie v kombináciách málo rozšírených jazykov [Der juristische Text in der Übersetzung. Translatologische Aspekte der juristischen Kommunikation in wenig verbreiteten Sprachen], Bratislava.

Möglichkeiten und Methoden der Ausbildung:

A Linguistische Ansätze

Bernhard Brehmer

Was können Parallelkorpora für die Ausbildung von Übersetzern leisten? Eine Fallstudie zur Übersetzung von Anredeformen im Polnischen

Multilingual parallel corpora can be very useful resources and a practical tool in translation training. They provide translation trainees with multiple translation versions for one original to compare. By analyzing different translations of the same linguistic structure, trainees are stimulated to either mimic certain practices of professional translators or to evaluate their own translations against the background of corpus data. To illustrate the practical use of parallel corpus in translation, the paper offers a comparative study of the translation of Polish forms of address into different languages by using data from the parallel corpus *ParaSol*. Pronominal forms are most often adapted to the system of the target language, while nominal patterns of address of the source language are often preserved in the translation. However, Polish translators seem to deviate from this default strategy more often than translators of other languages which might be due to the peculiarities of the Polish address system.

Key words: corpus liguistic, parallel corpora, form of address, Polish

Schlüsselwörter: Korpuslinguistik, Parallelkorpora, Anredeformen, Polnisch

Seit ihrer Entstehung in den 1980er Jahren hat die Korpuslinguistik einen gewaltigen Aufschwung erlebt. Zu fast allen größeren europäischen Sprachen liegen mittlerweile online abrufbare ‚Nationalkorpora' vor.[1] Unter ‚Korpus' wird im computerlinguistischen Sinne eine digitale, große, repräsentativ zusammengestellte und im Prinzip unbegrenzt verwendbare Menge von Texten verstanden, die meistens für linguistische Untersuchungen aufbereitet ist und dem Nutzer spezielle Such- und Analysemechanismen anbietet, um die sprachlichen Phänomene mit minimalem Aufwand aus den Texten (halb)automatisch zu extrahieren (vgl. McEnery/Wilson 2001). Während früher Korpora vorwiegend aus literarischen oder publizistischen

1 Beispielhaft seien hier für die slawischen Sprachen, die im Zentrum der folgenden Überlegungen stehen werden, genannt: das Tschechische Nationalkorpus (www.korpus.cz), das Russische Nationalkorpus (www.ruscorpora.ru), das Polnische Nationalkorpus (www.nkjp.pl) oder das Kroatische Nationalkorpus (www.hnk.ffzg.hr). Diese Korpora sind frei oder nach vorheriger Anmeldung im Netz kostenlos benutzbar.

Textsorten bestanden, enthalten die meisten Referenzkorpora im Sinne der Repräsentativität heute auch andere Textsorten.

Ein Vorteil der Korpuslinguistik liegt darin begründet, dass prinzipiell eine beliebige linguistische Fragestellung mit korpuslinguistischen Mitteln untersucht werden kann. Während in der Frühzeit noch lexikographische Arbeiten dominierten, liegen heute zu nahezu allen sprachlichen Teilbereichen korpusbasierte Arbeiten vor (vgl. McEnery/Xiao/Tonio 2006). Auch die Translationswissenschaft hat die Korpuslinguistik längst für ihre Zwecke entdeckt (vgl. Olohan 2004, Zanettin 2012). Die korpusbasierte Translationswissenschaft bildet heute einen eigenständigen Zweig, der sich mit der Entstehung neuer Korpustypen (s. Abschnitt 1) ständig dynamisch weiterentwickelt (vgl. Laviosa 2002, Mahadi u.a. 2010). Im vorliegenden Beitrag möchte ich der Frage nachgehen, inwieweit Parallelkorpora ein Instrument sein können, mit dem die Ausbildung von ÜbersetzerInnen verbessert oder zumindest systematisch ergänzt werden kann. Diese Überlegungen werde ich anhand der Übersetzung von polnischen Anredeformen in andere Sprachen mit Daten aus einem Parallelkorpus illustrieren.

Einsatz von Korpora in der Translationswissenschaft

Es existieren bereits zahlreiche Studien, die positive Effekte der Einbeziehung von Korpora in die Ausbildung von ÜbersetzerInnen empirisch nachweisen konnten (z.B. Kübler 2003, Bernardini 2004 oder Maia 2005). Maia (2005:4) fasst die Vorteile einer korpusgestützten Ausbildung von ÜbersetzerInnen wie folgt zusammen: „It trains students to go beyond the dictionary, observe words in context and select the right word from the point of view of collocation." Folglich können bereits einsprachige Referenzkorpora der Ziel- und/oder Ausgangssprache wichtige Hilfsmittel für professionelle und angehende ÜbersetzerInnen darstellen: Sie enthalten eine ganze Reihe von Informationen, die konventionelle Hilfsmittel des Übersetzers entweder nicht oder nur nach zeitaufwändiger Recherche preisgeben, z.B. Informationen zu Kollokationsmustern des zu übersetzenden Wortes oder seines Äquivalents in der Zielsprache, zu seinen kontextuellen Eigenarten, zum terminologischen Status, zur Verwendungshäufigkeit, aber auch zu grammatischen/orthographischen Besonderheiten. So kann der Einsatz von Korpora dazu dienen, nicht nur die Geschwindigkeit des Übersetzungsprozesses zu verbessern, sondern auch die Qualität der Übersetzung, da die Ergebnisse beim korpusbasierten Übersetzen näher an den monolingualen Normen liegen als ohne den Einsatz von Korpora (Bernardini 2004).

In ihrer Typologie von Korpora mit Relevanz für die Translationswissenschaft hebt Mona Baker (1995) v.a. drei Korpustypen heraus:

(a) *mehrsprachige Korpora* (*multilingual corpora*): Dabei handelt es sich um eine Sammlung von monolingualen Korpora verschiedener Einzelsprachen[2], die nach denselben Kriterien zusammengestellt wurden (Baker 1995:232). Diese Kriterien können z.B. die in den Korpora erfassten Textsorten, die von ihnen repräsentierte Varietät oder das Thema umfassen. Aufgrund ihrer gleichen Zusammensetzung können die Sprachkorpora direkt verglichen werden, z.B. bezüglich solcher Fragen wie Textgestaltung, Texttypologie oder stilistischer Variation. Ein generelles Problem derartiger Korpora besteht darin, inwieweit Textsorten über Sprach- und Kulturgrenzen hinweg tatsächlich vergleichbar sind. Doch darin liegt gerade der Vorteil dieser Korpora für die Ausbildung von ÜbersetzerInnen: Sie zeigen das Verhältnis zwischen Sprache und Kultur besonders deutlich, von der Verwendung einzelner sprachlicher Mittel bis hin zur Textkomposition. Damit sensibilisieren sie angehende ÜbersetzerInnen für das mögliche Auftreten kulturspezifischer Normen und Konventionen in Ziel und/oder Ausgangstext und vergegenwärtigen ihnen die Rolle des Übersetzers als Mittler zwischen verschiedenen Kulturen.

(b) *vergleichbare Korpora* (*comparable corpora*): Bei Baker (1995:234) wird darunter ein monolinguales Korpus verstanden, das sowohl aus Primärtexten als auch aus vergleichbaren übersetzten Texten einer Sprache besteht. Diese Korpora eignen sich besonders gut, um generelle (‚universale') Merkmale von übersetzten Texten auf dem Hintergrund von Primärtexten, die in derselben Sprache verfasst wurden, zu ermitteln. Aus didaktischer Sicht können aus solchen Korpora Materialien gewonnen werden, die diese typischen Aspekte des Sprachgebrauchs von ÜbersetzerInnen (‚translationese') illustrieren (Olohan 2001). Bei Heranziehung verschiedener Ausgangs- und ggf. auch Zielsprachen lässt sich außerdem zeigen, welche Merkmale wirklich sprachenübergreifend als ‚translatorische Universalien' angesprochen werden können und welche dagegen systematisch auf sprachtypologische Unterschiede zwischen Ausgangs- und Zielsprache zurückzuführen sind.

(c) *Parallelkorpora* (*parallel corpora*): Parallelkorpora im engeren Sinne[3] bestehen aus authentischen Primärtexten in Sprache A und ihren Übersetzungen in Sprache B bzw. in eine Reihe weiterer Sprachen (C, D, E usw.) (Baker

2 Nach der Zahl der Einzelsprachen kann zwischen bilingualen und multilingualen Korpora unterschieden werden (vgl. Fernandes 2006: 93). Dies trifft auch für die nachfolgend genannten Korpustypen zu.

3 Der Begriff ‚Parallelkorpus' wird sehr unterschiedlich verwendet. Zum Teil funktioniert er als Oberbegriff für alle drei von Baker unterschiedenen Typen (vgl. Fabricius-Hansen 2008: 323). Im vorliegenden Aufsatz wird er ausschließlich im engeren Sinne

1995:230). Die Ausgangstexte sind also jeweils über eine Übersetzungsrelation mit den anderssprachigen Texten im Korpus verbunden. Bisweilen werden auch Texte in Parallelkorpora einbezogen, die mehr oder weniger parallel in mehreren Sprachen entstanden sind und daher in ihren einzelsprachlichen Versionen untereinander in einer übersetzungsähnlichen Relation stehen (z.B. mehrsprachig verfasste EU-Dokumente, Werbetexte international agierender Konzerne etc.) (vgl. Fabricius-Hansen 2008:323). Moderne Parallelkorpora sind meistens lexikalisch und grammatisch annotiert und die Einheiten im Ausgangstext sind automatisch mit ihren jeweiligen Äquivalenten in den Übersetzungen verbunden (aligniert). Damit wird ein direkter, maschineller Zugriff auf Passagen oder einzelne Elemente aus Ausgangs- und Zieltext möglich, zwischen denen eine vollständige oder zumindest partielle Übersetzungsrelation besteht. So lassen sich im Unterricht direkt Entscheidungen des jeweiligen Übersetzers zur Wiedergabe einzelner lexikalischer wie grammatischer Strukturen des Ausgangstextes ermitteln und systematisch (quantitativ wie qualitativ) analysieren. Bei Parallelkorpora können nach der Zahl der dort repräsentierten Sprachen und der Übersetzungsrichtung weitere Unterscheidungen getroffen werden: In einem bilingualen Parallelkorpus kann zu einem Ausgangstext in Sprache A jeweils genau eine Übersetzung in Sprache B vorgehalten werden (d.h. A1→B1, A2→B2, A3→B3 usw.) oder aber weitere Übersetzungen desselben Ausgangstextes in dieselbe Zielsprache (d.h. A1→B1, B2, B3 etc.). Letzteres liegt allerdings relativ selten vor, da in der Regel nur wenige Texte (meistens literarischer Provenienz) mehrfach in dieselbe Zielsprache übersetzt werden. Ein multilinguales Parallelkorpus enthält Übersetzungen aus der Ausgangssprache A in verschiedene Sprachen (d.h. A1→B1, C1, D1 usw.). Im Falle eines unidirektionalen Parallelkorpus liegt die Ausgangs- oder Zielsprache fest (bei den oben genannten Beispielen wäre A konsequent die Ausgangssprache im Korpus). In einem bidirektionalen Parallelkorpus können sowohl Sprache A als auch B als Ausgangssprache und als Zielsprache der Übersetzungen auftreten. Multidirektionale Parallelkorpora sind nicht um eine bestimmte Ausgangssprache herum gruppiert, sondern enthalten sowohl Ausgangs- als auch Zieltexte in einer Vielzahl von Sprachen (vgl. Zanettin 2000:106). Die meisten Parallelkorpora weisen einen klaren Überhang im Bereich literarischer Texte und deren Übersetzungen auf, was zum einen mit der Verfügbarkeit der Übersetzungen in digitalisierter Form,

auf Korpora des Typs (c) beschränkt, d.h. Korpora, die aus Primärtexten und ihren ‚natürlichen' Übersetzungen in (eine) andere Sprache(n) bestehen.

zum anderen aber auch mit der Intensität der Übersetzung im literarischen Sektor zu tun hat.[4]

Parallelkorpora liefern also Beispiele professioneller Übersetzungen, an denen eigene und fremde Übersetzungsvorschläge kritisch diskutiert, eingeordnet und bewertet werden können. Es bietet sich jedoch an, Daten aus Parallelkorpora mit Daten aus den anderen zuvor genannten Korpustypen zu verbinden (vgl. Bernardini 2011:3). Für alle hier diskutierten Korpustypen gilt, dass sie ‚natürlich' entstandene, d.h. nicht speziell für übersetzungswissenschaftliche oder linguistische Analysen generierte Texte umfassen. Die Bedeutung von Korpora, die spezifisch zur Untersuchung von Translationsprodukten und -prozessen zusammengestellt wurden, für die Ausbildung von ÜbersetzerInnen erläutern Fictumová und Rambousek in einem eigenen Beitrag im vorliegenden Band.

Anredeformen als Gegenstand der Translationswissenschaft

Funktionen von Anredeformen

Das linguistische Interesse an Anredeformen[5] speist sich besonders aus den fundamentalen Funktionen, die sie in der Kommunikation erfüllen: (1) Sie dienen zur Erweckung der Aufmerksamkeit des Angesprochenen; (2) sie identifizieren den Adressaten einer Äußerung; (3) sie geben einen Einblick in die Beziehungsdefinition zwischen Sprecher und Adressaten; (4) sie liefern Informationen über den sozialen Hintergrund des Sprechers (Alter, Geschlecht, Schichtzugehörigkeit etc.) oder über den aktuellen Kontext der Kommunikation (öffentliche vs. informelle Kommunikationssituation), um nur einige elementare Funktionen zu nennen. Anredeformen sind zugleich ein Bereich, in dem kulturelle Asymmetrien besonders deutlich in der Sprache zum Tragen kommen, was das große Interesse an kontrastiven und sprachvergleichend-typologischen Studien in der Anredeforschung erklärt (vgl. Winter 1984, Braun 1988, speziell zu slawischen Sprachen: Stone 1977, Berger 1995, Buchenau 1997 u.v.a.). Es ist daher nicht verwunderlich, dass auch die Translationswissenschaft die Übersetzung von Anredeformen als eine

4 Allerdings sind selbst in dem Fall, dass mehrere Übersetzungen desselben Ausgangstexts in dieselbe Zielsprache existieren, diese meist zu sehr verschiedenen Zeitpunkten entstanden, was den direkten Vergleich der Übersetzungsvarianten erschwert.

5 Einen umfassenden Einblick in den Stand der Forschung zu Anredeformen gibt die Bibliographie, die von Leo Kretzenbacher an der Universität Melbourne betreut und ständig aktualisiert wird (aktuelle Fassung unter https://www.academia.edu/ 6049707/ Bibliography_HL_Kretzenbacher_as_of_December_2014_ (21.12.2014).

elementare Aufgabe des Sprach- und Kulturtransfers erkannt hat. In ihrem Forschungsüberblick gehen Kerzel/Schultze (2008) insbesondere auf Probleme der Übersetzung von Anredeformen in literarischen Werken ein. Hier ergibt sich die zusätzliche Dimension, dass Anredeformen als Mittel eingesetzt werden, mit dem der Autor die Beziehungen zwischen den Protagonisten symbolisch definiert, das Selbstverständnis der fiktiven Gestalten inszeniert oder andere textuelle Effekte erzeugt (z.B. Komik) (Kerzel/Schultze 2008:936). Dabei muss der literarische Text nicht zwangsläufig mit den norm- oder traditionskonform aufgefassten Anredeformen operieren, sondern kann auch vom Kanon der etablierten Anredeformen abweichen. Allerdings erfolgen diese Abweichungen immer auf dem Hintergrund des zur jeweiligen (Handlungs-)Zeit gültigen normativen Inventars an Anredeformen und der literarischen Konventionen (vgl. Nord 2007:272). Unabhängig davon können Anredeformen bei der Übersetzung eines Textes wichtige Instrumente für die Vermittlung der ‚kulturellen Fremdheit' des Textes bilden.

Strategien beim übersetzerischen Umgang mit Anredeformen

Während der übersetzerische Transfer der eigentlichen Anredeform meist keine größeren Probleme bereitet (zu Ausnahmen s.u.), besteht die Hauptaufgabe des Übersetzers darin, beim Rezipienten der Zielkultur den notwendigen Verstehenshorizont zu erzeugen, der in der Ausgangskultur mit der jeweiligen Anredeform verbunden ist (z.B. Nähe- vs. Distanzmarkierung, implizierte Statusrelation zwischen Sprecher und Adressat etc.). Die adäquate Vermittlung dieser Informationen erfordert ein Mindestmaß an kultureller Kompetenz auf Seiten des Übersetzers, der verschiedene Möglichkeiten hat, diesen Kulturtransfer für den Rezipienten zu leisten. So kann entweder die Anredeform des Ausgangstextes als Marker kultureller Fremdheit beibehalten werden oder es erfolgt eine Adaptierung an das System der Zielkultur, indem eine funktional entsprechende Anredeform der Zielkultur die ursprüngliche Anredeform substituiert. Probleme bereiten v.a. die Fälle, in denen die Anredesysteme zwischen zwei Sprachen stark divergieren, sei es in Bezug auf das generelle Inventar an Anredeformen[6], sei es in Bezug auf die Rolle von Anredeformen für die Markierung sozialer Unterschiede zwischen Sprecher und Adressat (vgl. Kerzel/Schultze 2008:938f.). Berger (2005) konstatiert als Ergebnis seiner Studie zur Übersetzung nominaler und pronominaler Anredeformen in slawischen Sprachen einen generellen Unterschied im Umgang mit der Übersetzung pronominaler und nominaler Anreden: Während

6 Einen komprimierten Überblick über mögliche Unterschiede im Inventar von Anredeformen und einsetzbare Transferstrategien bieten Kerzel/Schultze (2008:938–941).

bei der Übersetzung nominaler Anredeformen Übersetzer öfter dazu neigen, die Eigenheiten des Anredesystems der Ausgangssprache in der Zielsprache nachzuahmen und die verschiedenen Namens- und Titelformen einfach direkt oder höchstens in grafisch adaptierter Form als ‚Exotismen' zu übernehmen, stößt die Nachahmung der pronominalen Anredeformen auf eine Reihe struktureller Probleme:

> Zum Teil ist sie überhaupt nicht möglich, zum Teil zwar möglich, aber nicht mit der Anrede in der Ausgangssprache äquivalent. Die Anpassung der pronominalen Anrede an das System der Zielsprache erscheint also letztlich als die sinnvollere Strategie. (Berger 2005:18)

Forschungsfragen und Datengrundlage

Im Folgenden soll der Nutzen des Einsatzes von Parallelkorpora für die Ausbildung von ÜbersetzerInnen anhand der bidirektionalen Übersetzung polnischer pronominaler und nominaler Anredeformen in andere Sprachen und vice versa aufgezeigt werden. Das Polnische wurde aufgrund seines komplexen und vom Durchschnittstyp anderer europäischer Sprachen sowohl im pronominalen als auch nominalen Bereich klar abweichenden Anredesystems (vgl. Abschnitt 4) als Referenzsprache gewählt. Der Vorteil von Parallelkorpora gegenüber einem detaillierten Übersetzungsvergleich einzelner ausgewählter literarischer Werke (vgl. z.B. Schultze 1988, 1991) liegt darin begründet, dass der Blick auf generelle übersetzerische Trends und Traditionen bei der Wiedergabe polnischer Anredeformen in anderen Sprachen gelenkt werden kann. Es wird mir folglich um eine Typologisierung von Übersetzungskorrespondenzen gehen, die zum einen unterschiedliche kulturelle Präferenzen bei der Wiedergabe der (nicht nur) polnischen Distanzanrede in verschiedenen Zielsprachen offenlegen soll, zum anderen aber auch so etwas wie ‚best practice'-Lösungsvorschläge für die Übersetzung typologisch ungewöhnlicher Anredeformen liefern könnte. Konkret sollen folgende Fragen die Analyse leiten:

(1) Welche strukturellen Möglichkeiten werden für die Wiedergabe der pronominalen und nominalen Distanzanrede präferiert?
Dabei sollen in erster Linie zwei Transferstrategien näher beleuchtet werden: (a) *direkter Transfer* der Anredemuster in die Zielsprache, d.h. Wahrung eines Höchstmaßes an sprachlicher und kultureller Fremdheit im Bereich der Anredeformen. Wenn die oben referierten Beobachtungen Bergers auch auf unser Material zutreffen sollten, müssten v.a. im nominalen Bereich die fremden Anredemuster in der jeweiligen Zielsprache weitgehend beibehalten werden;

(b) *Adaptierung der Anredemuster* an die Konventionen der Zielkultur, d.h. Anwenden des „kulturellen Filters“ (House 2005) bei der Übersetzung und Substitution durch die funktional entsprechenden Anredemuster der Zielkultur. Der Ausgangstext wird somit in den zielsprachlichen Verstehenshorizont eingegliedert.

(2) Lassen sich dominierende Strategien identifizieren, die für die Existenz gefestigter übersetzerischer Normen bezüglich fremder Formen der Distanzanrede sprechen, oder liegen im Textvergleich doch eher individuelle Entscheidungen des Übersetzers vor?

Materialgrundlage für die vorliegende Untersuchung sind Texte aus dem Parallelkorpus *ParaSol* (*Parallel Corpus of Slavic and Other Languages*).[7] Es ist zwar weder das einzige noch das größte Parallelkorpus unter Beteiligung des Polnischen, es eignet sich aber für slawistische Studien in besonderem Maße, da es nicht um eine spezifische Ausgangssprache herum gruppiert ist und Texte in den meisten modernen slawischen Sprachen, aber auch in einer ganzen Reihe anderer europäischer Sprachen enthält. Wie in fast allen Parallelkorpora liegt der Schwerpunkt auf literarischen Texten. Diese stammen fast ausnahmslos aus der Zeit nach dem Zweiten Weltkrieg, d.h. auch die entsprechenden Übersetzungen repräsentieren den modernen Sprachgebrauch in den jeweiligen Sprachen.

Die Analyse der Übersetzung von Anredeformen wird in zwei Schritten erfolgen. Zunächst wird ein Übersetzungsvergleich polnischer und deutscher Texte vorgenommen, wobei Übersetzungen in beiden Richtungen in die Analyse einbezogen werden. Durch den aktuell noch begrenzten Umfang von *ParaSol* ist die Zahl der Texte, die in beiden Sprachen vorliegen, relativ überschaubar:

7 URL: http://www.slavist.de/. Es ist nach vorheriger Anmeldung und Registrierung kostenfrei zu benutzen. Aktuell (Dezember 2014) enthält es 27,9 Mio. Wortformen (davon 19,4 Mio., d.h. 69%, aus slawischen Sprachen) und Texte in insgesamt 31 Sprachen (davon 12 slawische).

Tab. 1: Textgrundlage für den bilateralen Vergleich Polnisch-Deutsch

Polnischer Ausgangstext	**Dt. Übersetzung (Übersetzer)**	**Deutscher Ausgangstext**	**Poln. Übersetzung (Übersetzer)**
Stanisław Lem, *Solaris.* 1961	*Solaris,* 1972 (I. Zimmermann-Göllheim)	Michael Ende, *Momo.* 1973	*Momo,* 2000 (Teresa Jętkiewicz)
Stanisław Lem, *Kongres futurologiczny.* 1971	*Der futurologische Kongress,* 1974 (R. Matwin-Buschmann)	Patrick Süskind, *Das Parfüm.* 1985.	*Pachnidło,* 2005 (Małgorzata Łukasiewicz)
Andrzej Stasiuk, *Opowiadania Galicyjskie.* 1995	*Galizische Geschichten,* 2002 (Renate Schmidgall)		

Gleiches gilt auch für den multilateralen Vergleich, der Gegenstand des zweiten Analyseschritts ist. Hier wurden ebenfalls Texte berücksichtigt, in denen Polnisch entweder als Ausgangssprache oder als Sprache der Übersetzung fungiert. Einbezogen wurden nur Texte, die zusätzlich zu Polnisch noch in wenigstens zwei der folgenden Sprachen im Korpus enthalten sind: Deutsch, Englisch, Russisch, Spanisch, Italienisch. Diese Einschränkungen ergaben das folgende Subkorpus für den multilateralen Vergleich:

Tab. 2: Textgrundlage für den multilateralen Vergleich der Übersetzung von Anredeformen

Werk	**Poln**	**De**	**Eng**	**Russ**	**Span**	**Ital**
M. Bulgakov, *Der Meister und Margarita*	+	+	+	+	+	+
U. Eco, *Der Name der Rose*	+	+	+	+	+	+
M. Ende, *Momo*	+	+		+		
M. Kundera, *Unerträgliche Leichtigkeit*	+	+	+	+		
S. Lem, *Der futurologische Kongress*	+	+		+		
N. Ostrovskij, *Wie der Stahl gehärtet wurde*	+	+		+		
P. Süskind, *Das Parfüm*	+	+	+	+	+	+
V. Pelevin, *Buddhas kleiner Finger*	+	+		+		
J.K. Rowling, *Harry Potter* I	+	+	+	+		
A. & B. Strugackij, *Die hässlichen Schwäne*	+	+		+		
A. & B. Strugackij, *Picknick am Wegesrand*	+	+		+		

Angesichts des relativ überschaubaren Umfangs der Subkorpora liegt auf der Hand, dass die Ergebnisse nur eine erste Orientierung bezüglich der oben aufgeworfenen Forschungsfragen geben können. So sind in den wenigen Texten sicherlich nicht alle Ausprägungsformen insbesondere der nominalen Distanzanrede dokumentiert. Um wirklich statistisch belastbare Aussagen über (nationalspezifische) Trends bei der Übersetzung von Anredeformen treffen zu können, bedürfte es einer größeren Untersuchungsgrundlage. Dennoch sollten die exemplarischen Beobachtungen hier ausreichen, um das methodisch-theoretische Innovationspotenzial des Einsatzes von Parallelkorpora für die Ausbildung von ÜbersetzerInnen zu illustrieren.

Spezifika des polnischen Anredesystems

Das polnische Anredesystem ist aufgrund seiner typologischen Besonderheiten bereits sehr oft Gegenstand kontrastiver Untersuchungen gewesen (vgl. z.B. Tomiczek 1983, Lubecka 1993, Buchenau 1997, Berger 2001 u.v.a.). Es würde den Rahmen dieses Beitrages sprengen, das gesamte polnische Anredesystem in all seinen Facetten vorstellen zu wollen. Ich beschränke mich daher auf diejenigen Merkmale, die im Folgenden Gegenstand der Analyse sein sollen. Das bedeutet, dass bestimmte Teile des polnischen Anredesystems (v.a. die familiäre pronominale und nominale Anrede, einschließlich der Verwendung verschiedener Vornamensformen) hier ausgeklammert werden.

Pronominale Anrede

Typologisch auffällig ist im Polnischen insbesondere die konsequente Entwicklung der gebundenen (d.h. syntaktisch in den Satz integrierten), ursprünglich nominalen Anrede mit *pan* ‚Herr', *pani* ‚Frau' und im Plural *państwo* ‚Herrschaften, Damen und Herren'[8] zur pronominalen Distanzanrede[9]. Anders als in vielen anderen europäischen Sprachen steht damit die familiäre Anrede *ty* ‚du' als 2. Person Singular in Kontrast zur Distanzanrede mit *pan(i)* als Form der 3. Person Singular. Bei Übersetzungen in andere Sprachen, die keine pronominale Anrede mit der 3. Person Singular kennen, ist eine direkte Übernahme des polnischen Modells oft nicht möglich, weil sich Konflikte mit der anaphorischen Verwendung von

8 *Państwo* bildet die pronominale Distanzanrede an eine Gruppe, die aus Männern und Frauen besteht. Wird die Gruppe nur von Männern gebildet, wird stattdessen *panowie* verwendet, bei einer nur aus Frauen bestehenden Gruppe *panie*.

9 Die Formen *pan, pani* und *państwo* werden heute üblicherweise in gebundener Form als pronominalisierte Anredeformen aufgefasst (vgl. Stone 1981) und sind nicht zu verwechseln mit den homonymen nominalen Anredeformen, die allerdings syntaktisch isoliert vom Restsatz als Vokativphrase realisiert werden (z.T. in Kombination mit anderen nominalen Anredebestandteilen wie Vornamen oder Titeln, s.u.).

Personalpronomina der 3. Person ergeben (Berger 2005:16). Die pronominale Form der 2. Person Plural *wy* bildet im Polnischen die familiäre Anrede an eine Gruppe von Adressaten (dt. ‚ihr')[10]. Die pluralische Distanzanrede wird dagegen durch *państwo (panowie, panie)* mit Formen der 3. Person Plural repräsentiert. Zudem erlaubt das Polnische weitere feinere Abstufungen hinsichtlich des Grades der Distanz zum Adressaten, die v.a. über variierende Kongruenz des Prädikats realisiert werden. Während die Standardsprache bei *pan(i)* als Subjektspronomen die Verwendung des Prädikats in der 3. Person Singular vorschreibt, kommen im Substandard auch Formen der Kongruenz mit der 2. Person Singular vor und bilden so eine Zwischenstufe zwischen der normativen Distanzanrede mit *pan(i)* + 3. Person Singular und der normativen Nahanrede mit *ty* + Prädikat in der 2. Person Singular. Bei *państwo* breitet sich die Kongruenz mit der 2. Person Plural zunehmend von der Umgangssprache in die Standardsprache aus und bildet so ebenfalls eine Zwischenstufe zwischen der normativen Form mit Prädikatskongruenz in der 3. Person Plural und der pluralischen familiären Anrede mit *wy* ‚ihr' (Berger 1995:37). Die Unterschiede zum Deutschen lassen sich wie folgt zusammenfassen:

Tab. 3: Pronominale Anrede im Polnischen im Vergleich zum Deutschen

	Deutsch		**Polnisch**	
	Sing.	Pl.	Sing.	Pl.
Vertraut	Du	ihr	ty	Wy
Distanziert	Sie		pan(i)	państwo (panowie, panie)

Neben diesem Kernbereich ist auch die indirekte (gebundene, pronominalisierte) Anrede mit Titeln und Verwandtschaftsbezeichnungen möglich (z.B. *czy pan profesor / babcia ma dzisiaj czas?* Wörtlich ‚haben der Herr Professor / die Großmutter heute Zeit?'). Zumindest die Verwendung von Verwandtschaftsbezeichnungen in dieser Funktion ist heute aber fast vollständig geschwunden (Berger 1995:38).

10 Die Anrede mit *wy* bildet bis heute in einigen polnischen Dialekten die ‚normale' Distanzanrede an eine einzelne Person. Im kommunistischen Polen gab es die Bestrebung, diesen Gebrauch auch auf die Standardsprache auszuweiten, allerdings hat sich das Pronomen der 2. Person Plural hier nie wirklich durchgesetzt und war nur in bestimmten Kontexten (z.B. in der Armee oder der Polnischen Vereinigten Arbeiterpartei PZPR) länger gebräuchlich (Berger 1995: 37).

Nominale Anrede

Im Bereich der nominalen Anrede lassen sich vor allem zweigliedrige Verbindungen mit vorangestelltem *pan/pani* ‚Herr/Frau' (im Folgenden: P) und nachgestelltem Vornamen (im Folgenden: VN) oder Titeln im weitesten Sinne (im Folgenden: T) beobachten, aber auch eingliedrige Vokativphrasen aus bloßem ‚Herr/ Frau' oder Titeln (vgl. Berger 1995:30ff.)[11]. Typologisch auffällig ist zum einen die marginale Rolle des Familiennamens in der Anrede, der v.a. regional und auf einzelne Kommunikationssituationen beschränkt ist (vgl. Tomiczek 1983:74ff.). Zum anderen ist das Polnische durch eine mehr oder weniger obligatorische Verwendung von Titeln in der Anrede gekennzeichnet, die zu einer regen Diskussion in der Literatur um eine vermeintliche Titelsucht (*tytułomania*) des Polnischen geführt hat (vgl. Pisarkowa 1979, Bogusławski 1996, Łaziński 2006 u.a.). Die reiche Verwendung von Titeln führt dazu, dass Bogusławski (1996) das polnische System insgesamt als deutlich antiegalitär charakterisiert und somit einen Kontrast zum Deutschen bildet mit einem dezidiert egalitären Anredesystem, das gesellschaftliche und Statusunterschiede tendenziell nicht in der nominalen Anrede reflektiert. Berger (1995:32) fasst die zentralen Komponenten der polnischen Distanzanrede wie folgt zusammen:

Tab. 4: System der polnischen Distanzanrede (nach Berger 1995:32)

	– Statusunterschied	**————►**	**+ Statusunterschied**
Informeller Kontext	VN	P + VN	P + T
Institutioneller Kontext	VN	P + VN / T[12]	P + T

11 Die isolierte Verwendung von *pan/pani* ist im Polnischen zwar prinzipiell (anders als im Deutschen) möglich, wird aber in der Anrede an namentlich Unbekannte eher zugunsten der neutraleren (pronominalen) Anredeformel *proszę pana/pani* (wörtl. ‚(ich) bitte Sie') vermieden (Berger 2001: 44). Die isolierte Verwendung von Titeln tritt im Polnischen nicht selten auf, ist aber an eine gewisse Vertrautheit zwischen den Interaktanten gebunden (Berger 1995: 32).

12 Sofern der Angesprochene über einen Titel verfügt, wird dieser in der Anrede isoliert verwendet (T), ist dies nicht der Fall, tritt die Kombination P + VN an dessen Stelle.

Korpusstudie

Bilateraler polnisch-deutscher Vergleich mit Polnisch als Ausgangssprache

In den drei polnischen Ausgangstexten treten zusammen 316 Belege für die distanzierten pronominalisierten Anredeformen *pan, pani, państwo* auf. In 297 Fällen (= 94%) erfolgt ihre Wiedergabe in den deutschen Übersetzungen mit dem funktionalen Äquivalent ‚Sie', d.h. es erfolgt eine Eingliederung in den Verstehenshorizont der Zielkultur, indem die entsprechende pronominale Distanzanrede der Zielkultur verwendet wird. Neben der Auslassung der pronominalen Anrede in der Übersetzung (n= 15, 5%) findet sich die Strategie, dass die pronominale Distanzanrede durch eine nominale Anrede ergänzt wird (n=22):

(1a) *Pana* to dziwi? (Lem, Kongres futurologiczny)
(1b) Das wundert *Sie, Tichy*?

Die Erweiterung durch isolierte Familiennamen kommt sporadisch vor (n=6), etwas häufiger wird ein im Deutschen leicht altertümlich klingendes *(mein) Herr* bzw. *(mein) Fräulein* (n=7) oder eine okkasionelle, emotional markierte Anredeform wie *(mein) Bester, (mein) Lieber, Freund, Mann* oder *Mensch* (n=8) hinzugefügt, in einem Fall sogar eine isolierte Titelanrede (*Professor*). Da diese Strategie jedoch nur in der Übersetzung zu Lems *Kongres futurologiczny* zu finden ist, könnte es sich hier um eine individuelle Neigung der Übersetzerin handeln.

Die Kombination der distanzierten Anredepronomina *pan* und *pani* mit Verbformen der 2. Person Singular tritt bevorzugt in den *Opowiadania Galicyjskie* Stasiuks auf (n=16), aber auch zwei Mal in Lems *Kongres futurologiczny*. Hier entscheiden sich die Übersetzer konsequent für eine Wiedergabe mit der Distanzanrede *Sie* im Deutschen, d.h. die mit den polnischen Formen kommunizierte geringere Distanz zum Adressaten im Vergleich zur normativen Kongruenz mit Prädikaten in der 3. Person Singular findet keine Widerspiegelung im deutschen Translat[13]:

(2a) *Masz pan* papierosa? (Stasiuk, *Opowiadania Galicyjskie*)
(2b) *Haben Sie* 'ne Zigarette?

In drei Fällen wird in derartigen Fällen im Translat eine pronominale Anredeform gänzlich vermieden:

---

13 Nach Berger (2005: 26) markiert diese Form im Polnischen auch einen niedrigeren Status des Sprechers.

(3a) *Czekajże pan.* Jaki świat? (Lem, *Kongres futurologiczny*)
(3b) *Moment mal!* Was für eine Welt?

Indirekte Anreden mit anderen Elementen als *pan(i)* (n=5) werden in den Übersetzungen ebenfalls konsequent an die Verhältnisse in der Zielsprache adaptiert und in eine direkte nominale Anrede umgewandelt, z.T. unter Hinzufügung zusätzlicher nominaler Elemente wie ‚Herr' im folgenden Beispiel:

(4a) *Ksiądz* ją znał? (Stasiuk, *Opowiadania Galicyjskie*)
(4b) Sie haben sie gekannt, *Herr Pfarrer*?

Im Bereich der nominalen Anrede finden sich in den polnischen Ausgangstexten sechs verschiedene Anredemuster: Neben den beiden zentralen Mustern *pan(i)* + Vorname (n=2) und *pan(i)* + Titel (n=5) treten auch die etwas peripheren isolierten Anreden mit *pan(i)* (n=7) und Titel (n=13) sowie die im modernen polnischen Anredesystem eigentlich untypischen Anredemuster *pan(i)* + Familienname (n=3) und Titel + Familienname (n=9) auf, was sicherlich den Science Fiction-Sujets in zwei der drei im Korpus vertretenen Texte geschuldet ist, die ein leichteres Abweichen von den realen Anredeverhältnissen ermöglichen. Interessanterweise ergeben sich nun bei der Übersetzung der verschiedenen polnischen Anredemuster ins Deutsche unterschiedliche Tendenzen: Drei der Muster werden in allen Fällen einfach direkt ins Deutsche übertragen, unabhängig davon, ob ein entsprechendes Anredemuster im Deutschen existiert oder nicht: Während eine direkte Übernahme beim Muster *pan(i)* + Titel und Titel + Familienname möglich erscheint, gibt es die Kombination *pan(i)* + Vorname im Deutschen eigentlich nicht. Sie ist aber leicht für den deutschen Leser als Anrede zu identifizieren, weshalb auch eine direkte Übertragung (zumal bei den für das deutsche Ohr eher fremd klingenden Vornamen) ins Deutsche erfolgt:

(5a) *Panie Cześku*, piwo? (Stasiuk, *Opowiadania Galicyjskie*)
(5b) Ein Bier, *Herr Czesiek*?

Die zweigliedrige Kombination *pan(i)* + Familienname bildet die zentrale Form der Distanzanrede im Deutschen und wäre daher 1:1 übertragbar. Interessanterweise passiert dies aber nur in zwei der drei Fälle im Korpus, im dritten Fall wird der Familienname ersetzt durch das allgemeine Appellativum *Herr*:

(6a) Nie, *panie Tichy*. (Lem, *Kongres futurologiczny*)
(6b) Aber nein, *mein Herr*!

Völlig variabel erfolgt die Behandlung der beiden isolierten Anredeformen im Korpus. Bei der isolierten Titelanrede lässt sich eine starke Tendenz zur Erweiterung im Deutschen um das Erstglied *Herr/Frau* erkennen (in acht der 13 Fälle), allerdings treten (bei derselben fiktiven Figur im selben Text) auch Übernahmen der isolierten Titelanrede auf, die für meinen Geschmack nicht ganz dem deutschen Usus entspricht:

(7a) *Profesorze*, czy to oszustwo jest wszędzie? (Lem, *Kongres futurologiczny*)
(7b) Und dieser Betrug ist überall, *Herr Professor*?

(8a) *Profesorze*, zajrzałem do pana notatek. (Lem, *Kongres futurologiczny*)
(8b) *Professor*, ich habe in Ihre Notizen geguckt.

Variation bietet auch die Übertragung der isolierten Anredeform *pan(i)*. Neben einer Übertragung des Musters ins Deutsche (unter Hinzufügung eines Attributs, bisweilen auch mit Substitution durch ein emotional konnotiertes Anredelexem wie *Bester* oder *Lieber*) lässt sich auch ihre Ersetzung durch andere appellative Elemente, die keine nominalen Anredeformen darstellen, beobachten:

(9a) *Panie*, byłem na Syberii, byłem w Kazachstanie. (Stasiuk, *Opowiadania G.*)
(9b) Ich war in Sibirien, *mein Herr*, ich war in Kasachstan.

(10a) Zaraz za groblą dno się podnosiło i głazy, *panie*, większe od końskich łbów. (Stasiuk, *Opowiadania Galicyjskie*)
(10b) Gleich hinter dem Damm wurde es flacher, und Steine, *ich sag's Ihnen*, größer als Pferdeschädel.

Bilateraler polnisch-deutscher Vergleich mit Deutsch als Ausgangssprache

Bei der Betrachtung der umgekehrten Übersetzungsrelation ergeben sich einige Parallelen, aber auch Unterschiede. Zwar wird die deutsche Distanzanrede mit *Sie* + 3. Person Plural, die insgesamt in 218 Belegen auftritt, in 82% der Fälle (n=178)[14] mit dem polnischen funktionalen Pendant *pan, pani, państwo* (*panowie, panie*) wiedergegeben, was natürlich dadurch erleichtert wird, dass auch im Deutschen die 3. Person als Distanzanrede fungiert. Allerdings zeigt sich auch hier eine gewisse Anpassung an den Usus der Zielsprache, da einige Fälle nachweisbar sind, bei denen sich die Übersetzerin dafür entscheidet, das Prädikat in die 2. Person Plural zu setzen, d.h. einen geringeren Distanzgrad zu wählen als bei der normativen Kongruenz mit der 3. Person Plural. Hier wird also eine zusätzliche Differenzierung eingeführt, die im Ausgangstext nicht vorhanden ist (vgl. auch Berger 2005:26f.). Allerdings findet sich diese Form z.T. in den gleichen Kontexten neben der normativen Kongruenz mit der 3. Person Plural

14 Neben den noch im Folgenden zu besprechenden Abweichungen von dieser Default-Übersetzung tritt auch die Auslassung pronominaler Anredeformen als Strategie auf.

(vgl. 11b/12b, wobei hier die zusätzlich im Ausgangstext vorhandene nominale Anrede ausgelassen wird):

(11a) Damals gab es ja, wie *Sie* natürlich wissen, *meine Damen*, noch keine Seelenärzte, die solche Erkrankungen heilen konnten. (Ende, *Momo*)
(11b) Jak *panie* oczywiście *wiedzą* [3.Ps.Pl.], nie istnieli wtedy jeszcze lekarze dusz, którzy umieli by poradzić n a taką chorobę.

(12a) Sehen *Sie*, *meine Damen*, diese trichterförmige Höhlung, welche die Ruine hier noch heute erkennen lässt? (Ende, *Momo*)
(12b) *Widzicie* [2.Ps.Pl.] *panie* to lejowate zagłębienie, które do dziś pozostało w ruinie?

Eine weitere Veränderung gegenüber dem Ausgangstext betrifft die Wiedergabe der Distanzanrede an mehrere Adressaten. In der Übersetzung von Michael Endes *Momo* weicht die Übersetzerin systematisch von der Differenzierung im deutschen Ausgangstext ab, das genau zwischen der Distanzanrede *Sie* an mehrere Adressaten und dem vertrauten Pendant *ihr* unterscheidet. In der Übersetzung agiert die Übersetzerin ausschließlich mit der polnischen Nahanrede *wy*:

(13a) Ich weiß so gut wie *Sie* alle, dass die Nennung dieses Namens - nun, sagen wir einmal, nicht ganz schicklich ist. (Ende, *Momo*)
(13b) Wiem równie dobrze jak *wy* wszyscy, że wymienienie tego imienia - no, powiedzmy to po prostu - nie jest rzeczą stosowną.

(14a) *Ihr* müsst sie fassen, um jeden Preis! (Ende, *Momo*)
(14b) *Musicie* [2.Ps.Pl.] ją ująć, za wszelką cenę!

Diese Reduktion der Differenzierung zwischen vertrauter und distanzierter Anrede in der Zielsprache steht im Widerspruch zu den Beobachtungen Bergers, der anhand seiner Studie die Generalisierung aufstellt, dass die Verteilung der „vertraute[n] und distanzierte[n] pronominale[n] Anrede (…) offenbar fast immer 1:1 übernommen [wird], zumindest solange es um die Gegenwartssprache geht" (Berger 2005:22). Im vorliegenden Fall wird die Dichotomie des Ausgangstextes nicht in die Zielsprache übernommen, und das, obwohl das Polnische über die Mittel verfügt, bei der Anrede an mehrere Adressaten zwischen Nah- und Distanzanrede zu unterscheiden.

Das Inventar an nominalen Anredeformen ist in den deutschen Ausgangstexten relativ überschaubar. Es finden sich nur folgende Anredemuster: *Herr/Frau* + Familienname (n=23), Titel + Familienname (n=7), isolierte Titelanrede (n=16) und durch ein Attribut erweiterte allgemeine Anredeappellativa (n=34). Als Übersetzungsstrategie dominiert die direkte Übernahme des Musters in die Zielsprache (76%, n=62), obwohl einige Anredemuster (wie *Herr/Frau* + Familienname) im polnischen Anredesystem eine klar periphere Position einnehmen.

Tatsächlich lässt sich gerade bei diesem Muster auch häufiger eine Reduktion beobachten, d.h. die nominale Anredeform wird ganz weggelassen (immerhin in sieben von insgesamt 23 Fällen). Daneben findet sich auch relativ selten die Strategie der Amplifikation, v.a. bei den isolierten Titelanreden, bei denen in vier von 16 Fällen ein allgemeines Anredeappellativum *pan(i)* vorgeschaltet oder ein Familienname angehängt wird, obwohl die Anrede mit isoliertem Titel im Polnischen möglich ist, allerdings einen gewissen Grad der Vertrautheit zwischen den Interaktanten verlangt:

(15a) „*Käpt'n*", rief er durch die hohle Hand herunter. (Ende, *Momo*)
(15b) *Panie kapitanie*! - zawołał przez zwinięte dłonie.

Multilateraler Vergleich der nominalen Distanzanrede

Aus Platzgründen wird sich der multilaterale Vergleich auf die nominalen Distanzanreden und ihre Wiedergabe in den verschiedenen Sprachen beschränken, wobei der polnische Text (egal ob als Primärtext oder als Übersetzung) Ausgangspunkt der Korpusrecherche war. Gesucht wurde ausschließlich nach der vokativischen Anredeform *panie* (wörtl. ‚o Herr'), die entweder isoliert oder als Erstglied mit diversen Zusätzen in der Funktion der Distanzanrede auftritt, und nach ihrer Wiedergabe in den anderen Sprachen. Dies hat zur Folge, dass nicht alle Formen der Distanzanrede hier untersucht werden können, was mit strukturellen Faktoren (v.a. Homonymien) zu begründen ist.[15] Folglich ist die Zahl der Anredeformen, die Grundlage für den multilateralen Vergleich bilden, überschaubar. Tabelle 5 gibt Aufschluss über die Zahl der in den polnischen Versionen belegten Anredemuster. Adjektivisch flektierte Attribute zu den Anredeformen (z.B. *drogi panie* ‚lieber Herr') werden hier – wie auch in der folgenden Analyse – ignoriert:

15 So hätte eine Korpussuche nach der Wortform *pani* ‚Frau' zu einer immensen Zahl von Treffern geführt, weil die Vokativform *pani* ‚o Frau' sich nicht von den meisten anderen Kasusformen im Singular unterscheidet und zudem auch mit dem Anredepronomen *pani* ‚Sie (fem.)' homonym ist. Man hätte folglich alle Beispiele manuell durchgehen und anhand des Kontextes desambiguieren müssen, was mir zeitlich leider nicht möglich war.

Tab. 5: Verteilung der polnischen Distanzanredemuster in den ausgewählten Texten

Werk	***Panie***	***Panie* + Vorname**	***Panie* + Titulatur**	***Panie* + Familienname**
M. Bulgakov, *Der Meister und Margarita*	4	0	5	1
U. Eco, *Der Name der Rose*	19	4	4	0
M. Ende, *Momo*	3	**0**	2	13
M. Kundera, *Unerträgliche Leichtigkeit*	0	0	31	0
S. Lem, *Der futurologische Kongress*	4	0	5	3
N. Ostrovskij, *Wie der Stahl gehärtet wurde*	0	1	7	1
P. Süskind, *Das Parfüm*	0	0	0	4
V. Pelevin, *Buddhas kleiner Finger*	8	0	3	3
J.K. Rowling, *Harry Potter* I	2	0	27	12
A. & B. Strugackij, *Die hässlichen Schwäne*	3	0	9	34
A. & B. Strugackij, *Picknick am Wegesrand*	0	0	9	6

Bereits der erste Blick auf Tabelle 5 lässt erahnen, dass in den polnischen Übersetzungen die Tendenz besteht, die nominalen Anredemuster aus den Ausgangssprachen zu übernehmen. Die Kombination der Anrede aus *pan(i)* ‚Herr/ Frau' + Familienname ist stark im Korpus repräsentiert, da sie ein zentrales Anredemuster in vielen europäischen Sprachen darstellt (z.B. Deutsch, Englisch, Französisch, Tschechisch), im Polnischen allerdings, wie in Abschnitt 4.2. gezeigt, eine klar periphere Position im Anredesystem aufweist. Dafür ist die im Polnischen weit verbreitete Anrede aus *pan(i)* + Vorname im Korpus sehr selten und kommt nur in zwei Übersetzungen vor, wobei die Ausgangssprache einer der beiden Texte (Italienisch) dieses Anredemuster ebenfalls zulässt. Dies deutet an, dass die Übersetzer eine Adaptierung der fremden Anredemuster an das eigene Anredesystem zumindest nicht präferieren. Die Titelanrede ist im Korpus immerhin ebenfalls gut vertreten, sie passt allerdings auch nahtlos in ein System, dem eine prinzipielle ‚Titelsucht' nachgesagt wird. Es bleibt noch zu klären, ob dieser offensichtlich nicht besonders kreative Umgang mit nominalen distanzmarkierenden Anredeformen in Übersetzungen (vgl. Nord 2007 mit ähnlichen Beobachtungen) ein universales Phänomen ist, oder ob sich sprachenspezifisch bzw. durch individuelle Präferenzen des Übersetzers motivierte Unterschiede beobachten lassen. Tabelle 6 zeigt den Anteil an direkt aus dem Ausgangstext übernommenen Anredemustern in den untersuchten Übersetzungen. Zwar lässt sich anhand der begrenzten Zahl der

Belege für die untersuchten Anredemuster (vgl. Tab. 5) kein statistisch abgesicherter Befund ableiten, aber gewisse Trends, die anhand eines größeren Korpus weiter untersucht werden müssten, werden durchaus deutlich. So fällt für die Übersetzungen ins Russische und Deutsche auf, dass der Anteil direkter Übernahmen von Anredemustern aus der Ausgangssprache durchschnittlich sehr hoch liegt. Lediglich die Übersetzungen von Umberto Ecos *Der Name der Rose* weisen in beiden Sprachen zahlreiche Modifikationen der italienischen Anredeformen auf. Zu den beiden romanischen Sprachen und dem Englischen lässt sich eine tendenziell starke Orientierung an den Anredemustern der Ausgangstexte zwar vermuten, aber wegen der geringeren Zahl der Texte nicht mit letzter Sicherheit behaupten. Die polnischen Übersetzungen zeigen dagegen ein auffällig diverses Bild, hier schwankt der Anteil der strukturellen Übernahmen zwischen 20 und 100 Prozent. Offensichtlich schlagen hier individuelle Strategien im Umgang mit den Anredemustern stärker zu Buche als in den anderen nationalen Übersetzungskulturen, wofür auch das spezifische System der Zielsprache (mit) verantwortlich sein könnte.

Tab. 6: Anteil der genauen Übernahme der Anredemuster aus der Ausgangssprache (in %)

Werk	**Russ**	**Poln**	**De**	**Eng**	**Ital**	**Span**
M. Bulgakov, *Der Meister und Margarita*		20	100	100	100	70
N. Ostrovskij, *Wie der Stahl gehärtet wurde*		89	100	--	--	--
A. & B. Strugackij, *Die hässlichen Schwäne*		**100**	98	--	--	--
A. & B. Strugackij, *Picknick am Wegesrand*		40	80	--	--	--
V. Pelevin, *Buddhas kleiner Finger*		100	93	--	--	--
S. Lem, *Der futurologische Kongress*	67		67	--	--	--
M. Ende, *Momo*	100	76		--	--	--
P. Süskind, *Das Parfüm*	100	75		100	100	100
J.K. Rowling, *Harry Potter* I	96	33	96		--	--
U. Eco, *Der Name der Rose*	19	93	37	93		100
M. Kundera, *Unerträgliche Leichtigkeit*	100	97	97	3	--	--

Maximale Fremdheitsmarkierung in der Anrede liegt dann vor, wenn in der Übersetzung nicht nur das Anredemuster (d.h. die Kombinatorik) übernommen wird, sondern dazu auch konventionalisierte Anredeappellativa wie ‚Herr', ‚Mister' oder ‚Sir' in die Zielsprache mit übernommen werden. Meist handelt es sich dabei um Einheiten, die dem Leser auch ohne große Fremdsprachenkenntnis bekannt sind, sodass sie leicht als Anredetermini identifizierbar sind. Im untersuchten Korpus tritt diese Strategie allerdings bevorzugt in den russischen und deutschen

Übersetzungen auf, während in anderen Übersetzungskulturen die fremden allgemeinen Anredeappellativa mit den eigenen Äquivalenten substituiert werden (vgl. auch Berger 2005:19):

(16a) So proud, *Mr.* Potter, I'm just so proud! (J.K. Rowling, *Harry Potter* I)
(16b) Ich bin so stolz, Sie zu treffen, *Mr.* Potter, so stolz. (dt.)
(16c) Мое почтение, *м-р* Поттер, мое почтение. (russ.)
(16d) Taki jestem dumny, *panie* Potter, taki jestem dumny. (poln.)

Interessant sind natürlich die Fälle, bei denen eine Anpassung der Distanzanreden an den Verstehenshorizont des Lesers aus der Zielkultur vorgenommen wird. Eine nahezu konsequente Adaptierung an die Anredemuster der Zielkultur nimmt z.B. die polnische Übersetzerin von Bulgakovs *Der Meister und Margarita* vor. Hier werden eingliedrige Titelanreden im russischen Primärtext konsequent in zweigliedrige Anreden mit *pan* + Titel überführt (vgl. 17a/b), und auch die typisch russische Distanzanrede mit Vor- und Vatersname wird substituiert durch eine polnische Anrede mit allgemeinem Anredeappellativum *pan* ‚Herr' ohne namentlichen Zusatz (vgl. 18a/b). Im Vergleich dazu gibt die deutsche Übersetzung die russischen Anredemuster unverändert wieder:

(17a) Он, *доктор*, в ресторан пришел в таком виде. (Bulgakov, *Master i Margarita*)
(17b) *Panie doktorze*, on w takim stanie przyszedł do restauracji.
(17c) In diesem Aufzug ist er ins Restaurant gekommen, *Doktor*…

(18a) *Сергей Герардович*, – обратился к нему конферансье, – вот уже полтора месяца вы сидите здесь. (Bulgakov, *Master i Margarita*)
(18b) *Drogi panie* – zwrócił się doń konferansjer – oto już mija półtora miesiąca, jak pan tu siedzi.
(18c) „*Sergej Gerhardowitsch*", sagte der Conferencier zu ihm, „Sie sitzen schon anderthalb Monate hier."

Die Ersetzung der Anrede mit Vor- und Vatersname in der polnischen Übersetzung überrascht, denn eigentlich ist diese Form ein prototypischer Fremdheitsmarker, der gerade deswegen so gut funktioniert, da diese Form nicht mit anderen, in der Zielkultur vorhandenen Mustern, die gegebenenfalls andere Konnotationen beim Leser auslösen würden (z.B. *pan* + Nachname im Polnischen), konfligiert. Bezeichnenderweise ist die polnische Übersetzung die einzige, in der diese Substitution vorgenommen wird.

Fazit

Was kann nun die gerade vorgestellte Übersetzungsanalyse auf der Grundlage von Parallelkorpora für die Ausbildung angehender ÜbersetzerInnen leisten? In Bezug auf die Übersetzung von Anredeformen im Allgemeinen kann damit zum Einen das Bewusstsein der angehenden ÜbersetzerInnen für Anredeformen als besonders sensiblen Bereich des übersetzerischen Transfers und für die spezifische Rolle des Übersetzers als Kulturmittler schärfen. Zum Anderen lässt sich zeigen, dass es zwar gewisse Trends bei der Wiedergabe von distanzmarkierenden Anredeformen gibt und diese sogar sprachpaarübergreifend zu funktionieren scheinen, dass es aber generell keine Patentlösung gibt, sondern Platz bleibt für den kreativen Umgang mit Anredeformen in der Übersetzung. Ich will hier also keiner Ausbildung von ÜbersetzerInnen das Wort reden, die sich darauf beschränkt, Musterlösungen für den Umgang mit einzelnen translatorischen Problemen durch Rückgriff auf vermeintlich autoritative ‚best practice'-Beispiele professioneller ÜbersetzerInnen zu liefern. Übersetzen ist immer auch ein kreativer Akt (s. dazu die Beiträge von Hauck und Fišer in diesem Band). Dennoch haben Parallelkorpora heuristischen Wert, um generelle translatologische Probleme und mögliche Lösungsansätze aufzuzeigen. Durch die technischen Möglichkeiten, die Parallelkorpora bieten, erlauben sie einen raschen Zugriff auf viele Parallelstellen, der zudem nicht auf einzelne Sprachpaare beschränkt ist. Individuelle Strategien der Übersetzung lassen sich so leicht von (national)spezifischen Trends der Wiedergabe von Anredeformen unterscheiden.

Die hier auf der Basis des *ParaSol*-Korpus durchgeführte Analyse mit Fokus auf der Übersetzung distanzmarkierender Anredeformen aus dem bzw. in das Polnische hat im Wesentlichen die von Berger (2005) aufgestellten Hypothesen bestätigt. Generell dominiert bei der Übersetzung pronominaler Distanzanreden eine Anpassung an das Anredesystem der Zielkultur, wobei unter Umständen Reduktionen in Kauf genommen werden müssen, vgl. z.B. die nicht im Deutschen wiederzugebende Unterscheidung der Kongruenz von *pan(i)* bzw. *państwo* mit der 2. oder 3. Person zur Widerspiegelung unterschiedlicher Distanzstufen zwischen den Interaktanten. Dennoch ließen sich in unserem Korpus auch Beispiele nachweisen, bei denen sich der Übersetzer für die Veränderung des Distanzverhältnisses zwischen den Interaktanten in der Übersetzung entschieden hat. Bei der nominalen Distanzanrede überwiegt eine Orientierung an den Anredemustern der Ausgangskultur, die besonders dann unproblematisch ist, wenn Ausgangs- und Zielsprache ein ähnliches System aufweisen (z.B. Deutsch und Tschechisch) oder es markante Anredemuster gibt, die in der Zielsprache gänzlich fehlen, sodass der Leser sich im Laufe der Lektüre an ein neues System, ohne störende Interferenzen aus dem System der Zielsprache, gewöhnen kann (z.B. Deutsch vs. Russisch mit Vor- und Vatersnamen als zentraler Distanzanrede). Polnisch repräsentiert hier nun einen speziellen Fall, weil es zwar eine eher ungewöhnliche Kombinatorik von Anredeformen aufweist, aber das prinzipielle Repertoire an

Anredeformen durchaus dem anderer Sprachen gleicht (Vornamen, Titel). Hier besteht die Gefahr, dass in der Zielkultur zwar geläufige, aber mit anderen Konnotationen versehene Anredemuster (z.B. *pan(i)* + Familienname, bloße Anrede mit Titeln) den Leser irritieren könnten, sodass unter Umständen häufiger von den Anredemustern im Ausgangstext abgewichen werden muss. Dies geschieht in den polnischen Übersetzungen aber auch nicht so häufig, wie das im ersten Moment zu erwarten wäre (v.a. bei der Wiedergabe von Anredeformen wie *pan(i)* + Familienname, die im Polnischen regional markiert und auf spezifische Situationen beschränkt sind). Tatsächlich scheinen hier im Polnischen individuelle Entscheidungen des Übersetzers eine größere Rolle zu spielen als in anderen Übersetzungskulturen, wobei dieser Befund noch auf der Basis weiterer Texte überprüft werden müsste.[16]

Für die Ausbildung von ÜbersetzerInnen bietet es sich an, dass der Seminarleiter zunächst in einem thematischen Block in die für die jeweilige(n) Ziel- und Ausgangssprache(n) vorhandenen Korpora einführt, die Studierenden mit den Suchmechanismen vertraut macht und die Extraktion von Informationen zu einzelnen translatologischen Problemen einübt. Sind diese Grundlagen gelegt, kann mit den Korpora auch im Selbststudium gearbeitet werden, zumal die meisten Korpora kostenfrei zur Verfügung stehen und – bei vorhandenem Internet-Zugang – jederzeit abgerufen werden können. Die Entscheidung, wie Daten aus Parallelkorpora genutzt werden, bleibt den Übersetzenden selbst überlassen. So können Parallelkorpora dazu verwendet werden, um systematisch Lösungsstrategien für translatorische Probleme aufzudecken und in die eigene Übersetzungspraxis produktiv zu integrieren. Genauso gut können die extrahierten Daten auch dazu benutzt werden, eigene oder fremde Übersetzungen mit den Lösungen aus den Korpusdaten zu vergleichen, zu bewerten bzw. bewerten zu lernen (vgl. den Beitrag von Fictumová und Rambousek in diesem Band). So werden die Studierenden dazu stimuliert, nach Alternativen im Ausdruck zu suchen, weitere mögliche Äquivalente zu finden, die über das hinausgehen, was konventionelle Hilfsmittel des Übersetzers (z.B. Wörterbücher) anbieten. Damit werden letztlich auch kreative Kompetenzen beim Übersetzen aktiviert und die Entscheidungsfähigkeit der Übersetzer gestärkt (vgl. Nord in diesem Band). Gleichzeitig müssen aber immer die Beschränkungen der parallelkorpusbasierten Methode im Blick behalten werden (vgl. auch Malmkjaer 1998). So enthalten

16 Natürlich lassen Korpora keine direkten Rückschlüsse auf die individuellen Motivationen des Übersetzers und seine primäre Orientierung am Ausgangstext oder am Verstehenshorizont der jeweiligen Leserschaft der Übersetzung zu.

die meisten Parallelkorpora (zumindest diejenigen für Slawisten) oft nur eine Übersetzung pro Ausgangstext in der jeweiligen Zielsprache, d.h. die Studierenden müssen dafür sensibilisiert werden, dass hier nur die Intuition und Übersetzungspraxis eines einzelnen Individuums vermittelt wird, was auch die Suche nach weiteren Äquivalenten und Lösungsstrategien legitimiert. Parallelkorpora sind somit sinnvollerweise immer mit anderen Hilfsmitteln und Techniken der Übersetzerausbildung zu kombinieren, insbesondere solchen, die auch kreative Herangehensweisen an den zu übersetzenden Text stimulieren.

Literatur

Baker, Mona (1995): Corpora in translation studies. An overview and suggestions for future research. In: Target 7, 2, 223–243.

Berger, Tilman (1995): Versuch einer historischen Typologie ausgewählter slavischer Anredesysteme. In: Weiss, Daniel (Hrsg.), Slavistische Linguistik 1994, München, 15–64.

Berger, Tilman (2001): Semantik der nominalen Anrede im Polnischen und Tschechischen. In: Chrakovskij, Viktor S ./ Grochowski, Maciej / Hentschel, Gerd (Hrsg.), Studies on the Syntax and Semantics of Slavonic Languages. Papers in Honour of Andrzej Bogusławski on the Occasion of his 70th Birthday, Oldenburg, 39–50.

Berger, Tilman (2005): Zur Problematik der Übersetzung pronominaler und nominaler Anredeformen. In: Kempgen, Sebastian (Hrsg.), Slavistische Linguistik 2003, München, 9–35.

Bernardini, Silvia (2004): Corpora in the classroom: an overview and some reflections on future developments. In: Sinclair, John (Hrsg.), How to Use Corpora in Language Teaching, Amsterdam, 16–36.

Bernardini, Silvia (2011): Monolingual comparable corpora and parallel corpora in the search for features of translated language. In: SYNAPS – A Journal of Professional Communication, 26, 2–13.

Bogusławski, Andrzej (1996): Deutsch und Polnisch als Beispiele eines ‚egalitären' und eines ‚antiegalitären' Anredesystems. In: Gladrow, Wolfgang / Heyl, Sonja (Hrsg.), Slawische und deutsche Sprachwelt, Frankfurt/M. u.a., 78–86.

Braun, Friederike (1988): Terms of Address: Problems of Patterns and Usage in Various Languages and Cultures, Berlin, New York, Amsterdam.

Buchenau, Klaus (1997): Die Distanzanrede im Russischen, Polnischen und Deutschen und ihre historischen Hintergründe, Frankfurt/M.

Fabricius-Hansen, Cathrine (2008): Paralleltext und Übersetzung in sprachwissenschaftlicher Sicht. In: Kittel, Harald / Frank, Armin Paul / Greiner, Norbert /

Hermans, Theo / Koller, Werner / Lambert, José / Paul, Fritz (Hrsg.), Übersetzung – Translation – Traduction, 1. Teilband. Berlin u.a., 322–329 (= HSK 26/1).

Fernandes, Lincoln (2006): Corpora in translation studies: revisiting Baker's typology. In: Fragmentos 30, 87–95.

House, Juliane (2005): Offene und verdeckte Übersetzung: Zwei Arten in einer anderen Sprache „das Gleiche" zu sagen. In: Zeitschrift für Literaturwissenschaft und Linguistik 139, 76–101.

Kerzel, Martina / Schultze, Brigitte (2008): Anrede und Titulatur in der Übersetzung. In: Kittel, Harald / Frank, Armin Paul / Greiner, Norbert / Hermans, Theo / Koller, Werner / Lambert, José / Paul, Fritz (Hrsg.), Übersetzung – Translation – Traduction, 1. Teilband, Berlin u.a., 936–948 (= HSK 26/1).

Kübler, Natalie (2003): Corpora and LSP translation. In: Zanettin, Federico / Bernardini, Silvia / Stewart, Dominic (Hrsg.), Corpora in Translator Education, Manchester, 101–112.

Laviosa, Sara (2002): Corpus-based Translation Studies: Theory, Findings, Applications, Amsterdam, Atlanta.

Łaziński, Marek (2006): O panach i paniach: polskie rzeczowniki tytularne i ich asymetria rodzajowo-płciowa [Von Herren und Damen: polnische Anredesubstantive und ihre genderbedingte Asymmetrie], Warszawa.

Lubecka, Anna (1993): Forms of Address in English, French and Polish: A Sociolinguistic Approach, Kraków.

Mahadi, Tengku / Sepora, Tengku / Vaezian Helia / Akbari, Mahmoud (2010): Corpora in Translation. A Practical Guide, New York, Bern.

Maia, Belinda (2005): Terminology and translation – Bringing research and professional training together through technology. In: Meta 50, 4, DOI: 10.7202/019921a http://id.erudit.org/iderudit/019921ar (21.12.2014).

Malmkjaer, Kirsten (1998): Love thy neighbor: will parallel corpora endear linguists to translators? In: Meta 43, 4, 534–541.

McEnery, Tony / Wilson, Andrew (2001): Corpus Linguistics. Second edition, Edinburgh.

McEnery, Tony / Xiao, Richard / Tonio, Yukio (2006): Corpus-based Language Studies: An Advanced Resource Book, New York.

Nord, Christiane (2007): Ja, mein Herr – o nein, Señorito! Vom Umgang mit Anredeformen in literarischen Übersetzungen aus dem Spanischen. In: Emsel, Martina / Cuartero Otal, Juan (Hrsg.), Brücken. Übersetzen und Interkulturelle Kommunikation. Festschrift für Gerd Wotjak zum 65. Geburtstag, Bd. 2, Frankfurt/M. u.a., 269–282.

Olohan, Maeve (2001): Spelling out the optionals in translation: a corpus study. In: Rayson, Paul / Williams, Andrew / McEnery, Tony / Hardie, Andrew / Khoja,

Shereen (Hrsg.), UCREL Technical Papers: 13 – Special Issue: Corpus Linguistics, Lancaster, 423–432, http://ucrel.lancs.ac.uk/publications/cl2003/CL2001%20 conference (21.12.2014).

Olohan, Maeve (2004): Introducing Corpora in Translation Studies. London, New York.

Pisarkowa, Katarzyna (1979): Jak się tytułujemy i zwracamy do drugich [Wie wir uns titulieren und an andere wenden]. In: Język Polski 59, 5–17.

Schultze, Brigitte (1988): Innerfamiliäre Anrede und andere Formen der Beziehungsdefinition als Problem der Dramenübersetzung: Sławomir Mrożeks *Tango* deutsch. In: Fischer-Lichte, Erika u.a. (Hrsg.), Soziale und theatralische Konventionen als Problem der Dramenübersetzung, Tübingen, 55–80.

Schultze, Brigitte (1991): Problems of cultural transfer and cultural identity: personal names and titles in drama translation. In: Kittel, Harald / Frank, Armin Paul (Hrsg.), Interculturality and Historical Study of Literary Translations, Berlin, 91–110.

Stone, Gerald (1977): Address in the Slavonic languages. In: Slavonic and East European Review 55, 491–505.

Stone, Gerald (1981): W sprawie charakterystyki gramatycznej wyrazów *pan, pani, państwo* [Zur grammatischen Charakteristik der Ausdrücke *pan, pani, państwo*]. In: Studia z filologii polskiej i słowiańskiej 20, 39–43.

Tomiczek, Eugeniusz (1983): System adresatywny współczesnego języka polskiego i niemieckiego. Socjolingwistyczne studium konfrontatywne [Das Anredesystem der gegenwärtigen polnischen und deutschen Sprache. Eine vergleichende soziolinguistische Studie], Wrocław.

Winter, Werner (Hrsg.) (1984): Anredeverhalten, Tübingen.

Zanettin, Federico (1998): Bilingual comparable corpora and the training of translators. In: Meta 43, 4, 616–630.

Zanettin, Federico (2000): Parallel corpora in translation studies: issues in corpus design and analysis. In: Olohan, Maeve (Hrsg.), Intercultural Faultlines. Research Models in Translation Studies I: Textual and Cognitive Aspects, Manchester, 105–118.

Zanettin, Federico (2012): Translation-driven Corpora, Manchester.

Jarmila Fictumová, Jiří Rambousek

Aus den Fehlern anderer lernen. Zur Entwicklung von annotierten Übersetzungslernerkorpora

LTC (Learner Translator Corpora) seem to be the answer to improving translator training. State-of-the-art technologies have made it possible for students and teachers to co-operate in creating online error-tagged translation learner corpora. The current stage of development of teaching materials at the *Department of English and American Studies*, Masaryk University in Brno is described. As the English Language Translation training programme was established relatively recently, in 2008, it was our aim to build it around *the European Master's in Translation* (EMT) competences, using the most advanced technologies at hand. The history of corpora and e-learning in teaching translation are briefly mentioned and special attention is devoted to the first outcomes and problems encountered when implementing the new methods. Last but not least, new research methods to be used in the near future for improved understanding of the translation process are also discussed.

Key words: competences, interactive texts, glossaries of specialized terms, learner translator corpora (LTC), error annotation, *Hypal*

Schlüsselwörter: Kompetenzen, Interaktive Texte, Fachterminiglossare, Übersetzungslernerkorpora, Fehlerannotation, *Hypal*

Einführung

Im ersten Kapitel bietet unser Beitrag einen Blick auf einige ältere Projekte – Vorläufer der neuen Übersetzungslernerkorpora – vor allem auf die *MediaWiki* mit interaktiven Texten und Fachterminiglossaren. Im nächsten Kapitel wird darauf hingewiesen, dass die Übersetzungswissenschaft erst in den 1990er Jahren die Korpuslinguistik für die Forschung zu nutzen begann (Baker 1995). Danach wird kurz auf jene Rolle eingegangen, welche die Korpuslinguistik in der Ausbildung von Übersetzerinnen und Übersetzern spielen kann. Der Schwerpunkt des Beitrags liegt auf den Übersetzungslernerkorpora und ihrem Einsatz in der Übersetzerausbildung. Zuerst werden die ersten annotierten Übersetzungslernerkorpora verschiedener Länder erwähnt und kurz vorgestellt. Dann stellen wir das von Adam Obrusník entwickelte Programm *Hypal (Hybrid Parallel Text Aligner)* vor. Dieses Programm eignet sich nicht nur zur Erstellung verschiedener Korpora, sondern auch zur Fehlerannotation und statistischen Auswertung der annotierten Fehler. Eine Beschreibung der Anwendungsmodi mit Beispielen wird dann durch einen Ausblick in die nahe und ferne translationswissenschaftliche Zukunft abgerundet.

Interaktive Texte und Fachterminologie

Das Studienfach *Englische Sprache: Übersetzungswissenschaft* wird in diesem Kapitel zunächst in Kürze vorgestellt. Es folgt die Beschreibung der interaktiven Texte – des ersten Korpus-ähnlichen Instruments – und weiter wird darauf hingewiesen, welche Rolle Korpora beim Herstellen von Fachterminiglossaren spielen und welche Kompetenzen dabei gefördert werden. Schließlich wird auch die Zusammenarbeit mit anderen Institutionen erwähnt.

Das Studienfach *Englische Sprache: Übersetzungswissenschaft* wurde im Jahre 2008 am *Institut für Englische und Amerikanische Studien* der Philosophischen Fakultät der Masaryk-Universität Brno eingeführt. Im Mittelpunkt der Ausbildung stehen folgende Kompetenzen, die für einen *European Master's in Translation* (EMT) verlangt werden:

- Fremdsprachenkompetenz
- Interkulturelle Kompetenz
- Recherchekompetenz
- Technologische Kompetenz
- Thematische Kompetenz.

Das Studium fokussiert vornehmlich auf die Übersetzung von Sachtexten. Um die Ausbildung zum optimieren, wurden als Vorgänger korpusbasierter Lehrinhalte 20–30 studentische Übersetzungen zu interaktiven Texten manuell in einer *MediaWiki*[1] bearbeitet. Die interaktiven Texte zeigen verschiedene translatorische Lösungen und kommentieren problematische Stellen der einzelnen Übersetzungen. Wie auch Nord im vorliegenden Band bemerkt, geben ‚vorherige Übersetzungen' Auskunft darüber, „wie andere Übersetzende bestimmte Übersetzungsprobleme gelöst haben".

> *Übersetzungsprobleme* sind […] wiederholt auftretende Phänomene, die aus Sicht der Lehrenden dazu dienen können,

1 Die *MediaWiki* diente hier als Instrument für einen schnellen Aufbau der Hypertexte; ihre Verwendung machte die komplizierte Programmierung von Einzweck-Software unnötig.

- eine Übersetzungsaufgabe zu *didaktisieren*,
- den Übersetzungsprozess der Lernenden zu steuern,
- bestimmte Übungen für den Übersetzungsunterricht zu entwerfen
- das Lernziel für eine bestimmte Übersetzungsaufgabe zu definieren [...]
- zu bestimmen, was als Übersetzungsfehler gelten soll [...]
- studentische Übersetzungen zu bewerten.

Aus der Sicht der Lernenden können sie nützlich sein, um

- sich Verfahren und Lösungen zu merken oder
- sich auf eine Prüfung vorzubereiten.

[Nord im vorliegenden Band, Hervorhebungen im Original, Anordnung F/R]

Die interaktiven Texte zeigen ausgewählte Studentenübersetzungen, sie kommentieren problematische Textstellen und verschiedene translatorische Lösungen.

Abbildung 1 zeigt die drei Arbeitsphasen mit den interaktiven Texten. Sie präsentiert Auschnitte aus drei Bildschirmen; die Pfeile zeigen die Übergänge an. Jede Phase ist auch im linken Rahmen angedeutet. In der ersten Arbeitsphase sehen die Studierenden einen Bildschirm mit dem *Originaltext zum Übersetzen*. Diesen Text sollen sie übersetzen, und dann auf die Sprungmarke hinter jedem einzelnen Satz klicken. Damit öffnen sie den Bildschirm mit ausgewählten *typischen (studentischen) Übersetzungen* (Arbeitphase zwei). Diese Übersetzungen sollen sie lesen und mit ihrer eigenen Übersetzung vegleichen. Dann klicken sie auf *Kommentar* und öffnen dadurch ein neues Fenster mit Bemerkungen und Hinweisen – *Beifügung mit den Bemerkungen zu den Übersetzungen* (Arbeitsphase drei) –, die von den Lehrkräften vorbereitet wurden. So bekommen die Studierenden zwar kein Feedback zu ihrer eigenen Übersetzung, aber es ist sehr wahrscheinlich, dass ihre Übersetzung sehr nah an einigen der kommentierten Lösungen liegt.

Abb. 1: Stufenweise Präsentation eines der interaktiven Texte; vgl. Beschreibung oben (31.01.2015)

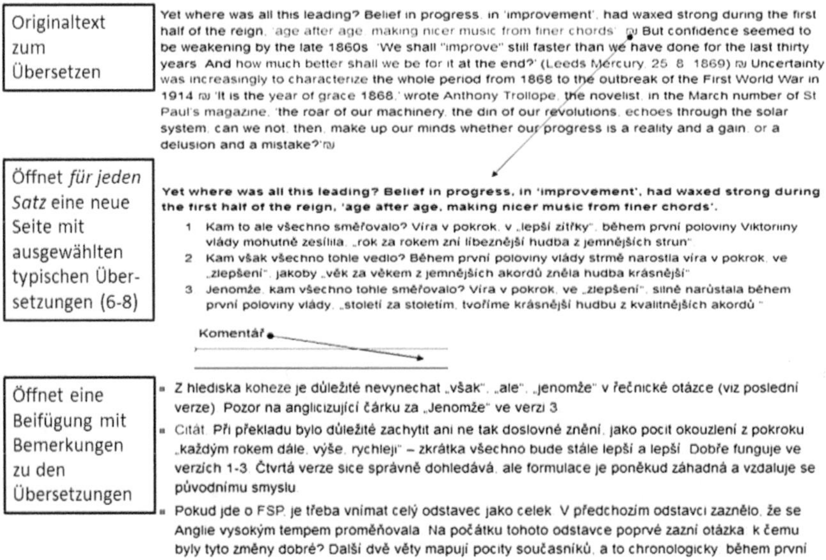

Neben den interaktiven Textübungen befinden sich in der *MediaWiki* auch Glossare der Fachtermini, die von Studierenden zusammengestellt worden sind. Es handelt sich um korpus-basierte Materialien, weil die meisten Glossare mit Hilfe von Einmalkorpora entstanden sind (Abb. 2). Laut Varantola (2003:55) ist das Know-how zum Zusammenstellen eines Einmalkorpus Teil der Übersetzungskompetenz und muss dementsprechend in die Ausbildung von zukünftigen Übersetzerinnen und Übersetzern eingegliedert werden (vgl. Yepes 2009:231). Einmalkorpora, auch *Ad-hoc-Korpora* oder *DIY Korpora* genannt, werden aus verschiedenen Texten, die sich jeweils auf einen bestimmten Übersetzungsauftrag beziehen, zusammengestellt. An dieser Stelle soll darauf hingewiesen werden, dass ein Vergleichskorpus – im Unterschied zu einem Parallelkorpus (d.h. Übersetzerkorpus) – aus Originaltexten in zwei oder mehreren Sprachen angelegt wird. Beide, Parallel- sowie Vergleichskorpora, können bei der Suche nach Fachtermini verwendet werden. Das Erstellen von Glossaren hilft den Studierenden bei der Ausbildung der folgenden Kompetenzen:

- Recherchekompetenz, d.h. Suche nach relevanten Texten in verschiedenen Quellen, besonders im Internet und in elektronischen Datenbanken,

- Technologische Kompetenz, d.h. Nutzung neuester Technologien wie z. B. verschiedene Korpus-Manager (*Sketch Engine* u. a.), *CAT*-Systeme für computerunterstütztes Übersetzen (*SDL Trados, Star Transit NXT, Memsource* u. a.).
- Thematische Kompetenz, d.h. Versehen der Termini mit Definitionen und/oder entsprechenden kontextbezogenen Beispielen.

Abb. 2: Beispiel für ein Fachterminiglossar Englisch-Tschechisch zu Thema Film (Ausschnitt) im MediaWiki *(2008) (31.01.2015)*

Film Glossary

Zpět na stránku Překladatelské glosáře

English Term	Context	Czech Term	Context
Apple Box	An apple box is used to raise, stabilize or level props, scenery and/or people in a picture or frame. [1]	stupínek (pro kameramana, herce apod.)	Zhasnou světla a pan režisér přichází na stupínek. [2]
Blow Up	From other reviews I have read, I believe the camera F31fd may produce very slightly less noise in low light at a given ISO, but this is only detectable if you blow up to 100%. [3]	zvětšovat	Magnascope sice používal 35 mm film a jedinou kameru, ale při projekci některých scén předpokládal zvětšování (jakési zoomování) obrazu na plátně. [4]
Chief cameraman	Eric Pierre was chief cameraman in the early forties & Ross Wood was a junior cameraman & he was well known for his ability to shoot stories using a single lens. [5]	hlavní kameraman	Jako kameraman a hlavní kameraman natočil mnoho publicistických, dokumentárních a inscenovaných pořadů. [6]

Unsere Erfahrungen zeigen, dass die Arbeit mit interaktiven Texten im Selbststudium effektiv – obwohl relativ zeitaufwendig – ist. Der Aufstieg zum vollentwickelten Korpus ist jedoch erwünscht: er würde es ermöglichen, verschiedenartige weitere Studienmaterialien mit weniger Aufwand zu entwickeln, und vor allem die Kenntnisse und Bedürfnisse der Studierenden besser zu erforschen.

Fachterminiglossare sind ein beliebtes Thema für Diplomarbeiten, sie werden ins universitäre Informationssystem eingespeichert und sind somit auch der Öffentlichkeit zugänglich. Die Fachgebiete werden von den Studierenden gewählt, Textbearbeitungen samt Extraktion der Fachterminologie werden dann in Zusammenarbeit mit IT- und Sachexperten von der Fakultät für Informatik der Masaryk-Universität Brno vorgenommen.

Nach den Praktika einiger unserer Studierenden beim Europäischen Parlament entstand die Idee, in der Ausbildung eine authentische und praxisorientierte Aufgabe zu stellen, nämlich die Vorbereitung einer Terminologie für die Datenbank *Inter-Active Terminology for Europe* (*IATE*). Hierbei waren allerdings lediglich die von der *TermCoord*[2] verschickten Termini zu bearbeiten, wobei verschiedene Regeln für die einzelnen Termini einzuhalten sind, insbesondere bezüglich der Referenzmaterialien und der Formatierung der einzelnen Stichworte.

Korpuslinguistik und Übersetzungswissenschaft

Die bereits genannten Materialien dienen vor allem der praktischen Anwendung in der pädagogischen Praxis. Im Weiteren werden Projekte vorgestellt, die nicht nur im Unterricht eingesetzt werden, sondern auch der Forschung dienen.

Die Übersetzungswissenschaft begann erst in den 1990er Jahren, die Korpuslinguistik für die Forschung zu nutzen. Dazu meint Yepes (2009:221):

> Die Brücke zwischen Korpuslinguistik und Übersetzungswissenschaft wurde erst geschlagen, als Baker (1993) begann, Korpora in der Erforschung von Übersetzungsuniversalien einzusetzen.

Es handelte sich um das *Translational English Corpus*[3] (TEC), das von Mona Baker (*School of Modern Languages, The University of Manchester*) verfasst wurde. Das Korpus ist online zugänglich und enthält professionelle Englisch-Übersetzungen aus verschiedenen Sprachen.

Am *Institut für Englische und Amerikanische Studien* der Masaryk-Universität sind Übersetzungskorpora entstanden, die vor allem der Analyse der Übersetzungen von literarischen Texten, darunter Shakespeares Werke, dienen. Das Korpus *Kacenka*[4] (dt. *Entchen*) besteht aus über 30 kompletten Büchern (Original + eine oder zwei Übersetzungen). Das Parallel-Korpus *Kapradí*[5] (dt. *Farnkraut*) umfasst Shakespeares Werke mit mehreren tschechischen Übersetzungen (Abb. 3). Beide Projekte sind frei zugänglich für Forschung und Lehre. Das Korpus *Kacenka* wird seit mehreren Jahren mit Hilfe der *SketchEngine* gesichtet und das Korpus *Kapradí* hat eine eigene paralelle Schnittstelle.

---

2 *Terminology Coordination Unit*, auch *TermCoord* genannt, gehört zur Direktion A der *Generaldirektion Übersetzung* im Europäischen Parlament, termcoord.eu. (31.01.2015).

3 http://www.monabaker.com/tsresources/TranslationalEnglishCorpus.htm. (31.01.2015). Alle erwähnten Korpora werden nochmals in einer Tabelle am der Ende des Beitrags angegeben.

4 http://www.phil.muni.cz/wkaa/home/sekce-en/translation/k2/ (31.01.2015).

5 http://www.phil.muni.cz/kapradi/kontakt.html (31.01.2015).

Abb. 3: Veranschaulichung der parallelen Schnittstelle vom Korpus Kapradí *(Original und mehrere Tschechisch-Übersetzungen mit den Namen der Übersetzer), Ausschnitt (31.01.2015)*

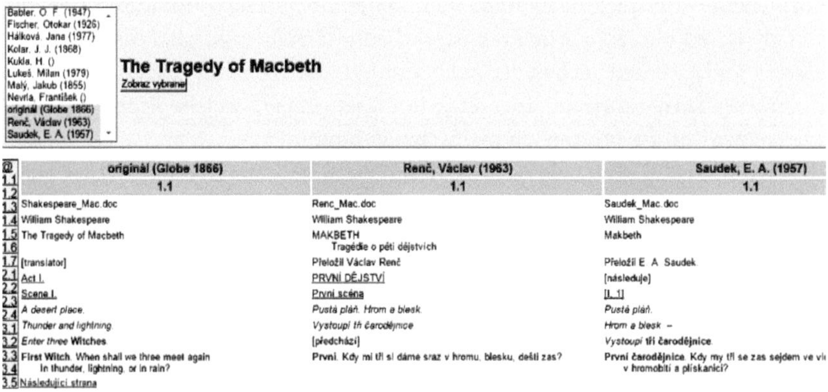

Auf der Grundlage dieser literarischen Übersetzungskorpora sind mehrere studentische Abschlussarbeiten entstanden, die sich mit verschiedenen linguistischen und literarischen Themen befassen.[6]

Die Forschung mit Hilfe von Korpora beschränkt sich nicht nur auf die Aufstellung von Häufigkeitslisten und Konkordanzen; die Studierenden haben z. B. die Möglichkeit, das Verhalten eines Ausdrucks in einem übersetzten Werk mit dem Verhalten desselben Ausdrucks im Originaltext zu vergleichen. Daneben gibt es die Möglichkeit, verschiedene Übersetzungen eines einzigen Werkes zu betrachten und über die zeitbedingten Unterschiede sowie ihre Ursachen zu reflektieren.

Pearson behauptet:

> It is our belief that parallel corpora have a role to play in translator training environment, that students can use parallel corpora to help them with translation and that the findings from corpus-based studies of parallel corpora can, and should, inform the designs and implementation of specialized translation courses. (Pearson 2003, zitiert nach Tengku u.a. 2010:82)

---

6 Barbora Hanelová (2012): *The Pluperfect in Literary Translation*, https://is.muni.cz//th/180193/ff_m/Diplomova_prace_Text.pdf (31.01.2015); Lucie Pokorná (2007): *Direct speech presentation and norms in literary translation – some less obvious aspects*, https://is.muni.cz/th/125737/ff_b/B.A._Thesis.pdf (31.01.2015); Lenka Klementová (2009): *Linear Modification in English and Czech Fiction*, https://is.muni.cz/th/74665/ff_b/Major_bachelor_thesis.pdf (31.01.2015).

Korpuslinguistik in der Ausbildung von Übersetzerinnen und Übersetzern

Korpuslinguistik spielt heutzutage auch in der Übersetzer-Ausbildung eine immer grössere Rolle. So wie im Fremdsprachenunterricht (vgl. z.B. *Learner Corpus Association*[7]), werden auch in der Ausbildung zukünftiger Übersetzerinnnen und Übersetzer Lernerkorpora eingesetzt, um festzustellen, welche Probleme beim Übersetzen von Fachtexten am häufigsten vorkommen.[8]

Da die Ausbildung von Übersetzerinnen und Übersetzern meistens auf Sachtexte fokussiert und auf die Entwicklung der aktiven Translationskompetenz orientiert ist, werden neuerdings im Translationsunterricht fehlerannotierte Übersetzungslernerkorpora eingesetzt. Yepes (2009:230) erklärt, warum der Trend zu den Übersetzungslernerkorpora heute deutlich erkennbar und zunehmend wichtig ist:

> Übersetzungsdozenten werden täglich mit der Korrektur von Übersetzungen Studierender konfrontiert. Mit dem Vergleich der von verschiedenen Studierenden im Rahmen einer Lehrveranstaltung angefertigten Übersetzungen desselben Ausgangstextes kann man erkennen, welche Übersetzungsprobleme ihnen besondere Schwierigkeiten bereiten. Es ist aber auch möglich, Übersetzungen verschiedener Texte eines Studierenden zu vergleichen, mit dem Blick auf die Fortschritte des Studenten oder der Studentin.

Mit dieser Idee sind Bowker und Bennison bereits 2002 hervorgetreten, ihr Übersetzungslernerkorpus war *Student Translation Archive (STA)*. Sie verwendeten die Abfragesoftware *TTS (Translation Tracking System)* und bemerkten dazu (Bowker, Bennison 2002:503):

> TTS aims to provide a user-friendly means for helping members of translation-related professions to gather and maintain their data collections in an organized manner.

Laut Yepes (vgl. 2009:221) haben sich mehrere Übersetzungswissenschaftler zu dem Thema Korpuslinguistik und Übersetzungsdidaktik geäußert. Etliche waren der Auffassung, dass korpuslinguistische Methoden in der Übersetzerausbildung vor allem zur Lösung sprachenpaarspezifischer Übersetzungsprobleme erfolgreich eingesetzt werden können (vgl. auch den Beitrag von Brehmer in diesem Band).

---

7 http://www.learnercorpusassociation.org/ (31.01.2015).

8 Für eine vorläufige Übersicht und detaillierte Beschreibung von Projekten und Übersetzungslernerkorpora verweisen wir auf die Tabelle *Learner Translator Corpora Related Research (March 14, 2013)*: http://rus-ltc.org/download/LTC_RelatedResearch_March2014.pdf (31.01.2015).

Im Jahre 2011 wurde das russische Projekt *Russian Learner Translator Corpus* (*RusLTC*)[9] ins Leben gerufen, das an zehn russischen Universitäten entstandene Russisch-Englisch Übersetzungen versammelt. Kutuzov und Kunilovskaya (2014:317) bieten einen diesbezüglichen Überblick:

> The recent developments in the field include the project LTC-UPF presented by Anna Espunya, Andrea Wurm's KOPTE3 and NEST developed by AnneLine Graedler. The first two corpora are enriched with state-of-the-art linguistic annotation; both corpora provide proper error annotation.

Sie behaupten weiter, dass ihr *RusLTC* zurzeit das drittgrößte Übersetzungslernerkorpus online nach dem Korpus *ENTRAD* und dem Korpus *MeLLANGE (Multilingual eLearning in Language Engineering)* sei.

Fast alle am *Lehrstuhl Englischer und Amerikanischer Studien* der Philosophischen Fakultät, Masaryk-Universität Brno, entstehenden studentischen Übersetzungen werden seit 2004 in elektronischer Form im eLearning-System *Moodle* gespeichert. Die Studierenden speichern selbst ihre Übersetzungen im System. Es handelt sich damit inzwischen um eine umfangreiche Sammlung von Texten, die eine ideale Grundlage für translationswissenschaftliche Forschungen bietet. Deshalb haben wir uns entschlossen, diese Möglichkeit zu nutzen. Inspiriert wurden wir vom bis 2007 bestehenden europäischen Projekt *MeLLANGE,* das von Nathalie Kübler geleitet wurde und eine eigene Software für Fehlerannotation (d.h., Korrigieren/Annotation von Fehlern im elektronischen Text mit Hilfe einer eigenen Fehlertypologie), sowie eine Schnittstelle für die Sammlung (d.h., das Abspeichern) der übersetzten Texte entwickelt hatte. Dieser Mechanismus machte es möglich, Metadaten zur Übersetzung und zum Übersetzer zugleich gemeinsam zu speichern. Laut der Information auf der *MeLLANGE* Webseite wurde die Fehlertypologie

> [...] nicht für die Leistungsbewertung, sondern im Hinblick auf das Aufspüren und Klassifizieren von Fehlertypen entwickelt, soll das Korpus doch eher in der Aus- und Fortbildung und nicht im Rahmen von Leistungsevaluierungen verwendet werden.[10]

> [...] Beim Annotieren kann aus zwei Fehlerkategorien ausgewählt werden: sprachliche und inhaltliche Fehler. Außerdem kann man im Bedarfsfall eigene Kategorien definieren. In Kürze können die AnnotatorInnen Erklärungen und Kommentare zu den von ihnen annotierten Fehlern hinzufügen.[11]

---

9 http://rus-ltc.org/ (31.01.2015).
10 http://mellange.eila.jussieu.fr/public_doc.de.shtml (31.01.2015).
11 http://mellange.eila.jussieu.fr/annot.de.shtml (31.01.2015).

Hypal

Im Folgenden wird unser Projekt vorgestellt, die Anwendungsmodi der Software *Hypal* kurz erklärt und mit Hilfe von Abbildungen veranschaulicht. Es werden auch die ersten Erfahrungen und Erkenntnisse im Hinblick auf das neue System, das sich noch in der Erprobungsphase befindet, zusammengefasst.

Mit dem Ziel, die fremdsprachlichen und muttersprachlichen Kompetenzen unserer Studierenden zu entwickeln, haben wir das Programm *Hypal (Hybrid Parallel Text Alligner)* entwickelt. Es umfasst Software und Interface und wurde im Jahre 2012 als Diplomarbeit von Adam Obrusník erarbeitet. Die Software wurde dahingehend weiter entwickelt, dass sie gegenwärtig drei verschiedene Anwendungsmodi bietet:

a) Erstellung einsprachiger Korpora mit oder ohne Fehlerannotation (FA)
b) Erstellung paralleler alignierter Korpora ohne Fehlerannotation
c) Erstellung paralleler alignierter Korpora mit Fehlerannotation.

Die Struktur der Software verdeutlicht die folgende Grafik (Abb. 4):

Abb. 4: Hypal – *Struktur eines der Korpora*[12]

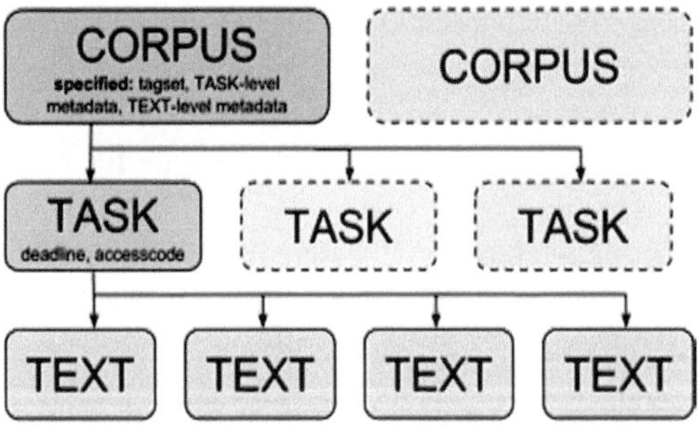

Die einzelnen Aufgaben (*tasks*) werden von den Ausbildern erstellt und gewöhnlich nach den Titeln der einzelnen Texte benannt (z.B. *Sarah Bernhardt*). Den Aufgaben können später immer neue Übersetzungen beigefügt werden.

Die Texte können en-bloc oder einzeln gespeichert werden. Seit 2014 finden die Studierenden ein in ihrem eLearning-System ‚eingebettetes' *Hypal Interface*, wo sie ihre Übersetzungen oder Texte, samt Metadata, in *MS Word* oder anderen

12 Die Zahl der Übersetzungen (*TEXT*) hängt von der Zahl der Studierenden ab, welche die Aufgaben (*TASK*), d.h. Übersetzungen der Originaltexte verfassen. Die übersetzten Texte, samt Metadaten, werden in einem Korpus (*CORPUS*) gespeichert.

üblichen Formaten (z.B. *Open Office*) direkt aufladen können. Den studentischen Übersetzungen im Korpus können auch Modellübersetzungen von erfahrenen Übersetzerinnen und Übersetzern angeschlossen werden. Das Studenten-Interface ist völlig getrennt von dem der Lehrkraft, diese kann direkt in *Hypal* die Texte einfach markieren und korrigieren. Ist die Fehlerannotierung erfolgt, werden die Studierenden benachrichtigt und können ihre Texte anschauen bzw. weiterbearbeiten.

Es folgt eine nähere Erklärung zu den drei oben genannten Anwendungsmodi:

Ad a) Bei der Anwendung einsprachiger Korpora mit Fehlerannotation handelt es sich meist um akademisches Schreiben oder das Verfassen von Aufsätzen in der Zielsprache Englisch. Diese Funktion kann auch von den Studierenden benutzt werden, die Einmalkorpora (Vergleichskorpora) für ihre Arbeit an terminologischen Fragen erstellen. Das fertige Korpus können sie dann in der *SketchEngine* bearbeiten (Extraktion der Fachterminologie).

Ad b) Parallele Korpora können auch Lerner-Korpora sein oder einfach alignierte Texte in verschieden Stilen, je nachdem, was die Studierenden untersuchen wollen. Die Satzalignierung erfolgt halbautomatisch (erst werden Absätze automatisch eingeordnet, manuell kontrolliert, danach werden – wieder automatisch – die einzelnen Sätze aligniert, erneut manuell kontrolliert und, wo nötig, angepasst). Die Metadaten der Studierenden werden ebenso wie die Wortklassenannotation zur Abfrage über Konkordanzlisten automatisch hinzugefügt.

Ad c) Fehlerannotierte Übersetzungslernerkorpora entstehen genauso wie Parallel-Korpora. Sie enthalten mehrere Aufgaben (Tasks), deren Übersetzungen fehlerannotiert werden. Dafür wurde die *MeLLANGE*-Fehlertypologie übernommen, ergänzt und weiter modifiziert, z.B. um ‚Positives Feedback' (Abb. 5). Die Fehlerannotation wird im Allgemeinen manuell von mehreren Lehrkräften vollzogen. ‚Idiosynkrasie' spielt dabei eine grosse Rolle; nicht nur beim Übersetzen, sondern auch beim Korrigieren und bei der Fehlerannotation – jede Lehrkraft hat ihre Vorlieben und persönlichen Eigenheiten. Dies schafft in einem nächsten Schritt die Möglichkeit zum Korrigieren der studentischen Übersetzungen, weil weitere Systemanpassungen der Fehlerannotation besprochen werden müssen. Die typischen Fehler werden dabei näher beschrieben und somit auch im Unterricht berücksichtigt und so einheitlich wie möglich von den Lehrkräften korrigiert. Peter Newmark (1988:21) fasste dieses Vorgehen mit dem Ausspruch „Translation is for discussion" zusammen. Wir sind davon überzeugt, dass eine solche Diskussion unter den Lehrkräften Früchte bringt und zu einem höheren Niveau der Ausbildung von Übersetzerinnen und Übersetzern beitragen kann. Zur Frage der *MeLLANGE*-Fehlertypologie stehen folgende Informationen zur Verfügung:

> Die Fehlertypologie wurde nicht für die Leistungsbewertung sondern im Hinblick auf das Aufspüren und Klassifizieren von Fehlertypen entwickelt, soll das Korpus doch eher in der Aus- und Fortbildung und nicht im Rahmen von Leistungsevaluierungen verwendet werden.[13]

Deshalb vermuten wir, dass die Anwendung dieser Fehlertypologie, unter Einsatz neuester Sprachtechnologien und elektronischer Sprachressourcen, für die Studierenden der Übersetzungswissenschaft besonders gut geeignet ist, weil sie eine Steigerung der benötigten Fertigkeiten und Kompetenzen der Studierenden ermöglicht.

Abb. 5: Korrigierter Text samt Erklärung, die jedem Fehler von der Lehrkraft manuell beigefügt wird (31.01.2015)

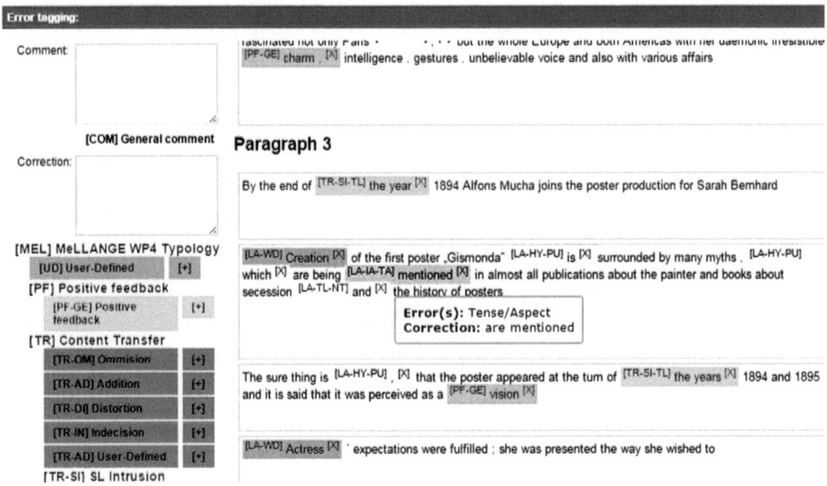

Die folgenden Beispiele sind einem Subkorpus studentischer Übersetzungen von Texten entnommen, die sich mit dem tschechischen Kulturerbe befassen und aus dem Tschechischen ins Englische übersetzt werden sollten (vgl. Abb. 5). Man kann alle Übersetzungen eines bestimmten Ausdrucks abrufen (Abb. 6) – oben steht der tschechische Satz, darunter folgen die korrigierten Übersetzungen. Es wird ganz deutlich erkennbar, welche Schwierigkeiten in dem gegebenen Satz vorgekommen sind, welche Fehler gemacht und wie diese korrigiert wurden.

In der von uns benutzten *MeLLANGE*-Fehlertypologie gibt es zwei Fehlerkategorien: inhaltliche Fehler – *TR (transfer)* und sprachliche Fehler – *LA (language)*. Diese zwei Kategorien werden mit weiteren Buchstaben versehen und dadurch wird die

13 http://mellange.eila.jussieu.fr/public_doc.de.shtml (31.01.2015).

Fehlertypologie weiter gegliedert, wie z.B. *LA-TL-IN (Language-Target Language-Incorrect,* d.h. Fehler im Gebrauch der Lexik*)*, der häufigste sprachliche Fehler (vgl. Abb. 7) oder *TR-SI-TL* (d.h. *too literal)*, ein inhaltlicher Fehler, der nicht so häufig vorkommt. Diese Bezeichnungen erscheinen in dem Text der korrigierten Übersetzungen und werden den Studierenden beim Klicken an das jeweilige fehlerannotierte Feld erklärt (vgl. Abb. 5). Die Lehrkraft kann, falls nötig, noch einen Kommentar hinzufügen. Die Annotation ist im Original mehrfarbig: dunkelgrün – eine sehr gute Übersetzung; blau – inhaltliche Verzerrung; rot – Grammatik; gelb – Lexik; violett – Stil; hellgrün – Interpunktion, Rechtschreibung usw.

Abb. 6: Übersetzungen eines bestimmten Satzes mit Fehlerannotation[14]*, Ausschnitt (31.01.2015)*

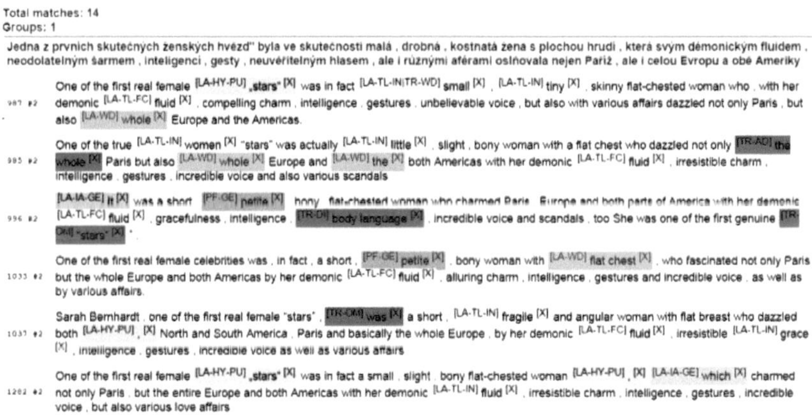
Total matches: 14
Groups: 1

Jedna z prvních skutečných ženských hvězd" byla ve skutečnosti malá , drobná , kostnatá žena s plochou hrudí , která svým démonickým fluidem , neodolatelným šarmem , inteligencí , gesty , neuvěřitelným hlasem , ale i různými aférami oslňovala nejen Paříž , ale i celou Evropu a obě Ameriky

987 #2 One of the first real female [LA-HY-PU] „stars" [X] was in fact [LA-TL-IN|TR-WD] small [X] , [LA-TL-IN] tiny [X] , skinny flat-chested woman who , with her demonic [LA-TL-FC] fluid [X] , compelling charm , intelligence , gestures , unbelievable voice , but also with various affairs dazzled not only Paris , but also [LA-WD] whole [X] Europe and the Americas.

985 #2 One of the true [LA-TL-IN] women [X] "stars" was actually [LA-TL-IN] little [X] , slight , bony woman with a flat chest who dazzled not only [TR-AD] the whole [X] Paris but also [LA-WD] whole [X] Europe and [LA-WD] the [X] both Americas with her demonic [LA-TL-FC] fluid [X] , irresistible charm , intelligence , gestures , incredible voice and also various scandals

996 #2 [LA-IA-GE] It [X] was a short [PF-GE] petite [X] bony , flat-chested woman who charmed Paris , Europe and both parts of America with her demonic [LA-TL-FC] fluid [X] , gracefulness , intelligence , [TR-DI] body language [X] , incredible voice and scandals , too She was one of the first genuine [TR-OM] "stars" [X] .

1033 #2 One of the first real female celebrities was , in fact , a short , [PF-GE] petite [X] , bony woman with [LA-WD] flat chest [X] , who fascinated not only Paris but the whole Europe and both Americas by her demonic [LA-TL-FC] fluid [X] , alluring charm , intelligence , gestures and incredible voice , as well as by various affairs.

1037 #2 Sarah Bernhardt , one of the first real female "stars" , [TR-OM] was [X] a short , [LA-TL-IN] fragile [X] and angular woman with flat breast who dazzled both [LA-HY-PU] , [X] North and South America , Paris and basically the whole Europe , by her demonic [LA-TL-FC] fluid [X] , irresistible [LA-TL-IN] grace [X] , intelligence , gestures , incredible voice as well as various affairs

1202 #2 One of the first real female [LA-HY-PU] „stars" [X] was in fact a small , slight , bony flat-chested woman [LA-HY-PU] , [X] [LA-IA-GE] which [X] charmed not only Paris , but the entire Europe and both Americas with her demonic [LA-TL-IN] fluid [X] , irresistible charm , intelligence , gestures , incredible voice , but also various love affairs

Alle Texte in *Hypal* beinhalten Metadaten, wie z.B., wer den Text übersetzt hat, und in welchem Studienjahr die jeweilige Person studiert, die es ermöglichen, nicht nur die Leistungen der einzelnen Studierenden im Laufe ihres Studiums zu verfolgen (*Personal student reports*), sondern auch verschiedene Werte über mehrere Jahre hinweg zu vergleichen (z.B. das Vorkommen bestimmter Fehler bei Studierenden von anderen Fremdsprachen). *Global error statistics* zeigt die Statistik für das ganze

14 Wörtliche Übersetzung des tschechischen Satzes in Abbildung 6: „Einer der ersten weiblichen ‚Stars' war in Wirklichkeit eine kleine, knochige, flachbrüstige Frau, die mit ihrem dämonischen Fluidum und ihrer unglaublichen Stimme, aber auch mit ihren Affären nicht nur Paris, sondern ganz Europa und die beiden Amerikas in Atem hielt." *LA-TL-FC (Language-Target Language-False Cognate)* bezieht sich auf das Wort ‚Fluidum'. Die Übersetzung *fluid* im Englischen ist falsch.

Korpus. *Error statistics for individual tasks* zeigt die annotierten Fehler in einer Aufgabe. In dem oben genannten Subkorpus (*Sarah Bernhardt*) gab es die meisten Fehler im Gebrauch der Artikel (*LA-WR: Language-Wrong Determiner*) und der Lexik (*LA-TL-IN: Language-Target Language-Incorrect*) (vgl. Abb. 7).

Abb. 7: Fehlerstatistik zu der Übersetzung des Textes Sarah Bernhardt *(31.01.2015)*

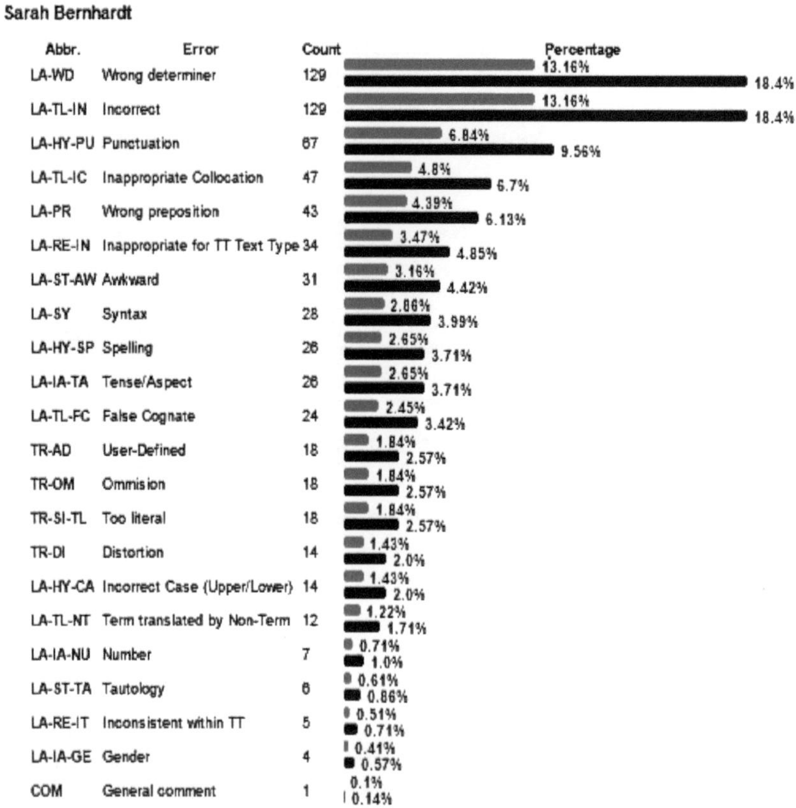

Zum Vergleich sei eine Statistik aus dem *MeLLANGE*-Projekt angeführt:

> Bemerkenswert ist beispielsweise der Unterschied zwischen den einzelnen Projektsprachen in Bezug auf die drei häufigsten Fehler, nämlich: Falsche Verwendung von Terminologie und Lexik (LA-TL-IN), Verzerrung des Inhalts (TR-DI), und Inkonsistenz in Terminologie und Lexik innerhalb des Zieltextes (LA-TL-IT).[15]

15 http://mellange.eila.jussieu.fr/public_doc.de.shtml (31.01.2015).

Die Übersetzungsrichtung sowie der Texttyp müssen auch berücksichtigt werden. Das *MeLLANGE*-Projekt arbeitete mit vier Textarten, nämlich Rechts-, Verwaltungs-, technischen und journalistischen Texten, welche in die jeweiligen Muttersprachen[16] übersetzt wurden. Bei *Hypal* handelt es sich um Texte, die weniger Fachtermini enthalten. Sowohl die Sprachrichtung, als auch die Sprache unterscheiden sich von dem *MeLLANGE*-Projekt. Trotzdem kommt die Kategorie *Incorrect*, d.h. *Falsche Verwendung von Terminologie und Lexik (LA-TL-IN)* auch in diesem Falle am häufigsten vor.

Hypal ist derzeit in der Erprobungsphase. Es dient vor allem Lehrkräften und Studierenden als Quelle authentischen Belegmaterials für Abschluss-, Magister- und Dissertationsarbeiten und ermöglicht es, beliebige Subkorpora zu schaffen. Ein wichtiges Prinzip für die Gestaltung eines solchen Übersetzungslernerkorpus ist seine Flexibilität – man kann heute kaum wissen, welche Forschungsfragen in Zukunft gestellt werden.

Unsere Beachtung verdient, dass an der Universität Leeds eine ganz neue Methode zur Anwendung kommt, wie Dragos Ciubanu auf seiner Webseite zeigt. Die Fehlernnotationen werden hier direkt in der Speichersoftware (*Translation Memory*) von *memoQ 2013* den Studentenübersetzungen beigefügt:

> One of these new features of memoQ 2013 is the ability to define lists of errors which reviewers / translation teachers can use to annotate their students' work. The LQA (Linguistic Quality Assurance) module of memoQ 2013 has allowed me to resurrect the MeLLANGE Project Error Typology we developed back in 2006–2007 with a consortium of fun partners in order to annotate the Learner Translator Corpus.
> (Ciubanu 2013)

Unseres Wissens handelt es sich hier um eine innovative Methode, welche die Ähnlichkeit der Übersetzungsspeicher (*Translation Memory*) und der parallelen Korpora nützt, wobei die Studierenden an einer Stelle auch die Bewertung ihrer Arbeit durch die Lehrkraft (oder auch durch den Auftraggeber) finden können. Die ‚Wiederbelebung' der *MeLLANGE*-Fehlertypologie hat uns auch interessiert.

Ausblick

Im Ausblick befassen wir uns mit weiteren Forschungsmöglichkeiten, die z.B. die Kognitive Linguistik bietet und erwähnen ihre mögliche Integration in unser Programm.

Obwohl sich die Kognitive Linguistik heutzutage auf verschiedenen Ebenen zu Wort meldet, werden ihre Forschungsergebnisse in der Ausbildung professioneller

16 Hier: Katalanisch, Deutsch, Englisch, Spanisch, Französisch und Italienisch.

Übersetzerinnen und Übersetzer immer noch nicht systematisch ausgewertet. Einer der Gründe dafür mag sicher sein, dass die Forschungen nicht immer überzeugende, direkt umsetzbare Daten erbringen. Weil Übersetzungslernerkorpora wohl eher an der Peripherie der kognitiven linguistischen Forschung situiert werden, glauben wir, dass sie relativ schnell und effektiv in der Ausbildung eingesetzt werden können. Wir sehen deshalb eine der wichtigsten künftigen Aufgaben darin, weitere Beispiele unterschiedlicher Textarten und -sorten in das Korpus aufzunehmen, die Fehlertypologie zu präzisieren – was das Problem der Integrität des Korpus mit sich bringt – und die Validität und Nutzbarkeit des Ganzen durch den Einsatz in der Übersetzerausbildung zu überprüfen. Daneben wird das Korpus auch in der Forschung verwendet, unter anderem als Datenquelle für Qualifizierungsarbeiten. Generelle Aussagen über den Übersetzungsprozess, z.B. im Hinblick auf dessen Abhängigkeit von der Erfahrung der jeweiligen Übersetzerin oder des Übersetzers, sind aber erst in Zukunft zu erwarten.

Immerhin planen wir die Erprobung weiterer Technologien, die in den letzten Jahren zunehmend in der kognitiv-linguistischen Forschung eingesetzt worden sind und die vornehmlich der Aufzeichnung des Übersetzungsprozesses dienen. Dazu gehören:

- *keyboard logging*, eine Aufnahme des Schreibprozesses beim Übersetzen,
- *think-aloud protocols (TAP);* eine Realzeit-Aufnahme des Reports der übersetzenden Person über deren Tätigkeit,
- *eye-tracking*, die Aufnahme von Augenbewegungen über den Bildschirm.

Wir sind überzeugt davon, dass die Verbindung von fehlerannotierten Texten in einem Übersetzungslernerkorpus mit der Aufzeichnung ihrer Entstehungsgeschichte den Informationswert des Korpus wesentlich erweitern könnte. So könnte ein Korpus möglicherweise in Zukunft Fragen nach Fehlerursachen, verwendeten Hilfsmitteln und dergleichen mehr beantworten. Die ersten bescheidenen Experimente mit diesen Forschungsmethoden wurden durchgeführt, doch eine etwaige routinemäßige Anwendung liegt – insbesondere im Falle des technologisch sehr anspruchsvollen *eye-trackings* – noch in weiter Ferne. Erste Erfahrungen haben allerdings erneut die These von Seuren bestätigt (vgl. 2004:77), dass die Zukunft vor allem in einer interdisziplinären Zusammenarbeit von psychologischer, linguistischer, literaturwissenschaftlicher und philosophischer Forschung liegt. Als Initiative in dieser Richtung ist die Errichtung des überinstitutionellen Kognitivlaboratoriums *HUME lab*[17] an der *Masaryk-Universität* Brno zu verstehen.

17 *Experimental Humanities Laboratory* (vgl. http://is.muni.cz/lide/pracoviste?lang=en;zobrazid=14219811 (31.01.2015). Die Plattform befindet sich derzeit im Aufbau.

Übersicht über die im Beitrag erwähnten Korpora

Name und Datum	Typ	Zugangsadresse (http://) Stand jeweils 31.01.2015	Fehler-annotation
Kacenka (1997–2003)	parallel (En-Cz)	www.phil.muni.cz/wkaa/home/sekce-en/translation/k2/view?set_language=en	Nein
*STA** (2002–2003)	parallel (Fr, Sp-En)	www.monabaker.com/tsresources/TranslationalEnglishCorpus.htm	Nein
Kapradí (2003–2006)	parallel (En-Cz)	www.phil.muni.cz/kapradi/kontakt.html	Nein
ENTRAD (2005–2008)	nicht aligniert (Sp-En)	Nein	Fehler angezeigt
UPF - LTC (seit 2006)	En-Katalanisch	www.iula.upf.edu/corpus/corpuses.htm	Ja
MeLLANGE (2006–2007)	parallel (Sp, En, Ka, It, D, Fr)	mellange.eila.jussieu.fr/public_doc.de.shtml	Ja
*NEST*** (since 2008)	Norwegisch-Englisch	www.helsinki.fi/varieng/series/volumes/13/graedler/	Nein
*KOPTE**** (seit 2009)	parallel (Fr-D) nicht aligniert	fr46.uni-saarland.de/index.php?id=3702	Fehler angezeigt
RusLTC (seit 2011)	Parallel, Online (Rus-En)	www.rus-ltc.org/	Teilweise

* *Student Translation Archive;*

** *Norwegian-English Student Translation Corpus;*

*** Korpus studentischer Übersetzungen: ***Ko**rpus-**P**rojekt zur **T**ranslations **e**valuation*

Literatur

Baker, Mona (1995): Corpora in Translation Studies. An Overview and Suggestions for Future Research. In: Target, Jahrgang 7, 2, 223–243.

Bowker, Lynne / Bennison, Peter (2002): Translation Tracking System: A tool for managing translation archives. In: Proceedings of the Third International Conference on Language Resources and Evaluation (LREC'02), 503–507.

Ciubanu, Dragos (2013): A CAT tool can also be a viable translation teaching tool? Who would have thought? http://elearningbakery.com/a-cat-tool-can-also-be-a-viable-translation- teaching-tool-who-would-have-thought/ (31.01.2015).

Kamenická, Renata / Rambousek, Jiří (2011): Activating Student Autonomy in Translation Training: In-Class and Online. In: Zehnalová, Jitka / Molnár, Ondřej / Kubánek, Michal (Hrsg.), Teaching Translation and Interpreting Skills in the 21st Century, Olomouc, 93–103.

Kutuzov, Andrey / Kunilovskaya Maria (2014): Russian Learner Translator Corpus: Design, Research Potential and Applications. In: Sojka, Petr / Horák, Aleš / Kopeček, Ivan / Pala, Karel (Hrsg.), Text, Speech and Dialogue: 17th International Conference TSD 2014, Brno, Czech Republic, September 8–12, 2014, Proceedings (Digitalbuch), Heidelberg, 315–323.

Newmark, Peter (1988): A Textbook of Translation, New York: Prentice Hall.

Obrusník, Adam (2012). A hybrid approach to parallel text alignment, Brno (Diplomarbeit, zugänglich unter: http://is.muni.cz/th/356468/ff_b/) (31.01.2015).

Obrusník, Adam (2014): *Hypal*: A user-friendly tool for automatic parallel text alignment and error tagging, unveröffentl. Vortrag auf der *TALC* - 11th Teaching and Language Corpora Conference, Lancaster University, UK, 20.–23. Juli 2014.

Seuren, Pieter A. M. (2004): How the Cognitive Revolution Passed Linguistics by. In: Brisard, Frank (Hrsg.), Language and revolution: Language and time, Antwerpen, 63–77.

Štěpánková, Kristýna (2014): Learner Translation Corpus: *CELTraC (Czech-English Learner Translation Corpus*, Brno (Diplomarbeit, zugänglich unter: http://is.muni.cz/th/400362/ff_b/) (31.01.2015).

Tengku, Mahadi / Tengku, Sepora / Vaezian, Helia / Akbari, Mahmoud (2010): Corpora in Translation: A Practical Guide. Linguistic Insights, Volume 12, Bern.

Varantola, Krista (2003): Translators and Disposable Corpora. In: Zanettin, Federico / Bernardini, Silvia / Steward, Dominic (Hrsg.), Corpora in Translator Education. Manchester, 55–70.

Wurm, Andrea (2013): Eigennamen und Realia in einem Korpus studentischer Übersetzungen (*KOPTE*). In: trans-kom: Translationswissenschaft und Fachkommunikation, Band 6, 2, 381–419.

Yepes, Guadalupe Ruiz (2009): Optimierung der Übersetzerausbildung unter Nutzung korpuslinguistischer Methoden. In: trans-kom: Translationswissenschaft und Fachkommunikation, Band 2, 2, 212–239.

B Kreatives Handeln

Zbyněk Fišer

Die Methoden des Kreativen Schreibens als Instrument der Problemlösung im translatorischen Akt

In his paper the author indicates how to apply the techniques and procedures of creative writing in the training of future translators. In the theoretical part he firstly presents a typology of creative exercises systematised according to various criteria: methods of writing, focus of writing on product or process, working techniques and strategy. He also describes the general aspects of practising writing when learning translation and the possible use of various techniques of individual writing for specific stages of translation, from sensitization of the translators through reading the source text, analysing and interpreting it, the collection of target language material to evaluation of the translation. The author also explains the didactic connections between individual steps and text exercises. In the practical part the author simulates an order for a translation and documents the results of individual steps with annotated examples of students' ideas for the translation. The innovativeness of this teaching method lies in the fact that continuous recording of each step enables students and teachers to monitor and reflect on the development of the students' learning. Methods of creative writing thus become an effective instrument in the development of the translator.

Key words: creative writing, literary translation, creativity in the translation process

Schlüsselwörter: Kreatives Schreiben; literarische Übersetzung; Kreativität im Übersetzungsprozess

Kreatives Schreiben im translatorischen Training

Die Verbindung der translatorischen Tätigkeit mit der kreativen Textproduktion ist sicher so alt wie das Übersetzen selbst. Seit der zweiten Hälfte des 20. Jahrhunderts finden wir in der europäischen wie auch der amerikanischen Forschung zur Translationsdidaktik die Tendenz, die Position der Kreativität im translatorischen Prozess zu erklären, zu begründen, zu befestigen (z.B. MacShane 1971; Ďurišin 1976; Biguenet, Schulte 1989; Kußmaul 2000; Kußmaul 2007; Fišer 2009). Dies beobachten wir vor allem in einer Zeit, wo sich die Translatologie als selbstständige Wissenschaft zu etablieren und zu definieren beginnt. Im Jahre 1963 nannte der tschechische Forscher Jiří Levý sein Buch *Umění překladu* (*Die Kunst der Übersetzung*); an den amerikanischen Universitäten werden seit den 1960er Jahren zahlreiche Übersetzungsworkshops veranstaltet, die auf der Entwicklung der literarischen Schreibkompetenz künftiger Übersetzerinnen und Übersetzer basierten (vgl. Venuti, 2013:240–243). Doch das Fach Kreatives Schreiben (*creative writing*) selbst suchte erst seine wissenschaftliche Definition, und zwar im internationalen und interdisziplinären Dialog zwischen Theorie und Praxis, so dass die Anwendung der Arbeitsverfahren des Kreativen Schreibens in anderen Bereichen und Feldern der Ausbildung und in anderen Forschungsdisziplinen ihre Konturen und Möglichkeiten erst in den letzten Jahrzehnten abgegrenzt hat.

Die gegenwärtige Translationswissenschaft hat die Gesetzlichkeiten, Faktoren und potentiellen Kontexte des übersetzerischen Aktes relativ ausführlich beschrieben, darüber hinaus ist sie sich des Bedarfs an Didaktisierung bewusst. Die Didaktik des Übersetzens kann auf eine breite Skala von Übungen und Verfahren zurückgreifen, die sowohl auf genau gezielte Ergebnisse fokussieren, als auch auf heuristisches Experimentieren gerichtet werden können. Didaktiker im translatorischen Training wissen, wie diese Verfahren methodologisch und methodisch begründet sind und welche am besten zur Entfaltung der übersetzerischen Kompetenzen der Studierenden führen. Ähnlich wie das translatorische Training ist auch die Didaktik des Kreativen Schreibens heutzutage nicht nur produktorientiert, sondern immer mehr prozessorientiert (vgl. Eliašová 2011). Deshalb kann auch die Anwendung textproduktiver und kreativisierender Übungen aus dem Bereich des Kreativen Schreibens gut in das Übersetzerstudium integriert werden, da sie viele Problemlösungen aus der translatorischen Perspektive versprechen. Das Ziel der Anwendung von Arbeitsverfahren des Faches Kreatives Schreiben ist es, die Kreativität als natürlichen Bestandteil des Denkens und Handelns in die translatorischen Kompetenzen von Übersetzerinnen und Übersetzer einzubauen.

Allgemeine Systematisierung kreativer Schreibübungen

Übersetzerinnen und Übersetzer stehen vor allem vor der Aufgabe, einen möglichst problemlos interagierenden Zieltext zu verfassen, die Empfänger interessieren die Übersetzungsprobleme und -schwierigkeiten nicht. Wenn sich künftige Übersetzer als Experten in Sachen der Textübersetzung durchsetzen möchten, müssen sie von Anfang an begreifen, dass das Übersetzen keine einfache Transposition der Inhalte aus der Ausgangssprache in die Zielsprache ist, dass da eine übliche ausgangssprachliche und zielsprachliche Kompetenz nicht ausreicht. Die Studierenden müssen verstehen, dass es sich um eine spezialisierte Tätigkeit handelt, deren Erfolg von der Anwendung angemessener Regeln, Strategien, Methoden und Verfahren abhängig ist. Am Anfang des Trainings im Übersetzungsworkshop steht also die angemessene theoretische Vorbereitung und ihre praktische Umsetzung.

Didaktische Methoden, Arbeitsstrategien und -verfahren des Faches Kreatives Schreiben müssen für den Übersetzungsworkshop mit bewusster Rücksicht auf die Gesetzlichkeiten des translatorischen Prozesses gewählt und dann auch mit voller Verantwortung bei der Arbeit genutzt werden. Die Schreibübungen und andere Verfahren garantieren allein noch keinen Erfolg. Die kreativen Vorgänge sollen als hilfreiche kognitive Methoden in die Beobachtungs-, Beurteilungs- und Entscheidungsprozesse bei der Übersetzung als alternative Denkmuster eingebaut werden. Methoden des Kreativen Schreibens führen in erster Linie zu einer Sensibilisierung, Studierende lernen mittels der Schreibübungen die neuen Arbeitsverfahren bewusst als Wege zum erfolgreichen Überwinden translatorischer Probleme zu nutzen. Gleichzeitig lernen sie mittels der kreativen Operationen an Texten den Einfluss der kreativen Vorgänge auf das ganze Kommunikationsereignis zu beobachten, diesen Einfluss zu erkennen und zu bewerten. Das kann im textinterpretativen und textproduktiven Prozess oder bei der Zieltextkorrektur zu einer Steigerung der Verantwortlichkeit führen.

Aus didaktischer Perspektive ist es nun wichtig, nicht nur die kreativisierenden Übungen einzusetzen, sondern die Studierenden auch für die Auswirkungen und Grenzen der Vorgänge zu sensibilisieren und ihnen zu erklären, wie sie aufgrund dieser Kenntnisse übersetzerisch argumentieren und handeln können. Die formative Wirkung des kreativisierenden Trainings heißt, die eigene erworbene Entscheidungsfreiheit mit voller Verantwortung zu nutzen. Beim richtigen Integrieren kreativer Verfahren in die Arbeitsstrategien ermöglichen diese, Arbeitsschritte und -vorgänge zu beschleunigen, individuelle Sicherheit beim Argumentieren aufzubauen und im Beruf erfolgreich zu wirken.

Zur Orientierung auf dem Feld der Methoden oder Schreib- und Arbeitsstrategien möchte ich eine systematische Übersicht unter verschiedenen Gesichtspunkten vorstellen.

Mit Blick auf die Methoden der Arbeit unterscheide ich:

- Individuelles Schreiben
- Tandemschreiben
- Kollektives Schreiben
- Andere kreativitätsentfaltende Tätigkeiten wie Zeichnen, Malen, szenisches Darstellen, Vertonen und Singen, Verfilmen.

Mit Blick auf die Entfaltung produktorientierter Kompetenzen unterscheide ich Schreibübungen:

- zur allgemeinen Textkompetenz (rezeptive wie produktive Textkompetenz mit ausgangssprachlichen- und zielsprachlichenTexten)
- zur performativen Textkompetenz in der Zielsprache (Handlung durch die Texte, persuasive Wirkung)

- zur textsortengezielten Textkompetenz in der Zielsprache
- zur Suche nach zielsprachlichen Elementen
- zur Ausgangstext-Interpretation
- zur Zieltext-Interpretation
- zur zielsprachlichen Stilisierungsfertigkeit
- zur Evaluierung des Zieltextes.

Mit Blick auf die Entfaltung prozessorientierter Kompetenzen bietet sich die Unterscheidung nach Schreibübungen:

- zur allgemeinen Schreibkompetenzentwicklung in der Zielsprache
- auf Sensibilisierung für ausgewählte Themen orientiertes Schreiben (in der Ausgangs- wie Zielsprache)
- zur Kommunikationskompetenz in der Zielsprache (Sprachfluenz, Neubildung, lexikalische Derivation, lautmalerische Nachahmung)
- zur Entwicklung der Imagination in der Zielsprache
- zur literarischen Schreibkompetenz
- zur allgemeinen Entwicklung des kreativen Denkens und Handelns.

Mit Blick auf Schreibtechniken und -strategien unterscheide ich Techniken

- zur Nachahmung unterschiedlicher syntaktischer, stilistischer oder poetischer Vorgänge (Cluster, kollektiver Cluster, Abzählreime, Wortlisten, Recherchen in Wörterbüchern, lexikalische Neubildung)
- assoziative Vorgänge (automatisches Schreiben, Brainstorming, Clustering)
- restrukturierende Vorgänge (Collage, Änderung der Textorten, Digressionen)
- mediale Änderungen (Illustrationen zum Ausgangs- oder Zieltext, Storyboard-Zeichnen, Szenarios zum Ausgangs- oder Zieltext, Dramatisierung und dramaturgische Eingriffe in den Zieltext usw.).

Diese vorgelegte Systematisierung kann weiter theoretisch verfeinert werden, wenn man z.B. andere kreativisierende oder andere mediale Perspektiven zum Thema einnimmt. Die modernen intermedialen Herangehensweisen bieten sicher noch andere inspirative Impulse für die Deskription sowie für die Methodologie der Textwissenschaft. Die Unterrichtenden sollten mit der Theorie gut vertraut sein, damit sie in den realen Lehrveranstaltungen die passende Wahl der Übungen treffen und das nötige Feedback leisten könnten.

Übersetzungstyp und Skopos

Studierende müssen begreifen, dass sie bei der Zieltextformulierung nach standardisierten Regeln vorgehen können, die dem Übersetzungsauftrag und der

Empfangstradition der Zielkultur angemessen sind. Für die Erfüllung des Übersetzungsauftrags müssen sie den Skopos unterscheiden können, d.h. sie müssen lernen, funktionalistisch zu denken. Dies ist nicht automatisch gegeben, für manche angehende Übersetzerinnen und Übersetzer ist die Rücksicht auf potentielle Adressaten und eine entsprechende Kommunikationsfunktion des Zieltextes immer noch etwas Unwichtiges und daher Unbeachtetes.

Für einen funktionalistischen Ansatz zum übersetzerischen Prozess sind meiner Meinung nach folgende Aspekte entscheidend:

1. die richtige typologische Bestimmung der Übersetzung und die Entscheidung zwischen dokumentarischer oder instrumenteller Übersetzung
2. die richtige Gewichtung der wichtigsten Kommunikationsfunktionen des Zieltextes
3. die angemessene Bestimmung der Textteile, die mit Hilfe standardisierter bzw. kreativer Vorgänge übersetzt werden können.

Optimal sensibilisierte Studierende wissen, dass diese drei Aspekte des Translationsprozesses die Grundlage der strategischen Übersetzerkompetenz bilden. Kreative Operationen mit Texten während des Übersetzertrainings, wie sie die Didaktik des Kreativen Schreibens anbietet, sind aber nur dann erfolgreich, wenn die Studierenden die Rolle, die Möglichkeiten und den Sinn der Übungen methodologisch verstehen. Es soll klar sein, dass die Schreibübungen translatologische Konzepte oder sprachsystemgebundene Übersetzungsverfahren nicht ersetzen können. Bei jedem zu übersetzenden Text muss Kreativität zum Einsatz kommen – von der Ausgangstextanalyse am Anfang bis zur Endversion. Doch das Ausmaß und die Art der Kreativität müssen dem Skopos bzw. den Skopoi des Zieltextes untergeordnet werden.

Allgemeine Aspekte des translatorischen Schreibtrainings

Das Training der translatorischen Kompetenzen beruht unter mehreren Aspekten auf dem methodologisch erarbeiteten Ansatz:

1. Die Arbeit im Workshop wird angeleitet, stimuliert und gelenkt.
2. Die Entfaltung und Vertiefung der Fertigkeiten und Fähigkeiten wird in kleinen Arbeitsschritten nach einem dynamischen Plan geregelt.
3. Die Arbeit wird als Kombination von individuellen und kollektiven Arbeitsschritten im Workshop realisiert und mit individueller Hausarbeit verbunden.
4. Die Arbeitsschritte werden von den Teilnehmenden kommentiert, begründet und protokolliert und die Ergebnisse werden im Workshop gemeinsam diskutiert.

Die Ziele eines Trainings, in dem Methoden des Kreativen Schreibens genutzt werden, liegen in der formativen Ausbildung zur Entfaltung folgender Fähigkeiten und Fertigkeiten:

- die erwartete Kommunikationsfunktion des Zieltextes richtig verstehen bzw. deutlich formulieren können
- aufgrund des Übersetzungsauftrags und der deutlich formulierten Kommunikationsfunktion des Zieltextes die Makrostrategie festlegen, d.h. vor allem zwischen dokumentarischem und instrumentellem Typ unterscheiden können (z.B. *Übersetzen Sie das Feuilleton so nachvollziehbar, dass es auf den Leser wie ein Feuilleton in der Zielkultur wirkt: es ist aktuell, lustig, spielerisch, intelligent, trägt eine Botschaft*)
- den Ausgangs- wie den Zieltext als Ganzes und kognitiv semantisch verstehen können
- den potentiellen Zieltext-Empfänger definieren können
- das Medium in der Zielkultur definieren können
- die Kommunikationspragmatik respektieren können
- sich für die thematischen und nichtthematischen Elemente des Textes sensibilisieren können
- die eigene Arbeit evaluieren können
- die Möglichkeiten, Grenzen, Vorteile und Nachteile des kreativen Denkens und der kreativen Arbeit kennenlernen, verstehen und diese Arbeitsverfahren mit voller Verantwortung in eigene Arbeitsstrategien adäquat einbauen können.

Die Rolle der Unterrichtenden besteht darin, eher beratend und moderierend zu wirken. Am Anfang werden die wichtigsten translatologischen Regeln und Aspekte der translatorischen Arbeit wiederholt. Im Laufe des Workshops können unbekannte Termini und Übersetzungsverfahren erklärt werden, die Studierenden werden dann angeregt, ihre Erkenntnisse und Entdeckungen zu verallgemeinern und mit eigenen Worten zu formulieren. Eines der Ziele des Übersetzertrainings ist es nämlich, die Erkenntnisse in die individuelle Kompetenz einzubauen und das geschieht am besten in der eigenen Sprache. Zu einzelnen Aufgaben müssen die Rahmenbedingungen formuliert werden, wie z.B. der Übersetzungsauftrag oder die gewünschte Strategie, die angewandt werden soll. Diese Auftragsformulierung wird als Simulation eines realen Übersetzungsauftrags vorgestellt, wobei in den Aufgaben oft nicht alle, sondern nur ausgewählte Aspekte fokussiert, analysiert, erarbeitet, erörtert und bewertet werden.

Zu jeder einzelnen Simulation eines Übersetzungsauftrags soll ein Protokoll gestaltet und schriftlich geführt werden, Übersetzungsauftrag und Aufgaben werden vorgegeben. Die Studierenden sollen die Reihenfolge der Aufgaben respektieren, allerdings sind sie flexibel zu handhaben, als überflüssig, trivial oder nutzlos empfundene Aufgaben können übersprungen werden. Alle Ergebnisse und Probleme mit der Realisierung der Schreibaufgaben sollen reflektiert und als schriftliche Kommentare ins Protokoll eingetragen werden (näher vgl. z.B. Bräuer et al., 2012). Die Reihenfolge einzelner Arbeitsschritte ist meistens auf induktives Denken orientiert und die Schritte sollten zu einer sukzessiven Formulierung der Erkenntnisse und zur fortschreitenden Entfaltung der Fertigkeiten führen (wie z.B. passende strategische Entscheidungen treffen). So werden die erfolgreichen Arbeitsverfahren in die existierende mentale, kognitive und emotionale Struktur der Studierenden eingebettet und eingebaut. Die individuelle Arbeit wird durch eine Diskussion evaluiert und beides wird protokolliert; das Protokollführen wird dadurch zu einer Selbstlernmethode. Die Protokolle könnten beim E-learning teilweise auch anderen Studierenden im Kurs zugänglich gemacht werden.

Schreibübungen im translatorischen Akt

Die Schreibübungen oder andere kreative Tätigkeiten werden als Hilfsmittel in unterschiedlichen Etappen der Textrezeption und -produktion sowie Evaluation angewandt. Dabei können die gleichen Techniken mit unterschiedlichen Anforderungen verbunden und zu unterschiedlichen Zwecken benutzt werden. Bei einer kreativen Ausgangstextrezeption wie Zieltextgestaltung können am Anfang des Trainings Methoden des Kreativen Schreibens sehr behilflich sein. Die gezielte Anwendung von Kenntnissen der Textproduktion, der Kunstpädagogik oder der Kreativitätsforschung können bei der Entfaltung und Vertiefung der translatorischen Kompetenzen innovativ und inspirativ wirken. Mit Rücksicht auf die Etappen des üblichen Translationsprozesses (von der Analyse über die Translatgestaltung bis zur Evaluation und Korrektur) und auf das Erfahrungsniveau der Studierenden setzen die Didaktiker angemessene Schreibübungen und andere kreativisierende Techniken ein, die bei konkreten Problemen als Lösungsmethoden helfen sollen.

Den Schreibprozess starten, Schreibstörungen oder Schreibblockaden auflösen können wir mit folgenden Übungen: *Automatisches Schreiben, Clustering, Automatisches Zeichnen* oder *SMS texten*. Dabei wird meistens die psychosomatische Lage oder der aktuelle situative Kontext der schreibenden Person thematisiert, die ersten Eindrücke vom Ausgangstext oder die allgemeinen Vorstellungen von der Ausgangskultur. Überwiegend werden in dieser Phase muttersprachliche Texte geschrieben. Für die Textproduktion ist es wichtig, die passenden Regeln für Strukturierung und Komposition, sowie angemessene Textsortenmerkmale zu wählen. Weil für eine glatte, ungestörte Kommunikation die Anforderungen nach einem korrekten, grammatikalisch, stilistisch und textsortenangemessenen

Zieltext im Vordergrund stehen, steht auch die zielsprachliche Textproduktion am Anfang des Trainings. Studierende sollen also in der Zielsprache die Textsorten oder Genres schreiben können, die sie auch künftig übersetzen wollen, denn sie müssen deren Merkmale gut unterscheiden und richtig erfassen. Im Idealfall lernen Studierende mit Hilfe unterschiedlicher Stimuli oder Anweisungen Texte oder ihre repräsentativen Teile nachzuahmen und zu schreiben. Es geht nicht um Drill in künstlerischen Finessen oder um die Suche nach literarischen Talenten, sondern um eine Aneignung adäquater stilistischer Regeln in der Zielsprache. Damit wird in dieser Etappe auch eine Sensibilisierung für die Pragmatik verbunden, für die Kommunikationsfaktoren, -ziele und -funktionen, die typisch sind für die Sprache, in die übersetzt wird.

Sobald die erwünschten Textsorten oder literarischen Genre eingeübt sind, ist es sinnvoll sich auf die Etappen der Ausgangstextrezeption, -analyse und -interpretation zu konzentrieren. Diese können in beiden Sprachen geschrieben werden, wobei die ausgangssprachlichen Texte in der Gruppe von ausgangssprachlichen Muttersprachlern überwiegende ausgangskulturelle Merkmale oder Details in den Blick nehmen und betonen, aber dagegen eine zielsprachliche Interpretation eines zu übersetzenden Textes schon sprachliches Material für den Zieltext erhalten könnte. Zur Textanalyse, Textinterpretation, Textdeutung, sowie zur Festlegung der kommunikativen Funktion des Textes und seiner Botschaft bieten sich z.B. folgende Übungen an:

- Automatisches Schreiben über die ganzheitliche Wirkung
- Clustering zu ausgewählten Schlüsselwörtern
- Automatisches Zeichnen zum ganzen Text oder zu ausgewählten Motiven
- Kurzfassung der Textbotschaft (SMS)
- monologische Kommentare des Rezipienten
- Monologe und Dialoge der Figuren
- Dialoge mit dem lyrischen Subjekt
- Varianten der Geschichte (alternatives Ende, Zeit, Kulissen).

Beliebt sind kombinierte Übungen, wo Übersetzerinnen und Übersetzer ihre hypothetischen Adressaten zeichnen und näher beschreiben (z.B. Geschlecht, Ausbildung, Beruf, Hobby, Wohnsitz usw.). Wichtig ist es auch, ein Profil des potenziellen Mediums modellieren zu können, was auf mögliche Paratexte hinweist (z.B. Fachzeitschrift, Kulturrubrik einer Tageszeitschrift, monothematische literarische Anthologie, einmalige öffentliche Lesung).

Die textproduktiven Verfahren und eine Sensibilisierung auf der thematischen Ebene sind meistens auf die sprachliche (verbale) Produktion orientiert, dafür stehen z.B. folgende zielsprachliche Übungen zur Verfügung:

- Wortliste zu Gegenständen, Ortsnamen, Personennamen, Orten erstellen
- Cluster zu Schlüsselworten vom Ausgangstext schreiben
- lautmalerische Assoziationen schreiben.

Andere Übungen in der Zielsprache unterstützen textproduktive Verfahren und die Sensibilisierung auf der stilistischen Ebene:

- wahre Geschichten sammeln, nacherzählen und schreiben
- ähnliche Geschichten mit Dialogen schreiben und als Rollenspiele realisieren
- Kinderreime und Märchen vortragen nacherzählen und selber verfassen.

Zielsprachliche Übungen sollen sorgfältig vorbereitet werden. Beim Training mit translatorischen ‚Anfängern' bauen wir die Fertigkeit in kleinen Schritten auf, die mögliche Wege des Verfassers zum Ausgangstext simulieren sollen (z.B. eine Nachahmung der verbalen Kreation beim Erfinden eines Neologismus im literarischen Text). Sehr oft konzentrieren sich diese kleinen zielsprachlichen Übungen nur auf scheinbare Einzelheiten (z.B. *Beschreiben Sie zuerst einfach ein Lebewesen.*), auf thematische oder sprachliche Elemente, deren Gestaltung mit einer Mikrostrategie beschrieben werden kann (z.B. *Beschreiben Sie jetzt kurz diese Lebewesen in der zoologischen Fachsprache. – Beschreiben Sie dann eine prototypische Figur in der zoologischen Fachsprache.*). Dabei geht es hier aber darum, durch die Sensibilisierung des Übersetzers als Zieltextautor das Erfinden von Alternativen auf der thematischen oder sprachlichen Ebene zu stimulieren und zu erleichtern (z.B. *Der Affe.* → *Der Orang-Utan.* →*Der deutsche Bohemist.* →*Der gemeine Rollstuhlgefesselte* zum tschechischen Neologismus *Upoután vozíkový.*)

Die allgemeinen mentalen Prozesse beim Übersetzen können wir durch Mindmapping, Brainstorming, freies Zeichnen und andere assoziative Übungen stimulieren, beobachten, präsent machen und verstehen, und zwar in beiden Sprachen. Übungen wie z.B. *Automatisches Schreiben, Brainwriting, Brief an den Autor, Redakteur, Leser* helfen beim Feedback, bei der Reflexion des übersetzerischen Prozesses, bei der Reflexion des Selbstlernens oder des Trainings aus der Perspektive der Studierenden.

Die Anwendung der Kreativen Übungen im Übersetzungsprozess – ein kleines Modellprojekt

Ein abgeschlossenes Projekt zur Entfaltung der übersetzerischen Kompetenzen kann in kleinere Schritte unterteilt werden. Grundlage ist, dass die Studierenden über die Hauptideen der funktionalistischen Konzeption translatologisch informiert sind, alle respektieren den gleichen Übersetzerauftrag, alle übersetzen den gleichen Ausgangstext und reflektieren gemeinsam die Resultate, hauptsächlich die methodischen und strategischen Erkenntnisse. Das Projekt konzentriert sich also auf den Arbeitsprozess, auf die formative Wirkung der gewählten Aktivitäten und die Reflexion und Diskussion darüber werden zu Methoden des Selbstlernens der Studierenden.

Im folgenden Beispiel wird ein solches Projekt in acht Schritten vorgestellt.[1] Es wird ein literarischer Text übersetzt, weil die Natur der literarischen Kommunikation es ermöglicht, die Komplexität der sprachlichen, semantischen, ästhetischen, typographischen und formalen, sowie pragmatischen Merkmale zusammen an einem Text zu fassen, zu erörtern, zu analysieren, zu bewerten und an ihre Zusammenhänge zu denken. Ein literarischer Text ist relativ allgemein verständlich, denn er trägt dank seiner menschlich begreifbaren Botschaft eine zweifache Gerichtetheit in sich, sowohl auf den ausgangkulturellen, als auch potentiell auf den zielkulturellen Empfänger (vgl. Neubert 1999:58). Die Übersetzerinnen und Übersetzer haben ihre eigene Erfahrung mit der Rezeption literarischer Texte in beiden Sprachen und Kulturen. Darüber hinaus ist ein literarischer Text deshalb für eine translatorische Übung günstig, weil die Studierenden ihre übersetzerischen Strategien auf Mikro- und Makroebene selbst wählen müssen – sie lernen im Übersetzungsprozess also eine der wichtigsten Kompetenzen – die Entscheidungskompetenz (näher dazu Nord in diesem Band).

Für dieses Modellprojekt wurde ein tschechischer Text der sogenannten experimentellen Poesie, auch konkrete Poesie genannt, ausgewählt. Texte dieser Art sind oft relativ kurz, so dass die Studierenden den ganzen Text in einer Unterrichtseinheit lesen, analysieren, interpretieren und die erste Übersetzungsversion entwerfen können. Dabei handelt es sich nie um oberflächliche Texte, ihre Botschaft ist mehrschichtig, fast immer muss man ihre komplexe Semantik sowohl aus den thematischen, als auch aus den nichtthematischen, formalen Elementen zusammenstellen. Der hier ausgewählte Text mit dem Titel *sníh* (dt. *Schnee*) von Ladislav Nebeský aus dem Jahr 1965 hat drei Strophen: die erste enthält Verse mit ‚Instruktionen' zur Rekonstruktion einer Buchstaben-Chiffre (z.B. „e lesen wir als Engel"), die zweite und dritte Strophe enthält nur Buchstaben. Der erste Teil des Gedichtes ist eine Instruktion, die hilft, den zweiten Teil zu verstehen. Die Leser bekommen einen Schlüssel, wie der experimentelle Text zu dechiffrieren ist. Erst wenn sie ihn den Instruktionen entsprechend lesen, können sie die verborgene Botschaft entschlüsseln.

1 Realisiert mit Studierenden der Masaryk-Universität Brno (2013) und der Universität Regensburg (2014).

Tschechischer Ausgangstext *sníh*:

Ladislav Nebeský
sníh

a čteme jako andělíčky
b čteme jako bělost
c čteme jako hlavu
d čteme jako mou
e čteme jako na
f čteme jako otevřená
g čteme jako padá
h čteme jako polykám
i čteme jako ráje

j čteme jako stojím
k čteme jako ústa
l čteme jako ztraceného

b
l i
g e d c

j
k f
h a

Nach einer Dechiffrierung bekommen die Leser eine Mitteilung in drei Sätzen, tschechisch: „Bělost ztraceného ráje padá na mou hlavu. Stojím, ústa otevřená, polykám andělíčky." Die interlineare Übersetzung ins Deutsche lautet: „Die Weiß heit des verlorenen Paradieses fällt auf meinen Kopf. Ich stehe, den Mund offen, ertrinke."

Die Aufgabenreihe für die Studierenden ist folgende:

1. Aufgabe: Zielsprachliche Kinderreime und -lieder über Schnee oder Winter aus dem Gedächtnis abrufen, aufschreiben, vortragen
2. Aufgabe: Rekonstruktion des Ausgangstextes, vor allem der Sätze hinter den Buchstaben
3. Aufgabe: Rekonstruktion der Botschaft des Ausgangstextes:
   a. *Wer bin ich?* Automatisches Schreiben in der Ich-Form zum Thema Wer ist das lyrische Ich?
   b. *Was fühle ich?* – Stichwortartig aufzählen aus der Perspektive des lyrischen Ichs
4. Aufgabe: Storyboard – in zehn Bildern ein Szenario zum Gedicht zeichnen
5. Aufgabe: Zusammenfassung der Textbotschaft in fünf Sätzen, d.h. wie der Leser und Übersetzer diese Bilder, Szenen und Metaphern versteht und interpretiert
6. Aufgabe: Übersetzung der zwei letzten Sätze der letzten Strophe als literarische Übersetzung
7. Aufgabe: kurze schriftliche Reflexion dieses Übersetzungsereignisses: Welche Übung hat mit geholfen, wobei und warum?

8. Aufgabe: stichwortartige Reflexion des Lernprozesses unter dem Motto *Was habe ich Neues in diesem Prozess gelernt?*

Die Aufgaben sollen den Studierenden einen breiten Raum für ihre individuelle, selbständige Wahrnehmung der Texte anbieten. Die erste Sensibilisierung ist eine einleitende Phase, die die Aufmerksamkeit der Rezipienten auf einzelne Elemente des ganzen Konnotationsfeldes des Textes lenken könnte.[2] Diese Sensibilisierung ist dann positiv und produktiv, wenn die Übersetzerinnen und Übersetzer in dieser Phase das potentielle Sprach- und Motivmaterial sowie literarische Verfahren und textsortenspezifische Elemente abrufen und aktualisieren, die sie später benutzen können. Darauf kann die Aufmerksamkeit später in der Diskussionsphase des Lernens (Aufgabe 8) gelenkt werden. Nach dem individuellen, stillen Lesen des Ausgangstextes schreiben die Studierenden die Rekonstruktion des Gedichtes nieder und es wird die Bedeutung des tschechischen Idioms aus dem letzten Satz erklärt. Das tschechische *polykat andělíčky* bedeutet „Wasser verschlucken und nach Luft schnappen und fast ertrinken", z.B. wenn man (noch) nicht schwimmen kann. Es bezeichnet keinen Tod, die Geschichte hat ein gutes Ende, der „Nichtschwimmer" wird gerettet. Der Phraseologismus konnotiert und assoziiert hier viele Vorstellungen oder mentale Repräsentationen; er wirkt wie eine Erinnerung an ein Ereignis mit glücklichem Ende, erinnert also an etwas Ambivalentes mit der überwiegenden Hoffnung auf Rettung. Eine solche Erinnerung aus der Kindheit ruft in dem Leser das Gefühl hervor, dass er durch die Erinnerung zu etwas Halbvergessenem, Unwiederholbarem, Unerreichbarem näher gelangt. Durch den Text werden auch Freundlichkeit, Liebe und Hilfsbereitschaft der Nächsten, die Kraft der Familie, die Sicherheit und Wärme des Heimes, das Echo einer altertümlichen Tradition des Beisammenseins konnotiert. Weiterhin ruft das innere Bild einer Rettung den positiven Wert interpersoneller Beziehungen auf, die über das Erleben eines einzelnen Menschen hinausgehen, man berührt das existentielle Erlebnis an der Lebensgrenze, das Erlebnis des Transzendenten. Dahinter können wir sogar eine Verbindung zur überirdischen Welt spüren, zur Welt der

2 Wie stark diese vorinterpretative Sensibilisierung wirken kann, zeigte mir die Wirkung der Aufgabe in einer Gruppe, wo sich die Studierenden nicht nur an die Kinderreime und -lieder erinnern sollten, sondern auch eigene Märchen mit dem Thema *Winter und Schnee* selber ausdenken und schreiben sollten. Sie haben sich durch diese Sensibilisierung auf das prototypische Schema *Märchen als Zeichen für Kindheit* konzentriert und das lyrische Ich nur als ein Kind verstanden; wahrscheinlich deshalb wurde dann die Formulierung der Hauptidee der Zieltexte ‚semantisch enger': kaum hat sich jemand gewagt, eine Abstraktion, eine stark metaphorische Formulierung der Pointe im Zieltext zu äußern.

Engel, zu Gott und der Ewigkeit. Das alles ist in der Menge der Vorstellungen enthalten, wie sie dank des Idioms *polykám andělíčky* (dt. etwa „ich ertrinke") in den Gedanken tschechischer Leser nach der Rekonstruktion des kohäsiven Textes auftauchen können. Einige dieser Vorstellungen können in der Interpretation der Rezipienten dominieren, wobei die Menge der Interpretationen der gesamten literarisch-semantischen Botschaft des Textes als Ganzes selbstverständlich breiter ist als die kognitivistische Identifikation des Idioms. Eine bedeutende Rolle spielt (vor allem für eine Translation) die Intertextualität des Gedichtes (Bibel, J. Miltons *Paradise Lost*). Diese Intertextualität zu bemerken, bedeutet, auf eine eindeutige, oberflächliche Botschaft zu verzichten.

Aufgabe 3 konzentriert sich auf die Identifizierung des lyrischen Subjekts. Mit dem automatischen Schreiben soll möglichst spontan die Antwort darauf gegeben werden, wer in dem Text spricht. Weil der Ausgangstext als Aussage in der ersten Person Singular formuliert ist, kann die Schreibübung als eine Fortsetzung der rekonstruierten Sätze geführt werden. Wird dieser automatische Text in der Zielsprache geschrieben, kann er schon Keime des späteren Zieltextes enthalten. – Auf eine andere Weise wird die Interpretation im nächsten Teil der Aufgabe 3 weitergeführt, wo nur stichwortartig, kondensiert die Gefühle des lyrischen Subjekts geäußert werden. Diese Schreibübung können die Übersetzerinnen und Übersetzer in ihrer Muttersprache ausführen. Durch solche unbewussten, assoziativen Äußerungen entsteht manchmal die zielsprachliche Materialbasis für die kommende Übersetzung, wie z.B. hier: *„Ich stehe / mit offenem Mund – Mund offen / Schneeschmelze/ Tau / ertrinken, überwältigt, ersticken, Eisbruch ergießt sich / entspringt / die Zunge taub*" (Manuskript, Unterstreichungen des Übersetzers 1). Die Assoziationssprunge sind metonymisch: Mund → Zunge, Schnee → Eis, oder akustisch: Tau → taub; das Syntagma *die Zunge taub* benutzte der Übersetzer 1 dann im Zieltext (siehe unten).

Aufgabe 4 – das Zeichnen eines Storyboards – verursachte bei vielen Studierenden eine semantische Einsicht, eine Art Erleuchtung: die Visualisierung ermöglichte es ihnen, eine Distanz zum lyrischen Subjekt zu schaffen und viele Studierenden verlagerten in diesem Moment den Fokus von der Kinderperspektive zum erwachsenen lyrischen Subjekt.

Die Zusammenfassungen der Botschaft des Ausgangstextes (Aufgabe 5) zeigen z.B. Folgendes: Im automatischen Text (Aufgabe 3a) der Übersetzerin 2 entstand die Geschichte von zwei Jungen, von denen einer seinen ertrinkenden Kameraden aus einem Teich rettete; es folgte (Aufgabe 3b) die Geschichte eines Mannes, der sich durch den Sprung aus einem brennenden Haus rettete; als Interpretation (Aufgabe 5) schreibt die Studentin dann von einem Menschen, der sich in einer schwierigen Lebensperiode befindet, draußen im Schnee nach Luft schnappt und nicht weiß, was weiter geschehen wird. In einem anderen Fall erscheinen im automatischen Text und im Storyboard (Aufgaben 3a und 4) Kinderfiguren, in der Zusammenfassung der Übersetzerin 3 geht es schon um *die Nichtigkeit und Bedeutungslosigkeit des menschlichen Lebens im Vergleich mit der Unendlichkeit der Welt, das Gedicht erweckte in einem die Schuldgefühle* (Aufgabe 5; übers. ZF) – also um Gefühle eines Erwachsenen.

In die Interpretationsphase gehört auch die genaue Identifizierung der formalen Merkmale des experimentellen Gedichtes *sníh* (*Schnee*). Die Form der ersten Strophe soll einer instruktiven Textsorte der Zielkultur (Anweisung, Kochrezept o.Ä.) entsprechen, die Zahl der Anweisungen der Zahl der Wörter in der Zielsprache. Der Anspruch an eine zielsprachliche phraseologische Wendung ist hypothetisch möglich, praktisch aber kaum erfüllbar. In den Lehrveranstaltungen suchten wir verschiedene Lösungen, wie man das Gedicht *sníh* als literarischen Text übersetzen kann. Außer im Französischen fanden wir in keiner Sprache, die in der mehrsprachigen studentischen Gruppe vertreten war, einen phraseologischen Ausdruck für die Bedeutung „fast ertrinken". Folglich musste auf lexikalische, syntaktische oder pragmatische Äquivalenz verzichtet werden, denn sie würde zu einem insuffizienten Kommunikat führen. Der Zieltext sollte – laut der gestellten Aufgabe, den Text als literarischen zu übersetzen – in der Zielkommunikation als ästhetisch stilisierte Botschaft über die imaginative Wahrnehmung der Welt und über die Spannung zwischen den Perspektiven des Kindes und des Erwachsenen fungieren. Die folgenden Beispiele zeigen nicht nur die Vielfalt der Lösungen, sondern auch das unterschiedliche Ausmaß der kreativen Bearbeitung der problematischen Stellen im Text. Die studentischen Kommentare aus den Protokollen sind ein Beweis dafür, dass es sich keineswegs um naive, intuitive oder improvisierte Lösungen handelt. Einige Übersetzerinnen und Übersetzer versuchten sogar die Form einer idiomatischen Äußerung zu konstruieren. Die Unterrichtenden sind dann aufgefordert, die argumentative Berechtigung in einer Diskussion zu überprüfen und zu bewerten.

Eine Übersetzerin ins Deutsche arbeitete mit der Metapher „*Engelchen sehen, / Sterne sehen*", eine Metapher, die einen starken Schmerz oder den Zustand einer intensiven Lebensbedrohung bezeichnet; durch den Ausdruck „ich sehe Engelchen" betonte sie den religiösen Aspekt der imaginativen Vorstellung, was mit der kognitivistisch formulierten Textbedeutung übereinstimmt. Der ganze rekonstruierte Text klingt im Deutschen wie folgt: „*Das Weiß / Des verlorenen Paradieses / Fällt auf meinen Kopf // Stehend / Mit geöffnetem Mund / Sehe ich Engelchen*" (Übersetzerin 4).

Eine englische Übersetzerin akzentuierte die Bedeutung der Bedrohung und dazu wählt sie die Metapher der Feder, die vom Himmel fallen; es ist gefährlich Federn einzuatmen. Dabei assoziieren die leichten, weißen Federn die Engelsflügel.

Die Übersetzerin spürte im Gedicht Trauer und Schmerz und wollte diesen Eindruck im Zieltext darstellen. Sie schrieb, das Wort *feathers* (dt. *Federn*) habe angenehme Konnotationen, im Kontext „*lungs filling with feathers*" bringe der herrliche Gegenstand jedoch tödliche Bedrohung. Der ganze rekonstruierte Text klingt im Englischen wie folgt: „*whiteness / of the paradise lost / falls on my head // I stand / mouth open / lungs filling with feathers*" (Übersetzerin 5). Übersetzerin 6 schuf in der zweiten Strophe eine Metapher vom Schnee: „*I stand / mouth open / choking on angels' feathers*" (dt. „ich ersticke an Engelsfedern"), wo die Engelsfedern eine Ähnlichkeit mit Schnee und eine Anspielung auf den Himmel und das verlorene Paradies darstellen sollen. Übersetzerin 7 schrieb zu ihrer Übersetzung „*The whiteness / of the paradise lost / falling upon my head // I stand / mouth open / choking on angel's wings*" einen Kommentar: „nach einer Visualisierung war für mich die Verbindung zum Schnee, zu der weißen Farbe wichtig, ich habe also die Worte *choking on angel's wings* [dt. „ich ersticke an den Engelsflügeln", tsch. „dusím se křídly andělů"] gewählt, weil es einerseits depressiv wirkt, anderseits eine biblische Anspielung erhalten hilft" (übers Z.F.). Übersetzerin 8 löste die Szene ganz kognitivistisch und benutzte für die Äußerung der Ängstlichkeit und Unsicherheit die Darstellung des somatischen Erstickens, mit dem Bild eines Fisches auf dem Trockenen: „*standing motionless / my mouth open wide / gasping like a fish out of water*". Es bleibt offen, ob er gerettet werden wird oder nicht. Auch im Deutschen versuchten sich zwei Übersetzer der ausgangssprachlichen idiomatischen Form zu nähern: in der Übersetzung „*ich stehe, kein Lauf / den Mund machte ich auf / ich habe Schmetterlinge im Bauch*" (Übersetzer 9) sehen wir eine poetische Anspielung auf die Schönheit des ephemeren Verliebt-Seins. Die Version von Übersetzer 1 ermöglicht folgenden Text zu rekonstruieren: „*Die Weißheit / des verlorenen Paradieses / fällt auf meinen Kopf. // Ich stehe / der Mund offen / die Zunge taub*" (vgl. oben bei der Aufgabe 3); die Deutung der Wortverbindung „die Zunge taub" beruht auf der Bedeutung „ohne Empfindung, wie betäubt, wie abgestorben" – die Fassungslosigkeit des überraschten lyrischen Subjekts führt es zur Stille.

Die Übersetzerin ins Französische konnte das äquivalente Idiom *boit la tasse* (dt. wörtlich „eine Tasse leertrinken") benutzen. Sie hat der physikalischen Substanz des französischen Idioms auch den Aggregatzustand angepasst und den weißen Schnee in blaues Wasser verwandelt, sogar mit dem Titel *Goute* (dt. *Tropfen*). Der ganze rekonstruierte Text klingt im Französischen folgendermaßen: „*Le bleu / du royaume englouti / submerge mon visage / ma bouche / béante / boit la tasse céans*" (Übersetzerin 10). Und weil es sich bei ihr um eine „Wassergeschichte" handelt, durfte sie auch den ersten Teil kreativ in das Reich der See verlagern: wörtlich etwa: „Das Blaue / Das überflutete Königsreich / übergießt mein Gesicht // mein Mund / offen / ertrinkt hier."

In der Auswertung des Lernprozesses beim Übersetzertraining (Aufgaben 7 und 8) kamen die Studierenden zu dem Schluss, dass es zwar für eine individuelle, persönliche Interpretation des Ausgangstextes wichtig ist, zu begreifen, wer das lyrische Subjekt ist, wie seine Gefühle sind usw., dass es aber für die Äußerung der Textbotschaft als Ganzes sehr nützlich sei, mehrere Perspektiven miteinander zu kombinieren. Diese Perspektivenpluralität kann man einerseits durch individuelle Zeichen- oder Schreibübungen mit gezielten Aufgaben stimulieren, anderseits durch geregelte Diskussionen nach abgeschlossenen Phasen des Trainings bewusst machen. Zuzana Šalamounová (2012:77–78) hat bewiesen, dass didaktisch geführte Schreibübungen die Interpretationspluralität eines literarischen Textes ermöglichen, es ist also legitim, solche Schreibübungen, oder andere künstlerische Übungen, auch in den interpretativen Phasen des Übersetzungsaktes einzusetzen. Man darf dabei aber nicht vergessen, dass dieser didaktische Ansatz mit einer kooperativen (also nicht konfrontativen oder kompetitiven) Diskussion über die Ergebnisse der einzelnen Schreibübungen und Übungstexte und -produkte verbunden ist. Diese gemeinsame Diskussion unter den Studierenden und Lehrkräften über die Arbeit, Erscheinungen, Feststellungen, Beobachtungen eigener Arbeitsverfahren und -ergebnisse usw. schafft die nötige Distanz zum Dargestellten, sie führt weg von einer oberflächlichen Inhaltsbeschreibung. Mit unterschiedlichen kognitiven Verfahren (z.B. Visualisierung, Analogienherstellung, narrative Projektion nach Marc Turner [2005], dynamische Modelle nach R. Schank [1999]) wird eine intersubjektive, verallgemeinernde Deutung der Botschaft, des Sinnes eines zu übersetzenden literarischen Textes ermöglicht. Die reflektierten Schreibübungen, in denen die Unterrichtenden gezielt auf falsche, unter- oder überinterpretative, inadäquate Arbeitsschritte und -methoden aufmerksam machen, dienen der Progression im Lernen. Die gemeinsame Reflexion von Schreib- und anderen Übungen werden von Studierenden sehr positiv eingeschätzt, eben als Erweiterung ihrer Sicht, als Inspiration, als Evaluation oder Korrektur eigener Entscheidungen und Lösungen. Sie lernen argumentative Fertigkeiten allgemein zu erwerben, zu vertiefen und zu entfalten.

Auswertung und Ausblicke

Workshops, die in der oben beschriebene Weise ablaufen, zeigen, dass didaktisch gezielte Anweisungen und Stimuli zur kreativen Lösung der Übersetzungsprobleme befriedigende Ergebnisse bringen. Dabei werden die erfolgreichen Übersetzungsverfahren als potentiell nutzbare mentale Wege, Denkmuster oder Handlungsschemata im Gedächtnis gespeichert, um bei der nächsten Aufgabe erprobt werden zu können. Der Fixierung dieser Erkenntnisse dient die individuelle Erarbeitung eines Arbeitsprotokolls. Die von der Lehrkraft angeleitete Arbeit mit studentischen Portfolios macht aus dem Protokoll mit der Evaluierung eigener Resultate (eigener Translatsvarianten) ein Lernmittel im Selbstlernprozess angehender Übersetzerinnen und Übersetzer.

Für die Lehrkräfte endet hier aber die Arbeit noch nicht. Den Unterrichtenden können die Portfolios ein Feedback ihrer didaktischen Schritte und Handlungen bieten. Je genauer die einzelnen Entscheidungen, Entdeckungen und die mentalen und emotionalen Wege zu einer angemessenen, adäquaten Lösung, zu einer erfolgreichen Übersetzungsvariante beschrieben sind, desto besser können sie ihre Anweisungen korrigieren und als wahre Fazilitatoren auftreten. Es ist sehr nützlich, mit studentischen Portfolios und Protokollen arbeiten zu dürfen, diese dann auswerten zu können und folglich die jeweiligen Übersetzungsprojekte didaktisch zu optimalisieren. Die Reflexion der eigenen kreativen Arbeit (inkl. mentaler, emotionaler, evaluativer und somatischer Prozesse) ist ein prinzipieller Bestandteil des Lernprozesses ‚auf beiden Seiten' des Arbeitsraumes: sie ist wichtig sowohl für die Studierenden als auch für die Unterrichtenden. Im beschriebenen Modell des Übersetzungsprojekts ist eine solche Evaluation umso wichtiger, weil die kreativisierenden Aufgaben mit einem Komplex von semantisch, emotional und axiologisch vernetzten Instruktionen und Informationen verbunden sind, die hier gleichzeitig kulturell eingebettet sind. Die didaktischen Impulse können deshalb von den Studierenden unterschiedlich rezipiert, verstanden und erarbeitet werden; auch die Unterrichtenden sollen darauf vorbereitet sein, dass die didaktischen Ergebnisse ihren Vorstellungen und Erwartungen nicht immer entsprechen müssen, dies bedeutet aber nicht, dass ihr Projekt fehlerhaft ist. Die Suche nach einem optimalen Verlauf des Übersetzertrainings bietet kreativen Unterrichtenden eine dauerhafte Inspiration.

Literatur

Biguenet, John / Schulte, Rainer (Hrsg.) (1989): The Craft of Translation, Chicago.

Bräuer, Gerd / Keller, Martin / Winter, Felix (Hrsg.) (2012): Portfolio macht Schule. Unterrichts- und Schulentwicklung mit Portfolio, Seelze-Velber.

Ďurišin, Dionýz (1976): Ekvivalencia v umeleckom a neumeleckom preklade [Die Äquivalenz in der künstlerischen und nicht-künstlerischen Übersetzung]. In: Dionýz, Ďurišin, O literárnych vzťahoch, Bratislava, 121–146.

Eliašová, Viera (2011): Tvorivé písanie a možnosti jeho využitia v edukačnom procese [Kreatives Schreiben und die Möglichkeiten seiner Nutzung im edukativen Prozess], Bratislava.

Fišer, Zbyněk (2009): Překlad jako kreativní proces. Teorie a praxe funkcionalistického překládání [Die Übersetzung als kreativer Prozess. Die Theorie und Praxis des funktionalistischen Übersetzens], Brno.

Kußmaul, Paul (2000): Kreatives Übersetzen, Tübingen.

Kußmaul, Paul. (2007): Verstehen und Übersetzen. Ein Lehr- und Arbeitsbuch, Tübingen.

Levý, Jiří (1983): Umění překladu [Die Kunst der Übersetzung], Praha.

MacShane, Frank (1971): The Teaching of Translation. In The World of Translation, New York, 231–240.

Neubert, Albrecht (1999): Pragmatik. In: Snell-Hornby, Mary, u.a. (Hrsg.), Handbuch Translation, Tübingen, 56–58.

Nord, Christiane (1988): Textanalyse und Übersetzen: theoretische Grundlagen, Methode und didaktische Anwendung einer übersetzungsrelevanten Textanalyse, Heidelberg.

Schank, Roger C. (1999): Dynamic Memory Revisited. Cambridge, New York.

Šalamounová, Zuzana (2012): Tvůrčí psaní jako cesta k tvořivé pedagogické komunikaci [Kreatives Schreiben als Weg zu einer kreativen pädagogischen Kommunikation]. In: Fišer, Zbyněk u.a. (Hrsg.): Tvůrčí psaní v literární výchově jako nástroj poznávání, Brno, 37–78.

Turner, Marc (2005): Literární mysl. O původu myšlení a jazyka [Orig.: Literary Mind. The Origins of Thought and Language], Brno.

Venuti, Lawrence (2013): Translation changes everything: theory and practice, London.

Raija Hauck

Kreatives Übersetzen und seine Bedeutung für und im Sprachunterricht

Translating and learning a foreign language are different activities that show similarities, which allow us to use translating in language acquisition. That does not mean to resuscitate old methods of language learning through translating word by word and finding equivalents but to invite modern functionalist approaches which enable us to develop different competences and skills: research skills, intercultural competence, skills in interpretation and producing a text and last but not least language competence in both the source and target language. This paper demonstrates various possibilities of using creative exercises with Russian and Czech source texts for learners to improve their language knowledge.

Key words: language acquisition, creativity, translation in language learning

Schlüsselwörter: Spracherwerb, Kreativität, Übersetzen im Spracherwerb

Zur Fragestellung

Der vorliegende Beitrag soll einige Aspekte des Übersetzens, wie sie in den Beiträgen von Fišer, Nord u.a. in diesem Band besprochen werden, aufgreifen und sie auf ihre mögliche Bedeutung für das Erlernen einer Fremdsprache untersuchen. Dabei sollen über viele Jahre in Workshops und universitären Kursen praktisch erprobte Möglichkeiten kreativen Übersetzens in ihrem Potenzial für den Spracherwerb betrachtet werden. Dazu wird Material aus studentischen Arbeiten, das in praktischen Unterrichtseinheiten gewonnen wurde, nachträglich analysiert und theoretisch bewertet. Die Nutzung von Methoden des kreativen Schreibens und anderer Ansätze zur Erhöhung der Kreativität in der Übersetzung erhält in Übersetzungsworkshops regelmäßig ein positives Feedback; Studierende bzw. Kursteilnehmer betonen einen Zuwachs an kreativer Textinterpretations- und Textproduktionskompetenz und darüber hinaus eine größere Sicherheit im Umgang mit den eigenen sprachlichen Fähigkeiten und bereits erworbenen Fertigkeiten.

Diese Methoden des kreativen Übersetzens jedoch in den ‚normalen', universitären Sprachunterricht zu integrieren und für den Spracherwerb nutzbar zu machen, bringt wegen der unterschiedlichen Voraussetzungen sowohl Vorteile als auch Probleme mit sich. Ziel dieses Beitrages ist es, zu erörtern, welchen Nutzen sie im einfachen, ‚normalen' Sprachunterricht, also nicht einem speziellen

Übersetzungscurriculum, bringen können oder anders gesagt, wie der Sprachunterricht von der Übersetzungsforschung profitieren kann.

Zunächst soll kurz die Stellung und die Bedeutung von Übersetzungsübungen im Philologiestudium bzw. die Stellung des Übersetzens im Sprachunterricht überhaupt skizziert werden; einmal, wie sie in der Literatur beschrieben wird, und zum anderen, wie sie sich in der Praxis darstellt.

Stellung des Übersetzens im Sprachunterricht

Das Übersetzen im Sprachunterricht hat eine lange Geschichte, beginnend mit einer Überbetonung und dem grammatikalischen Übersetzen, über eine Verbannung des Übersetzens aus dem Sprachunterricht in den kommunikativen Methoden, einhergehend mit der Verbannung der Muttersprache, bis hin zu einer Renaissance des Übersetzens im Sprachunterricht in den letzten Jahren. Eine umfassende Beschreibung dieser Prozesse findet sich z.B. bei Cook (2010), wie auch im Sammelband von Witte, Harden, Ramos De Oliviera Harden (2009). In beiden Werken wird eine Reihe von Argumenten für die Wiederbelebung des Übersetzens im Sprachunterricht diskutiert, und ihre Bedingungen, Voraussetzungen, Möglichkeiten untersucht. Natürlich, und so kann man es auch in den genannten Bänden nachlesen, ist das Übersetzen niemals ganz aus der Lehre verschwunden, wurde aber einige Jahrzehnte lang vernachlässigt. Zojer (2009:48) stellt in dem genannten Sammelband in ihrem Beitrag *The Methodological Potential of Translation in Second Language Acquisition* sogar die These auf, die Aufgabe würde lauten: „restore a rotten reputation".

Bedingungen, die diesen Trend der nötigen und offensichtlich auch praktizierten Wiederbelebung erschweren, sind m.E. der Gemeinsame Europäische Referenzrahmen für Sprachen und neue Bachelor- und Masterstudiengänge, die den Studienablauf streng reglementieren und wenig Spielraum in der Sprachausbildung lassen. So muss für jedes Modul das zu erwartende Ergebnis angepasst an den Referenzrahmen formuliert werden. Für die Vergleichbarkeit von Leistungen innerhalb Europas hat dieses System unbestreitbare Vorteile, jedoch werden in den Anforderungen, wie sie für die einzelnen Sprachniveaus beschrieben werden, an keiner Stelle die Tätigkeit des Übersetzen bzw. Übersetzungsfertigkeiten erwähnt. Das ist verständlich aus der Sicht der Beschreibung der einzelnen Sprachen, entspricht aber aus verschiedenen Gründen nicht der realen Lebenssituation. Eine Fremdsprache kommt nicht allein, losgelöst von anderen Sprachen, vor. Fremdsprachen werden auf der Basis der Kenntnis der Muttersprache(n) erworben. Darüber hinaus ist es in immer komplexer werdenden Situationen, in denen sich verschiedene Sprachen begegnen, notwendig, auch Prozesse des

Übersetzens zu verstehen, vor allem des Übersetzens zwischen den Kulturen (vgl. dazu Rakšányiová, Nord u.a. in diesem Band). Zunächst müssen im Spracherwerb die grundsätzlichen, traditionell geforderten und im Referenzrahmen ausführlich beschriebenen Fertigkeiten – Hören, Lesen, Sprechen, Schreiben – für eine kompetente Sprachverwendung erworben werden. Diese Fertigkeiten allein, selbst auf einem hohen Niveau, ermöglichen aber nicht unbedingt kompetente Übersetzungsleistungen. Dazu ist es nötig, zu verstehen, dass das Übersetzen interkulturelle Kommunikation ist, eine durch die zunehmende Globalisierung immer wichtiger und umfangreicher werdende Aufgabe. Um die Kompetenzen der Sprachlerner für eine interkulturelle Kommunikation zu stärken, bleibt m.E. das Übersetzen als ‚Königsdisziplin' (zum Begriff vgl. Witte 2009:79) notwendiger Bestandteil einer (universitären) Sprachausbildung.

Übersetzen und Spracherwerb weisen eine Reihe von Gemeinsamkeiten auf. Witte u.a. (2009:2) schreiben dazu:

> There are [...] a number of interesting similarities between the language learner and the translator, the most obvious one being that both are confronted with the task of 'making sense', the translator for a particular audience, the second/foreign language learner for him- or herself.

Krings (1987) stellte beim Vergleich des freien Schreibens und der Übersetzung fest, dass in beiden Tätigkeiten gleiche Prozesse ablaufen, wobei „die freie fremdsprachliche Textproduktion [...] zu einem guten Teil als eine *selbst gestellte Hin-Übersetzungsaufgabe* betrachtet werden kann", beim freien Schreiben aber zusätzlich der Inhalt ausgedacht werden muss, also „die freie Textproduktion die gegenüber der Hin-Übersetzung komplexere [Tätigkeit] ist, da sie ein qualitatives Mehr an Prozessen und Strategien erfordert" (1987:83, Hervorhebung im Original). Man kann also davon ausgehen, dass das Übersetzen für den Spracherwerb nutzbar gemacht werden kann und, geschickt eingesetzt, sogar eine zeitweise Erleichterung bringen kann, da Inhalte gezielt vorgegeben werden können. Das soll allerdings kein Plädoyer für einen Schritt zurück im Sprachunterricht sein, also in eine Zeit, in der Beherrschung der Grammatik und dazu dienende Übersetzungsübungen das ‚A und O' waren. Vielmehr muss die Nutzung der Übersetzungstätigkeit im Sprachunterricht modernen kommunikativen Anforderungen entsprechen. Beim Spracherwerb müssen, ebenso wie im Übersetzungsunterricht, textproduktive Prozesse unterstützt werden (vgl. dazu Fišer in diesem Band).

Das Übersetzen im Sprachunterricht kann auch als eine Kombination von zwei der vier von Neubert (2007:13 ff.) beschriebenen Übersetzungstypen verstanden werden. Der von ihm genannte Typ 1 – das ‚Übersetzen zum Fremdsprachenlernen' – kombiniert sich mit seinem Typ 3 – ‚sich den Text selbst mental übersetzen'.

Die Kombination dieser beiden Typen kann dann zum nächsten Typ führen, bei Neubert (2007:20) zum ‚Übersetzen für Dritte'. Das bedeutet nicht, dass man im Sprachunterricht bis zu diesem Typ vorgehen muss, aber die hier exemplarisch vorgeschlagenen Strategien der Nutzung von Übersetzung im Spracherwerb können auch dafür genutzt werden.

Konkrete Möglichkeiten des Einsetzens von Übersetzungsübungen im Sprachunterricht

An dieser Stelle soll noch einmal auf Zojer (2009:35) verwiesen werden. Sie beschreibt die vielfältigen Bedeutungen, die das Übersetzen im Sprachunterricht hat: So ist das Übersetzen u.a. eine integrative Tätigkeit – „closer to real life than other carefully selected learner activities" (ebd.) –, verbessert den Wortschatz, das Textverständnis und kann sowohl dem grammatischen Verständnis als auch dem globalen Verständnis komplexer Texte dienen. Es kann darüber hinaus die Beherrschung der Muttersprache sowie das Sprachbewusstsein verbessern und bringt Kompetenzen bei der Nutzung von Hilfsmitteln, z.B. Wörterbüchern.

In der Praxis ist der Einsatz der Übersetzung bestimmten Bedingungen unterworfen. Der Spracherwerb in universitären, philologischen Sprachkursen ist meistens nicht direkt auf das Übersetzen als Beruf gerichtet: Kursteilnehmer können Studierende, die eine Sprache lernen wollen, Muttersprachler, künftige Philologen oder Lehrer sein. Die Ansprüche und Vorstellungen von Inhalt und Ergebnis eines Kurses unterscheiden sich bei den Teilnehmern erheblich. Die Prüfungsansprüche sind jedoch mehr oder weniger einheitlich. Einen Teil dieser Prüfungsaufgaben auf allen Niveaustufen machen Übersetzungsaufgaben aus. Ein großes Problem ist die Bewertung dieser komplexen Leistungen. Im Grunde werden am Ende des Studiums komplexe Aufgaben gestellt, die eine Integration aller erworbenen Kenntnisse voraussetzen, in den Prüfungen aber werden vor allem die sprachlichen Fehlleistungen gezählt, ein Verfahren, das nicht nur bei Studierenden zu Frustration führen kann.[1] Ohne einen Lösungsvorschlag zur Hand zu haben, soll hier doch auf das Problem verwiesen werden, dass sowohl Lehrende als auch Lernende mit den besten Intentionen arbeiten, am Ende aber durch ein unbefriedigendes Konzept der Bewertung gefangen sind. Obwohl in einer Prüfung am Ende des Philologiestudiums natürlich die Sprachkompetenz überprüft werden soll, bleibt die Situation unbefriedigend, da die m.E. eigentlich zu erreichenden bzw. zu erwerbenden Kompetenzen, also kulturelle Kompetenz,

1 Zum ‚Frustthema' soll hier auf Nord (2002) verwiesen werden. Auch Hagemann (2007) spricht von der unbefriedigenden Praxis, in den Übersetzungen Fehler zu zählen.

Recherchekompetenz usw., durch die eng vorgegebenen Prüfungsmodi (Zeitumfang, Art der Prüfung u.Ä.) in den Sprach-Prüfungen z.B. im Bachelorstudium schwer kontrollierbar sind.[2] Grundsätzlich bleibt es ein Problem, Sprachkenntnisse durch Übersetzungen abzuprüfen.[3]

Kreatives Übersetzen im Sprachunterricht

Zunächst zum Begriff Kreatives Übersetzen, welcher hier ausgehend von Kußmaul verwendet wird (2000, 2010). Kußmaul schreibt, dass eine kreative Übersetzung in Analogie zu einem in der Kreativitätsforschung als ‚kreativ' bezeichneten Produkt „eine Veränderung gegenüber dem Ausgangstext", „etwas Neues", darstellt und gleichzeitig angemessen ist (2010:122). Hagemann (2007: 243) erweitert Kußmauls Auffassung, dass sich kreatives Übersetzen auf obligatorische Änderungen bezieht, insofern, als auch fakultative Änderungen als kreativ bezeichnet werden können, worin ihr m.E. gefolgt werden kann.

Kußmaul vertritt in seinen Arbeiten weiterhin die Auffassung, dass Kreativität beim Übersetzen gelenkt und geleitet werden kann. So schreibt er z.B. (2010:132): „Kreatives Übersetzen ist kein mystischer Vorgang, sondern kann bis zu einem gewissen Grad durchschaubar und damit sicher auch lehr- und lernbar gemacht werden."

Davon ausgehend soll es nachfolgend um die Stimulation kreativer Verstehensprozesse und Textproduktionsprozesse durch die Methoden des kreativen Schreibens wie auch anderer kreativer Methoden gehen (vgl. im vorliegenden Band den Beitrag von Fišer). Methoden des kreativen Schreibens, aber auch andere kreative Techniken, wie Malen, Theaterspielen, Filmszenarien entwickeln, unterstützen die Entwicklung der verschiedenen Kompetenzen, die Übersetzer benötigen: Textinterpretation, Recherchekompetenz, Sprachkompetenz, Textproduktionskompetenz usw. Alle diese Kompetenzen und Fähigkeiten sind auch beim Spracherwerb nötig. Man kann also davon ausgehen, dass die Methoden des kreativen Übersetzens gewinnbringend für den Spracherwerb genutzt werden können. Die Anwendung von kreativen Schreibmethoden im Sprachunterricht,

2 Ein etwas anderes Bild ergibt sich bei den Prüfungen nach dem Europäischen Referenzrahmen, die zentralisiert angeboten werden. Dort werden in umfangreichen, komplexen Prüfungen alle sprachlichen Kompetenzen abgeprüft, so dass auch interkulturelle Leistungen in Lese-, Hör- und anderen Aufgaben erbracht werden müssen, wenn auch keine direkten Übersetzungsleistungen.

3 Vgl. dazu u.a. bei Kußmaul (2000:36ff.) die Gegenüberstellung von retrospektiv-kontrastiver und prospektiv-funktionaler Bewertung.

sei es in der Muttersprache oder Fremdsprache, ist nichts Neues. So wie Kußmaul es für die Übersetzung beschreibt (2000; 2010), lassen sich auch beim Spracherlernen, bei der Textinterpretation wie bei der -produktion kreative Prozesse anregen, wodurch sich wiederum eine Verbesserung der Sprachkompetenz erreichen lässt.

Hier soll nun versucht werden, die Nutzung dieser Methoden mit den Möglichkeiten, die die Übersetzung im Spracherwerb bietet, zu verbinden. In Übersetzungsübungen können unterschiedliche Übersetzungsaufträge zur Anwendung kommen. So können nach Möglichkeit öffentlich präsentierte Texte entstehen – Literaturübersetzungen für Lesungen und Veröffentlichungen, Übersetzung und szenische Darstellung derselben, Übersetzung und Erstellung einer Radiosendung, Filmuntertitelung, Übersetzung ‚sprachspielerischer' Texte, Übersetzung von Kinderliteratur, Übersetzung von Stücken für eine studentische Theatergruppe, Liedtexte mit Karaoke gesungen usw. Zur allgemeinen Entwicklung verschiedener Kompetenzen eignen sich besonders Kurse, die verschiedene kreative Methoden präsentieren und damit den Studierenden ermöglichen, sich ein Repertoire an Möglichkeiten ihrer Nutzung anzueignen. Schwierigkeiten in Kursen dieser Art entstehen regelmäßig, da sie den Teilnehmern ‚ungewöhnlich', manche Aufgaben als unbezwingbar erscheinen. Letzten Endes führen gerade diese zunächst als unlösbar empfundenen Aufgaben zu kreativen Lösungen, die die Sicherheit der Kursteilnehmer im Umgang mit ihren Fähigkeiten erhöhen, ihre Lerner-Kompetenzen verbessern und ein unmittelbares Erfolgserlebnis vermitteln. Dazu trägt auch bei, dass in den entstandenen Produkten nicht in erster Linie die Fehler bewertet werden, sondern von Kursteilnehmerinnen, Teilnehmern und Lehrkräften ein Feedback über die Nutzung kreativen Potenzials gegeben wird. Im Grunde also geht es um die Stimulation des kognitiven Potenzials erwachsener Lerner (vgl. Witte u.a. 2009:2).

Zur Illustration sollen zwei Beispieltexte dienen, die jeweils unterschiedliche Möglichkeiten, die die Übersetzung im Sprachunterricht bietet, darstellen. Bei beiden Beispielen handelt es sich um Übersetzungen ins Deutsche, wobei das je nach Teilnehmer Muttersprache, Fremdsprache, Zweit- oder Drittsprache sein kann. Das heißt, dass im vorliegenden Beitrag die eigentlich notwendige Unterscheidung zwischen Hin- und Herübersetzung außer Acht gelassen wird. Darüber hinaus sind die Übungen für Lerner auch auf unterschiedlichen Niveaustufen der Beherrschung der Ausgangssprache wie der Zielsprache geeignet, da grundsätzlich kompetente Sprachverwender beider Sprachen in Gruppen zusammenarbeiten können.

Für die Arbeit werden meist literarische Texte gewählt, deren Produktion und Übersetzung zwar nicht Kernaufgabe im ‚einfachen' Sprachcurriculum ist, deren komplexe Herausforderungen aber eine Reihe positiver Emotionen bei den Studierenden hervorrufen und damit Lernprozesse unterstützen können. Zunächst ist es Aufgabe der Lehrkraft, durch die Art der Aufgabenstellung die Übersetzungsaufgabe bewältigbar zu machen, das kreative Potenzial der Studierenden anzuregen und ihnen so die Möglichkeit zu geben, zu einem befriedigenden Ergebnis zu kommen. Weiterhin können sie die Schritte zur Bewältigung komplexer Aufgaben instrumentalisieren und eventuell auch bei der Bewältigung anderer Lern- und Arbeitsaufgaben anwenden. Die Stimulierung der eigenen Fähigkeiten und des Bewusstseins der eigenen Möglichkeiten führt zu besseren Erfolgen als das oben bereits erwähnte fehlerzentrierte Bewerten von Übersetzungsleistungen und im weiteren Sinne auch von Sprachleistungen. Die erworbenen Fertigkeiten zur Textanalyse und Textproduktion können für den weiteren Spracherwerb angewendet werden und ermöglichen es den Studierenden, größeres Selbstvertrauen im Spracherwerb zu entwickeln, wodurch eine Stärkung ihrer Studienmotivation möglich ist.

Als erstes Beispiel dient ein russischer Text, der ins Deutsche übersetzt wird und in ganz spezieller Weise Verständnisprozesse in die Wege leiten kann.

Людмила Петрушевская. Лингвистические сказочки.
Пуськи бятые
Сяпала Калуша с Калушатами по напушке. И увазила Бутявку, и волит:
- Калушата! Калушаточки! Бутявка!
Калушата присяпали и Бутявку стрямкали. И подудонились.
А Калуша волит:
- Оее! Оее! Бутявка-то некузявая!
Калушата Бутявку вычучили.
Бутявка вздребезнулась, сопритюкнулась и усяпала с напушки.
А Калуша волит калушатам:
- Калушаточки! Не трямкайте бутявок, бутявки дюбые и зюмо-зюмо некузявые.
От бутявок дудонятся.
А Бутявка волит за напушкой:
- Калушата подудонились! Зюмо некузявые! Пуськи бятые![4]

Hier soll aufgezeigt werden, welche Kompetenzen mit diesem Text erweitert werden können und welche Art von Aufgaben mit ihm verbunden werden kann. Die Formulierung eines Übersetzungsauftrags wird zunächst zurückgestellt, sie soll aus der Diskussion des Textes entstehen. Eine Vorwegnahme würde Erkenntnisprozesse bei der Interpretation des Textes behindern und den Gewinn für den

4 Ljudmila Petruševskaja (1984): *Pus'ki bjatye*. Erste Veröffentlichung in *Literaturnaja gazeta*. Der Text ist experimenteller Art, formal an ein Märchen erinnernd. Die russische Autorin ist 1938 geboren.

Spracherwerb erheblich einschränken, da die Besonderheiten des Textes nicht selbstständig von den Lernern erkannt werden müssten.

Die erste den Studierenden gestellte Aufgabe ist das Lesen des Textes. Der Text kann mehrfach gelesen werden.[5] Beschränkt man sich nur auf den vorliegenden Text, stellen auch fortgeschrittene Fremdsprachenlerner schnell fest, dass ihm auch mehrfaches Lesen nicht unbedingt den Sinn erschließt, die Verwendung von Wörterbüchern unnötig bzw. frustrierend ist, da die einzigen im Wörterbuch auffindbaren Einheiten einige Konjunktionen, Präpositionen und Partikeln sind, die man aber nicht suchen muss, weil sie sowieso bekannt sind.

Um diese auf den ersten Blick unlösbar erscheinende Aufgabe – den Text zu verstehen und übersetzen zu können – zu bewältigen, müssen Strategien entwickelt werden, die zunächst von den Studierenden selbst diskutiert und vorgeschlagen werden sollten. Muttersprachler bzw. kompetente Sprachverwender in der Ausgangssprache, der Sprache des Textes, entwickeln leicht Assoziationen zu anderen Texten, einzelne Wörter rufen bestimmte Assoziationen hervor, die auch bei unterschiedlichen Lesern relativ ähnlich sind. Die Gleichartigkeit der Assoziationen entsteht dadurch, dass die Autorin des Textes Wörter lautlich ähnlich gestaltet, Wortbildungsmuster des Russischen benutzt. Durch die Wahl der Mittel, wie die Wörter verfremdet bzw. erdacht sind, entstehen Ideen, wie man den Text interpretieren kann; im Weiteren soll das an Beispielen gezeigt werden. Die zweite den Studierenden gestellte Aufgabe lautet folglich, in Form eines Brainstormings zu überlegen, welche Assoziationen der Text anbietet.

Nicht-Muttersprachler bekommen mindestens einen Hinweis durch den Text selbst. Der Titel lautet: *Linguistische Märchen*. Als Hilfsmittel kann von der Lehrkraft ein Hinweis aus der Sprachwissenschaft angebracht sein; jeder Russist kennt den berühmten Satz Lev Ščerbas:

Гло́кая ку́здра ште́ко будлану́ла бо́кра и курдя́чит бокрёнка.[6]

Dieser Satz lässt eine detaillierte grammatische und wortbildende Analyse und damit auch eine Interpretationsmöglichkeit zu, obwohl die Wörter keine existierenden lexikalischen Einheiten sind. Das ist Wissen, über das (fortgeschrittene) Russischlerner verfügen sollten. Mit diesem sprachwissenschaftlichen Hinweis

5 Eine Strategie, wie Texte zu lesen sind, zitiert z.B. Zojer (2009:46).

6 Zu Herkunft und Erklärung des Satzes vgl. https://en.wikipedia.org/wiki/Glokaya_kuzdra (21.1.2015). Er kann in etwa so erklärt werden: Ein in gewisser Art charakterisiertes weibliches Wesen hat in einer gewissen Weise eine Handlung auf ein männliches Wesen ausgeübt und übt eine Handlung auf das Junge des männlichen Wesens aus.

sollte eine erste Möglichkeit gegeben sein, mit Hilfe derer die Studierenden eine Strategie für die Textübersetzung entwickeln können. Die Ideen sind, abhängig von den unterschiedlichen Sprachniveaus, verschieden. Ein Muttersprachler schlägt vielleicht vor, diesen Text zunächst in einen ‚richtigen russischen' zu verwandeln. Fremdsprachenlerner müssen sich den Text Schritt für Schritt durch eine Analyse der morphologischen, syntaktischen, wortbildenden usw. Mittel erschließen. Dann sieht man, ausgehend von unserem Beispiel, dass ein weibliches Wesen eine Handlung ausführt, eine Bewegung über einen Ort, ausgedrückt durch eine Konstruktion mit der Präposition *po + Dativ*, gemeinsam mit ihren Kindern. Dann folgt eine Handlung mit direktem Objekt. Sie ruft ihre Kinder dazu usw.

Aus diesen Überlegungen heraus ist die dritte Arbeitsaufgabe eine Übersetzung ins Russische, eine Aufgabe, die in hohem Maße zur Verbesserung der Fremdsprachenkenntnisse beiträgt, aber auch für Muttersprachler eine ernst zu nehmende Übersetzungsaufgabe darstellt. Wünschenswert ist auch hier wiederum Gruppenarbeit. Zunächst kann gemeinsam ein Wörterbuch erstellt werden. Hier nur einige Beispiele:

Okkasionalismus	**Assoziiertes russisches Wort**	**Deutsche Übersetzung des assoziierten Wortes**
Калуша	Клуша	Henne, Glucke
Сяпала	шлёпала, тяпала	„latschen"
по напушке	по опушке	über die Waldlichtung
Увазила	Увидела	Erblickte
Бутявка	Букашка	kleiner Käfer, Insekt

In der Tabelle ist am Beispiel zu sehen, dass die Neologismen wort- und formbildende Elemente beibehalten und die Veränderungen vor allem lautlicher Art sind. Für Nicht-Muttersprachler des Russischen müssen hier Hilfestellungen beim Erkennen dieser Veränderungen von der Lehrkraft oder der Gruppe gegeben werden oder aber die Studierenden wählen auf der Grundlage der oben im Ansatz angeführten grammatisch-wortbildenden Analyse russische Wörter aus, die den gefundenen Kategorien entsprechen, also z.B. ein beliebiges weibliches Lebewesen. Aus diesen Ansätzen können sich unterschiedliche intralinguale Übersetzungen ergeben.

Beispiele für die Übersetzung ins Russische (nur Textanfänge)

Шлёпала клуша с цыплятами по опушке. И увидела букашку. И говорит:
-Цыплята! Цыпляточки! Букашка!

Цыплята прибежали и букашку слопали. И подавились. И клуша говорит:
- Оее! Оее! Букашка-то невкусная![7]

Тяпала утка с утятами по берегу. И увидела букашку и кричит:
- Утята! Утяточки! Букашка!
Утята притяпали и букашку слопали. И подавились. А утка кричит:
- Оее! Оее! Букашка-то несъедобная.[8]

Wir sehen an den beiden Übersetzungen von verschiedenen Studierenden, dass trotz ähnlicher Assoziationen unterschiedliche ‚Vögel' (letztlich auch andere weibliche Tiere) gewählt werden können, die sich dann auch in unterschiedlichen Räumen differenziert verhalten.

Die nächste Aufgabe, die Übersetzung ins Deutsche, bringt noch einmal durch die kreative Anforderung eine Möglichkeit des sich vertieften Auseinandersetzens mit dem Ausgangstext, so dass die Kenntnis der Ausgangsstrukturen durchaus verbessert, das Einprägen bestimmter wortbildender Mittel und ihrer Bedeutung vertieft werden kann. Für diese Übersetzungsaufgabe muss ein Übersetzungsauftrag vorliegen, der zu Beginn der Arbeit zurückgestellt wurde, um nicht dem möglichen Umgang mit dem Text vorzugreifen. Auf diese Weise konnten die Studierenden selbst zu der Erkenntnis kommen, dass zunächst eine intralinguale Übersetzung angefertigt werden sollte. An dieser Stelle muss nun von der Lehrkraft oder durch Diskussion in der Gruppe ein entsprechender Übersetzungsauftrag formuliert werden, in diesem Fall galt es, dieses linguistische Märchen als *linguistisches Märchen* – für Kinder – zu übersetzen.

Die Studierenden stehen also vor der Aufgabe, einen entsprechenden deutschen, ästhetisch adäquaten Text zu schaffen, der spielerisch die Sprache verändert, und zwar möglichst, wie im Original, vor allem auf der lautlichen Ebene unter Beachtung wort- und formbildender Elemente. Durch diese Übertragung können sprachsystematische Vergleiche angestellt werden, die zu einer Bewusstmachung sprachlicher Strukturen in Ausgangssprache und Zielsprache und damit zu einer Verbesserung der Sprachbeherrschung führen. Zur Illustration dieser Übersetzungsarbeit sollen hier wieder zwei Beispiele dienen, und zwar von denselben

7 Wörtliche Übersetzung etwa: „Die Henne latschte mit ihren Küken über die Waldlichtung. Und erblickte einen Käfer. Und ruft: - Küken! Kükchen! Ein Käfer! Die Küken kamen angelaufen, verschlangen den Käfer und verschluckten sich. Die Henne sagt: - Oje! Oje! Der Käfer schmeckt doch nicht!"

8 Wörtliche Übersetzung etwa: „Watschelte die Ente mit den Entchen am Ufer entlang. Und erblickte einen Käfer und schreit: - Entchen! Entchen! Ein Käfer! Die Entchen kamen angewatschelt und verschlangen den Käfer. Und die Ente schreit: - Oje! Oje! Der Käfer ist doch ungenießbar."

Studierenden (in der gleichen Reihenfolge wie oben). Die Übersetzungen zeigen, dass die jeweils vorgenommene Analyse des Ausgangstextes mit seinen Okkasionalismen und die darauf aufgebaute intralinguale Übersetzung auch in der Übertragung ins Deutsche zu unterschiedlichen Ergebnissen führen:

Verkrelte Flauschmögel
Bachelte die Glacke mit den Gläckchen durch die Daldmichtung. Und erwickte einen Lefer. Und blakte:
-Gläckchen, ihr Gläckelchen! Lefer!
Die Gläckchen bachelten hin und mafelten den Lefer. Und die Glacke blakte:
-Oje! Oje! Lefer sind doch ungeblisbar!

Sosal Unverbluckbar
Kwatschelte die Pänte mik den Päntchen den Kufer uplang. Flund erlikten einen Blurm flund kreikt:
-Päntchen! Päntelchen! Ein Blurm!
Die Päntchen sramen angekwatscht flund verschmingten den Blurm.
Flund verbuckten sich. Die Pänte kreikte:
-Oje! Oje! Der Blurm blabla unverbluckbar.

Es handelt sich jeweils um eine erste Variante der Übersetzung; für einen realen Übersetzungsauftrag müsste an dieser Stelle weitergearbeitet werden, und zwar die gewählten sprachlichen Mittel erklärt, verteidigt und eventuell geändert werden, wenn ihre Wirkung nicht wie gewollt ausfällt. Es fällt auf, dass Text 2 schwer zu verstehen ist, da hier zusätzlich, nicht wie im Original, die Konjunktionen und Präpositionen entstellt wurden. Text 1 arbeitet wie im AT mit Wortbildungsstrukturen und lautlichen Veränderungen. Für den Sprachunterricht ist das Ergebnis jedoch an dieser Stelle zufriedenstellend, da mit dieser Aufgabenstellung Folgendes erreicht werden konnte:

1. Die Studierenden lernen, sich Hilfen im Text und außerhalb des Textes zu suchen, Texte aufmerksam zu lesen und verantwortungsvoll mit dem gegebenen Material umzugehen – u.a. lässt sich im Text der Hinweis *linguistisches Märchen* finden.
2. Sprachkenntnisse werden erweitert, indem das volle Potenzial der Informationen besser erkannt wird, die die Grammatik und Wortbildung allein anbieten. Das ist hier sogar besser möglich und führt zu einem tieferen Verständnis und hoffentlich zu einem stärkeren Vertrauen in die eigenen Fähigkeiten als ein ‚normaler' Text, in dem schnell die Aufmerksamkeit auf der lexikalischen Ebene liegt, und damit einerseits zu den unbekannten Wörtern und einer Wörterbuchsuche führt und andererseits durch scheinbare lexikalische Kenntnisse oft Grammatik und Wortbildung ‚vergessen' werden. Beides führt erfahrungsgemäß

oft dazu, dass Zusammenhänge im Text nicht erkannt werden und über der Wortsuche die Aufgabe, den Text zu verstehen, vergessen wird.

3. Recherchekompetenzen werden verbessert und erweitert. Ein Blick in das Internet bietet eine Fülle von Vorschlägen: Wörterbücher, Übersetzungen usw. Nicht zu unterschätzen ist der Aspekt, dass Studierende lernen, sich bei kompetenten Personen Unterstützung zu suchen.
4. Eine Erweiterung der Systemkenntnisse über die Ausgangssprache und die Zielsprache und der kommunikativen Fähigkeiten in der Ausgangssprache und der Zielsprache (unabhängig davon, ob es Erst- oder Zweitsprache, Mutter- oder Fremdsprache ist).
5. Ganz allgemein eine Verbesserung kreativer Leistungen vor allem durch die ‚gefahrlose' Lernumgebung. Der Raum für unterschiedliche Textinterpretationen ist groß, jede Übersetzung wird als erster Versuch akzeptiert, es gibt keine Bewertung im Sinne von ‚richtig oder falsch', die Entfaltung von Potenzialen erfolgt ohne den oben erwähnten ‚Frustfaktor'.

Weitere Arbeitsschritte zur Erweiterung der Sprachkenntnisse durch Übersetzung

Die Übersetzungsarbeit im Sprachunterricht kann weitere Aufgaben erfüllen. Exemplarisch sowohl für die mögliche Art von Texten, die für die Übersetzungsaufgaben, als auch für die Aufgaben, die zur Anregung der kreativen Prozesse und der Erweiterung der Sprachkompetenz in der eigenen wie der zu erlernenden Sprache dienen sollen, soll hier ein weiterer Text besprochen werden.

Dieser spricht insbesondere die Erweiterung der interkulturellen Kompetenzen an, ein Ergebnis, das mit dem oben dargestellten russischen Text nicht erreicht werden kann. Genau wie dort werden jedoch Recherchekompetenzen, der kreative Umgang mit der Zielsprache, Systemkenntnisse (dazu unten mehr) und Sprachfertigkeiten verbessert.

Der Übersetzungsauftrag lautet: Aus dem Buch *Koho vypijou lišky* (2013) von Lidmila Kábrtová[9] sollen Auszüge für eine vom Verlag verwendbare Leseprobe übersetzt werden. Das Buch ist eine Lebensgeschichte über mehr als drei Jahrzehnte und besteht aus Texten zu je 50 Wörtern, angelehnt an die Idee der Minisagas – *50-words stories*, die im englischsprachigen Raum beliebt sind. Hier sind die 50-Wörter-Erzählungen zu einem Buch zusammengefasst; jede Erzählung bietet ein Mosaiksteinchen im Leben eines Kindes in den 1970er Jahren

9 Die tschechische Autorin ist 1971 geboren.

in der Tschechoslowakei. Neben diesen Kurzgeschichten wird jedes neue Jahr mit Zeitungsparolen eingeleitet, ältere Leser mögen sich an die entsprechenden politischen Ereignisse und Situationen der jeweiligen Jahre erinnern. Mit diesem Übersetzungsauftrag lassen sich sowohl für die Übersetzungsübung, die allgemeine Entwicklung kreativer Fähigkeiten als auch für den Sprachunterricht sehr gute Ergebnisse erzielen.

Die Texte bieten mehrere Übersetzungsprobleme. Zum ersten hat das Buch den ungewöhnlichen Titel *Koho vypijou lišky*,[10] zum zweiten enthält es Texte aus der *Rudé právo*, der Tageszeitung der Tschechoslowakischen Kommunistischen Partei. Zum dritten ist das formale Element der 50-Wörter-Geschichten einzuhalten. Die Autorin hielt das Ganze für unübersetzbar. Exemplarisch soll gezeigt werden, wie wir mit diesen einzelnen Fragen umgegangen sind.

Abbildung 1: Beispiel für Cluster aus dem Unterricht zum Buchtitel

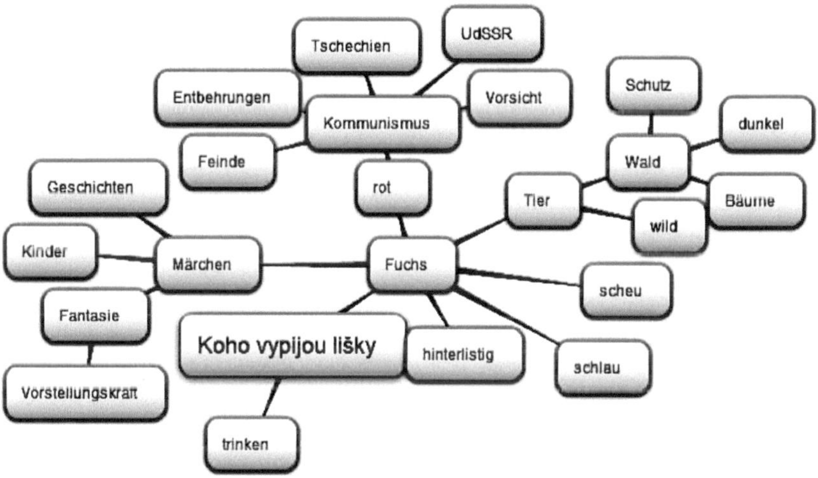

Zunächst zum Problem des Titels. Für die Einarbeitung in die Thematik wurden Cluster genutzt, um Assoziationen zum Titel zu finden. Diese Übung zeigte deutlich, dass der Titel kindliche Angst spiegelt; so finden wir in den Clustern häufig die Wörter *Angst, Dunkelheit, Wald, Verlaufen, Unbekanntes, Nichtexistenz*, aber auch Anspielungen auf Märchen, der *Fuchs* wird in Zusammenhang mit *schlau* und *durchtrieben* gebracht. Der hier abgebildete Ausschnitt aus einem Cluster

10 Wörtlich: *Wen die Füchse austrinken.*

(Abb. 1[11]) zeigt aber auch deutlich, dass daneben auch andere, ‚erwachsenere' Assoziationen entstehen können. So wird die Farbe *Rot* mit dem Kommunismus assoziiert, eine Assoziation, die im weiteren Verlauf der Arbeit an den Texten natürlich eine große Rolle spielt. Um sich auf anderen Wegen dem Titel annähern zu können, werden weitere Aufgaben gestellt. Zunächst soll ein Text geschrieben werden, der eigene kindliche Ängste beschreibt, der zweite Text – um einen besseren Bezug zur Zeit, in der das Buch handelt, herzustellen – sollte die kindlichen Ängste der Eltern beschreiben.

In der Aufgabe, eigene Kindheitsängste zu beschreiben, äußern die Studierenden u.a. folgende Ängste: *sich verlaufen; nicht mehr nach Hause kommen; dass es nichts mehr zu essen gibt; Hunde, die Menschen aufessen; Wespen; auf Leute zugehen; dass Oma stirbt; dass die Leute, die man mag, einen nicht mögen; dass man im Wald ermordet wird.*

Es lässt sich feststellen, dass eine Aufgabe, die sich auf eigene Gefühle bezieht, die Kreativität stark beeinflusst, interessante Anregungen für die Suche nach einem Titel bietet. Entstanden sind unterschiedliche Titelvorschläge, wie z.B. *Wer fürchtet sich vorm bösen Fuchs.* Weitere Übungen wären möglich, um dem Titel auf die Spur zu kommen; so können Assoziationen über den Fuchs, seine Eigenschaften, seine Eigenschaften in anderen Kulturen usw. gesammelt werden. Uns ging es mit diesem Beispiel vor allem darum, zu lernen, Probleme (ungewöhnlicher, im Original schwer verständlicher, negativ emotional wirkender Titel) zu erkennen und Wege auszumachen, wie man sich ihnen nähern kann.

Ein weiteres zu lösendes Problem ist die Verwendung der Zeitungslosungen:

> Rudé právo – 1970
> Rozhovor Rudého práva se soudruhem Gustávem Husákem: „Duben 1969 znamená obrat". [...] Srp a kladivo nad Expo. [...] Sovětské lodi na pomoc posádce Apolla 13. Jak to vidí traktorista: Promyšlený útok proti straně. Chtěl J. F. Kennedy nechat zavraždit F. Castra? Dnes rozhodujeme o zítřku. USA dále provokují v Koreji. [...] (Kábrtová 2013:11).[12]

Am Beispiel ist zu erkennen, dass die Autorin tatsächliche Zeitungsüberschriften der betreffenden Jahre verwendet. Wir finden hier Verweise auf die nationale wie

11 Abschrift einer studentischen Arbeit (Kiel 2013); im Original ist der Zweig ‚trinken' weiter aufgefächert.

12 Wörtliche Übersetzung: Rudé právo 1970: Gespräch der Zeitung Rudé právo mit dem Genossen Gustáv Husák: „Das Jahr 1969 bedeutet eine Wende". [...] Sichel und Hammer über der Expo. [...] Sowjetische Schiffe helfen der Besatzung von Apollo 13. Wie ein Traktorist das sieht: Ein durchdachter Angriff auf die Partei. Wollte J.F. Kennedy F. Castro ermorden lassen? Heute entscheiden wir über das Morgen. Die USA provozieren fortgesetzt in Korea. [...].

die internationale Politik – z.B. *Wollte J. F. Kennedy Fidel Castro ermorden lassen?*, einen Hinweis auf Apollo 13, Gustáv Husák, Provokationen der USA in Korea u.Ä. – diese Art der Losungen wiederholt sich dann für jedes Jahr. Dieses Material ist mehr noch als die Überlegungen zum Titel für den Sprachunterricht geeignet. Zunächst einmal können Kenntnisse über geschichtliche Ereignisse, politische und kulturelle Zusammenhänge vermittelt werden, damit lassen sich wiederum die Kenntnisse des Wortschatzes für bestimmte Bereiche erweitern, aber auch die sprachliche Unterschiedlichkeit von bestimmten Textsorten aufzeigen bzw. die Ähnlichkeit der Muster, z.B. in den entsprechenden DDR-Losungen. Die Arbeit mit diesen historischen Texten böte sich für eine Erweiterung der Recherchekompetenzen an. Hier wurde darauf verzichtet, da nicht die Übersetzung forciert, sondern diese Art der entliehenen Propagandatexte noch einmal genutzt wurde, um sie den ehrlicheren, Gefühle beschreibenden Minisagas der Autorin gegenüberzustellen. Einen besonderen Effekt hat dabei die Aufgabenstellung: „Lesen Sie den Text in verschiedener Diktion vor, traurig, ironisch, propagandistisch, ungläubig, aufrüttelnd o.ä." Diese Herangehensweise ist einerseits ein wertvoller Schritt auf dem Weg zu einem umfassenden Textverständnis, andererseits wiederum eine kreative Methode des Sprachlernens, des Erfassens des Textes auf eine Weise, die über ‚oberflächliche' Wörterbucharbeit hinausgeht.

Informationen über die Zeit und Landeskultur lassen sich gleichfalls aus den Kurzerzählungstexten erschließen, jedoch sind sie hier viel versteckter als in den Losungstexten. Als Beispiel hier ein Text vom Beginn des Buches (Kábrtová 2013:12).

Mandarinky
„Hajzlové," mami svítí oči vztekem.
„Tos tam musela chodit?"
„Měli mandarínky. V zelenině."
„Mandarínky?"
„Jo. Já o tý blbý demonstraci fakt nevěděla."
„Holka, kdybys aspoň četla noviny," zaúpí děda.
„Bylo to před dvěma rokama…"
„Jenže teď tě za to vyhoděj z práce."
Mami mlčí.
„Vdáš se. Vdanou nevyhoděj," rozhodne děda.[13]

13 Wörtliche Übersetzung: *Mandarinen* / „Schweine", Mamas Augen glänzen vor Wut, / „Musstest du da hingehen?" / „Sie hatten Mandarinen. Im Gemüsegeschäft." / „Mandarinen" / „Ja. Ich wusste echt nichts von der blöden Demonstration." / „Mädchen, wenn du wenigstens Zeitung lesen würdest", stöhnt der Großvater. / „Das war vor zwei Jahren…" /

Die Interpretation erfolgt in einer Diskussion. So lassen sich einzelne Bausteine an geschichtlichen, kulturellen Informationen zusammentragen: Mandarinen gab es im Gemüseladen – Mangelwirtschaft – 1970 – Zeit der sogenannten Normalisierung in der ČSSR – Demonstrieren ist gefährlich, selbst aus Unwissenheit. Und wir kommen hier zu unserem dritten Problem – der 50-Wörter-Regel, der der gestellten Aufgabe zufolge sich die Übersetzungen unterwerfen sollten. Dieser Schritt ist für den Spracherwerb unterschiedlich wichtig, bietet er doch unterschiedliche Herausforderungen, je nachdem, ob in die Fremdsprache, Zweitsprache oder Erstsprache oder in die Muttersprache übersetzt wird. Zumindest kann dieser Schritt die Aufmerksamkeit für Strukturunterschiede oder Gemeinsamkeiten schärfen, abgesehen von der allgemeinen Freude am kreativen Umgang mit Sprache(n). Demonstrieren kann das Arbeitsblatt zum Text *Mandarinky* (Abb. 2), wie diese kreative Arbeit aussehen kann. Hier lässt sich an einem Beispiel der Arbeitsprozess nachverfolgen: Zählen, Verwerfen, Umschreiben; im Anschluss folgt die fertige Übersetzung.

Abbildung 2: Arbeitsblatt Mandarinen (Kiel 2013)

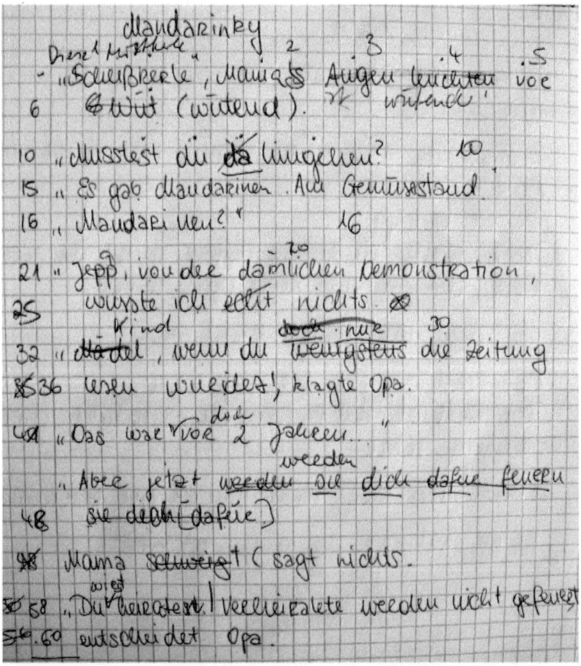

„Allerdings werfen sie dich jetzt dafür von der Arbeit raus.“ / Mama schweigt. / „Du heiratest. Eine Verheiratete werfen sie nicht raus“, entscheidet der Großvater.

Wir sehen, dass in der Übersetzung zunächst zu viele Wörter gezählt wurden – vgl. die Zahlenangaben am Rand, die gestrichen und verändert werden. Es wurden Wörter ersetzt bzw. neu überlegt (*Mistkerle – Schweine, Mädel – Kind*), Konstruktionen wurden durch Streichungen reduziert (*Aber jetzt werden sie dich dafür feuern. – Jetzt feuern sie dich dafür.*). Durch diesen Prozess, den man in der Abbildung 2 nachverfolgen kann, entsteht am Ende folgende sehr ausdrucksstarke und klare Übersetzung, die auch die gewünschten formalen Merkmale erhält:

> *Mandarinen*
> „Diese Schweine." Mama wütet.
> „Musstest du hingehen?"
> „Es gab Mandarinen. Am Gemüsestand."
> „Mandarinen?"
> „Von der dämlichen Demonstration wusste ich nichts."
> „Kind, wenn du wenigstens Zeitung lesen würdest", klagt Opa.
> „Das war doch vor zwei Jahren..."
> „Jetzt feuern sie dich dafür."
> Mama schweigt.
> „Du heiratest. Verheiratete werden nicht gefeuert", entscheidet Opa.

Das gewählte Buch bietet reichlich Material zum Bearbeiten und damit auch die Möglichkeit, kreativen Spracherwerb zu üben und mit den Studierenden unterschiedliche Techniken aus dem Bereich des kreativen Schreibens anzuwenden, um die Texte sowohl besser erfassen, als auch die Übersetzung vorbereiten zu können.

Ein weiteres wichtiges Element im Spracherwerb Tschechisch ist das (zumindest passive) Erlernen des Gemeintschechischen (*obecná čeština*). Die Texte von Kábrtová bieten, wie im Beispiel zu sehen ist, herausragendes Material für eine sprachliche Analyse. So kann als Zwischenschritt auf dem Weg zur Übersetzung eine Übersetzung in die tschechische Schriftsprache erfolgen, ähnlich unserem russischen Beispiel. Dabei lassen sich phonetische, grammatische, lexikalische und wortbildenden Besonderheiten des Gemeintschechischen (*obecná čeština*) feststellen, beschreiben und mit der Literatursprache vergleichen. Diese Übungen dienen der Verbesserung der Kompetenzen bezüglich des Sprachsystems und der Stilistik, weiterhin dem Vergleich und den Möglichkeiten, verschiedene Sprachschichten adäquat zu übersetzen.

Zusammenfassung

An verschiedenartigen Texten konnte gezeigt werden, welche Ergebnisse unter anderem durch die Nutzung von Übersetzungsaufgaben für den Spracherwerb erreicht werden können. Handlungsorientierte, kreative Ansätze sind nicht nur für die erfolgreiche Übersetzung wichtig, sondern können dem Spracherwerb entscheidende Impulse bieten. Je nach Textwahl lassen sich sprachsystematische, sprachvergleichende Kenntnisse, Kenntnisse der Stilistik der Sprache und/oder landeskulturelle Besonderheiten, die dem Spracherwerb dienen, vermitteln. Darüber hinaus lassen sich Kompetenzen verbessern, die sowohl im Spracherwerb als auch in der Übersetzung nötig sind: Lese-, Recherchekompetenz, Kompetenzen zur Textinterpretation und Textproduktion, Sprachkompetenz in erster, zweiter, Fremd- und Muttersprache. Das kreative Übersetzen ist dabei von besonderer Bedeutung, da Studierende lernen, sich kreative Übersetzungsmöglichkeiten, sowohl bei obligatorischen als auch bei fakultativen Veränderungen im Text, als Arbeitsmittel anzueignen. Im Fremdsprachenerwerb sind dieselben Veränderungen zwischen den Sprachen zu beachten wie in der Übersetzung. In kreativer Weise können die Fremdsprachenlerner erfahren, dass Strukturen in einzelnen Sprachen selbstverständlich unterschiedlich sind, aber dass ein kreativer Umgang damit in allen Bereichen ihre Ausdrucksmöglichkeiten fördert. Die Übersetzung, insbesondere die hier vorgestellte kreative Übersetzung, schafft so Möglichkeiten einer vertieften Einsicht in die Unterschiede und Gemeinsamkeiten zwischen Sprachen und Kulturen, so dass sie tatsächlich als ‚Königsweg' gelten kann. Im Sprachunterricht gemachte Erfahrungen zeigen, dass sich diese Ansätze mit entsprechendem Material mit großem Erfolg schon in Kurse für Anfänger und mäßig Fortgeschrittene integrieren lassen. Bedeutsam ist vor allem der positive Effekt für die Lernmotivation und das Bewusstsein eigener Fähigkeiten.

Es bleibt bei den Schwierigkeiten, diese Arbeitsweise in das Studien- und Prüfungssystem zu integrieren, insbesondere in Sprachprüfungen. So bleibt dieser Ansatz zunächst ‚nur' ein Mittel zur Entwicklung der sprachlichen Fertigkeiten der Studierenden und der Verbesserung ihres sprachlichen Selbst-Bewusstseins und bedarf weiterer Ausarbeitung. Die hier nur angedeutete Vielfalt der Möglichkeiten des Einsatzes kreativer Übersetzungsübungen im Sprachunterricht zeigt jedoch gute Erfahrungen beim Einsatz im Unterricht und bietet gleichzeitig für alle Teilnehmenden Ansatzpunkte zur persönlichen Weiterentwicklung von Kenntnissen und eigenen Arbeitsmethoden.

Literatur

Cook, Guy (2010): Translation in language teaching: an argument for reassessment. Oxford, 2010.

Hagemann, Susanne (2007): Zur Evaluierung kreativer Übersetzungsleistungen. In: Schmitt, Peter A. / Jüngst, Heike E. (Hrsg.), Translationsqualität, Frankfurt am Main u.a., 237–255.

Kábrtová, Lidmila (2013): Koho vypijou lišky, Brno.

Krings, Hans P. (1987): Fremdsprachenausbildung an der Hochschule: Aufsatz oder Übersetzung? - Ein Prozeßvergleich. In: Materialien Deutsch als Fremdsprache, Bd. 26, 71–90.

Kußmaul, Paul (2000): Kreatives Übersetzen, Tübingen.

Kußmaul, Paul (2010): Verstehen und Übersetzen. Ein Lehr- und Arbeitsbuch, Tübingen. Zweite, aktualisierte Auflage.

Neubert, Albrecht (2007): Das unendliche Geschäft des Übersetzens, Leipzig.

Nord, Christiane (2002): Anleitung zum Trockenschwimmen – Übersetzungspropädeutik als Vorstufe zum Übersetzungsunterricht. In: Feyrer, Cornelia / Holzer, Peter (Hrsg.), Translation: Didaktik im Kontext, Inn Trans Bd. 1, Frankfurt am Main, 15–28.

Witte, Arnd / Harden, Theo / Ramos de Oliviera Harden, Alessandra (Hrsg.) (2009): Translation in Second Language Learning and Teaching, Oxford.

Witte, Arnd / Harden, Theo / Ramos de Oliviera Harden, Alessandra (2009): Introduction. In: Witte, Arnd / Harden, Theo / Ramos de Oliviera Harden, Alessandra (Hrsg.), Translation in Second Language Learning and Teaching. Oxford, 1–12.

Witte, Arnd (2009): From Translating to Translation in Foreign Language Learning. In: Witte, Arnd / Harden, Theo / Ramos de Oliviera Harden, Alessandra. (Hrsg.), Translation in Second Language Learning and Teaching, Oxford, 79–97.

Zojer, Heidi (2009): The Methodological Potential of Translation in Second Language Acquisition: Re-evealuating Translation as a Teaching-Tool. In: Witte, Arnd / Harden, Theo / Ramos de Oliviera Harden, Alessandra (Hrsg.), Translation in Second Language Learning and Teaching. Oxford, 31–51.

Петрушевская, Людмила: http://lib.ru/PROZA/PETRUSHEWSKAYA/butyawka.txt (21.1.2015).

Raija Hauck, Zbyněk Fišer

Kreative Mittel der formativen Entfaltung von Übersetzenden

The authors of this article show how it is possible to use the techniques of creative writing and other creative techniques for the development of translation competences. With the help of various exercises, such as automatic writing, brainstorming, visualization etc., the translator develops his/her skills and abilities to both analyze and interpret the original text, as well as to construct the target text. This chapter shows that the techniques and methods of creative writing used in various stages of the translation process lead to the comprehensive development of the translator's creative thinking and behavior which is essential for both their studies and future work.

Key words: creative writing, creative drawing, literary translation

Schlüsselwörter: Kreatives Schreiben, Kreatives Malen, literarische Übersetzung

Einleitung

Die moderne Translatologie als eine transdisziplinär angelegte Wissenschaft kann ihre feste Stellung unter den modernen Wissenschaften nur dann verteidigen, wenn sie translatologische Theorien als breit anwendbare Methoden, inspirative Strategien und kognitive Instrumente aufzeigen und diese als Weg zu einer erfolgreichen Kommunikation unterschiedlichen Benutzern vermitteln kann. Da aus dem transdisziplinären Charakter der Translatologie Handlungsstrategien abgeleitet werden können, kann die translatorische Didaktik auch eine deutliche handlungsorientierte Dimension mit formativer Wirkung aufweisen. Im folgenden Beitrag werden didaktische Ansätze dargestellt, die sich im translatorischen Training auf die Entfaltung der analytischen, heuristischen und interpretativen Fertigkeiten der Studierenden in den ersten textrezeptiven Phasen des Übersetzungsprozesses richten. Dabei wird der Rezeptionsprozess holistisch aufgefasst und kognitivistisch als Ganzes betrachtet. Im Arbeitsprozess des besprochenen Modells sollen sowohl Studierende als auch Unterrichtende davon ausgehen, dass das Ziel kein druckfertiges textuelles Produkt ist, sondern in gewisser Weise nicht messbare, nicht sichtbare Merkmale der kognitiven Entfaltung der Persönlichkeit der an den Übungen Beteiligten umfasst. Eine wichtige Rolle spielt also die gemeinsame Reflexion, die von der Lehrkraft moderiert, geleitet und theoretisch ergänzt wird. Zunächst zu den theoretischen Grundlagen.

Der funktionale Ansatz und die Bedeutung der Textkompetenz

In beschriebenen Übungen des translatorischen Trainings betonen wir im Sinne der funktionalistischen Translatologie, dass die konstitutive Zieltextproduktion des Übersetzers der zielsprachlichen Kommunikation in der erwarteten Kommunikationssituation untergeordnet ist. Im üblichen Fall konzentriert sich die translatorische Handlung vor allem auf die Produktion des Zieltextes für eine erwartete Kommunikationssituation. Weil aber in unserem speziellen Fall nicht vorrangig ein druckfertiges Translatprodukt erzielt werden soll, simulieren wir einen hypothetischen Übersetzungsauftrag, wobei in diesem Fall die Aufmerksamkeit dem Ausgangstext und seiner Interpretation gewidmet werden kann. Es wird betont, dass die gelungene Interpretation des Ausgangstextes eine wesentliche Voraussetzung für eine gelungene Übersetzung ist. Eine solche Simulationsaufgabe kann etwa lauten: Übersetzen Sie den (tschechischen) literarischen Ausgangstext ins Deutsche als einen literarischen Text für eine literarische Anthologie oder Zeitschrift, wobei Sie die einzelnen Schritte nach den Anweisungen im Kurs durchführen. Die einzelnen Übungen sollten von den Übersetzenden protokolliert und schriftlich reflektiert und später ausgewertet werden.

Die Produktion eines Zieltexts bzw. der ersten Übersetzungsvariante dient hier vor allem der Veranschaulichung der Vorstellungen und Konnotationen, die hinter individuellen mentalen Repräsentationen verborgen sind. Die Verbalisierung der Gefühle, die der jeweilige Leser entwickelt, und die Interpretation der poetischen Bilder bzw. der eigenen visuellen Assoziationen zum Text ermöglichen eine Debatte zur Deutung des Ausgangstextes sowie zum Prozess der Zieltextproduktion. Eine solche Diskussion soll als geregelte Reflexion des verlaufenen Übersetzungsprozesses die individuellen Entscheidungen und Lösungen erläutern. Sie bietet einen Einblick in den Übersetzungsprozess an und ermöglicht es, eine gezielte funktionalistische Argumentation einzuüben. Dabei begreifen die Studierenden, dass, wenn man das Übersetzen als kreativen Prozess betrachtet, man auf den Begriff der sog. Äquivalenz verzichten muss, und das auf allen Ebenen bzw. Dimensionen des Textes. Das Übersetzen ist keine kontrastiv-linguistische Operation und der Übersetzer hat nicht die Aufgabe, einzelne Spracheinheiten zu übersetzen, sondern Texte zu produzieren. Simulationsaufgaben wie die hier vorgestellte, wo die Zieltextproduktion eigentlich nur ein Mittel zur Beobachtung, Wahrnehmung und Bewusstmachung eigener mentaler Prozesse, Entscheidungen und Zusammenhänge von Arbeitsschritten ist, ist es wichtig, dass die Übersetzenden deutlich und eindeutig die funktionalistische Herangehensweise verstehen und von der Wichtigkeit ihrer konsequenten Anwendung überzeugt sind. Dem Übersetzungsauftrag bzw. dem Skopos nach sollen Übersetzer ein Translat produzieren, das in einer antizipierten Kommunikationssituation in der Zielkultur erfolgreich interagieren würde.

Kreative Übungen als Weg zur Textinterpretation und -produktion

Als methodisch gezielter Komplex von Übungen werden mannigfaltige Schreibübungen und andere Übungen mit künstlerischen Verfahren auf dem Weg zur Textinterpretation und zum Textverständnis oder als Mittel zur Suche der zielsprachlichen Varianten ausgewählter Ausdrücke, als Hilfsmittel zur Translatoptimierung etc. unter die Arbeitsphasen eingeordnet und in das Übersetzungstraining integriert. In Kursen werden Übungen mit verschiedenen Methoden und verschiedenen partiellen Zielen durchgeführt, die in ihrer Gesamtheit auf die Entwicklung der Persönlichkeit der Studierenden einwirken und im Endeffekt dadurch einen Beitrag zur Erhöhung ihrer translatorischen Kompetenz leisten. Es geht also vor allem um die formative Wirkung dieser Schreibübungen. Die Studierenden schreiben in ihrem eigenen Tempo, in ihrem eigenen Stil, unter didaktischer Anleitung, Impulsen und Determinanten und unter didaktisch durchdachten Umständen. Sie bewegen sich dadurch auf relativ sicherem Boden, wo sie eine relative Freiheit für eigene emotionale Äußerungen, kognitive Entscheidungen und verbalisierende Tätigkeit haben. Dic Sichcrhcit kommt aus der Haltung, dass sie alles ausprobieren dürfen, wobei sie sich auch irren dürfen und dabei auf der semantischen, kommunikativen oder ästhetischen Ebene keine Sanktionen befürchten müssen. Mit anderen Worten, die Studierenden können ihr Thema und ihre Arbeit emotional erleben, nach eigenem Maß, können über das Thema, über ihre Arbeit schreiben, was sie wollen und wie sie wollen. Dank diesem Schreiben bzw. Malen oder Zeichnen können sie später durch ihre Texte (Bilder, Zeichnungen) zu eigenen Gedanken und Vorstellungen zurückkehren und darüber nachdenken oder referieren. Das Schreiben, Zeichnen o. Ä. wird zum Selbstlernmittel und -hilfsmittel. Das Einüben der heuristischen und analytisch-interpretativen Arbeitsverfahren kann ein Instrumentarium der Strategien erschaffen, das die angehenden Übersetzer in ihrer kreativen Entwicklung positiv beeinflusst und dauerhaft in ihr Arbeitsverhalten integriert werden kann. Diese Fertigkeiten werden unter die translatorischen Entscheidungskompetenzen der Studierenden eingeordnet und eingebaut.

Anwendung kreativer Übungen in einem Übungskomplex

Für jeden zu bearbeitenden Text ist es möglich, variierende kreative Übungen aus verschiedenen künstlerischen Bereichen zu nutzen. Da es sich bei den Übungen zur Persönlichkeitsentfaltung um die Anregung kreativer Handlungen und das Aktivieren mentaler Prozesse und somit um den Erwerb bestimmter Fertigkeiten handelt, wählen wir einen Text, der bestimmte Übersetzungsprobleme evoziert. Es ist für solche Übungen sinnvoll, einen Text zu wählen, der eine größere Menge von Unbestimmtheitsstellen, Leerstellen (vgl. z.B. Iser 2001) enthält. Als Beispieltext wählen wir einen lyrischen Text des tschechischen Dichters Petr Hruška (2002:21).

Místo
Snad topoly nebo jilmy. Vítr jako by chtěl
kázat. Nadouvají se tvé šaty s loděmi, vím, kde ve
skříni visívají. Jejich žluť, vysvícená do mlhy
u cesty.
Vracíme se k autu. Byla to zastávka pro
nepatrný, odstraněný důvod. Nikdy to tady už
nenajdeme, ani ty rozkývané stromy, asi jilmy.[1]

Die hier exemplarisch gezeigte prozess- und handlungsorientierte Übung dient im gegebenen Rahmen der Entwicklung kreativer Arbeitsvorgänge in einer gemischten deutsch-tschechischen Gruppe von Studierenden.[2] Bewusst entfallen in solchen Übungskomplexen bestimmte Schritte in der Übersetzungsarbeit, wie z.B. Recherchen usw., da sich hier die Arbeit absichtlich auf alternative kreative, heuristische Denkverfahren konzentriert und diese vor allem bei den analytisch-interpretativen, kognitiv-semantischen Deutungsphasen entwickelt werden soll.

In unserem Beispiel wurde in folgenden Schritten gearbeitet:

1. Schritt: Der Text wurde gelesen, für die deutschen Teilnehmer teilweise Lexik erklärt, da die Bedeutung der Wörter durch ihre ungewöhnliche Kombination nicht unmittelbar dem Wörterbuch zu entnehmen ist.
2. Schritt: Es wurde ein automatischer Text zur Interpretation des Gedichtes in der Zielsprache geschrieben. Der automatische Text klärt die eigene Auffassung des Textes, die individuelle Interpretation (besser: Vorinterpretation).
3. Schritt: Kollektive Interpretation durch Brainstorming. Hier werden problematische Textstellen gefunden und diskutiert bzw. intersubjektive, objektivere

1 Wörtliche Übersetzung: *Ort.* Wohl Pappeln oder Ulmen. Der Wind als ob er predigen wollte. Es bläst sich dein Kleid mit den Schiffen auf, ich weiß, wo es im Schrank zu hängen pflegt. Sein Gelb, in den Nebel an der Straße ausgestrahlt. Wir kehren zum Auto zurück. Das war ein Halt wegen eines unwesentlichen, beseitigten Grundes. Niemals werden wir das hier wiederfinden, nicht einmal die aufgeschaukelten Bäume, wohl Ulmen.

2 Übersetzungsworkshop für Studierende unterschiedlicher Studienfächer, 2008.

Interpretationen gesucht. Man lernt den Text holistisch, in der Gesamtheit seiner Botschaft wahrzunehmen und zu verstehen.
4. Schritt: Individuelles Malen bzw. Zeichnen eines Bildes zum Text.
5. Schritt: Kollektive Reflexion des Gemalten. Diese ergibt einen zweiten Teil kollektiver Interpretation.

Alle bisherigen Arbeitsschritte führen vor allem zur Interpretation des Ausgangstextes mit dem Ziel, einen gleichfalls literarischen Zieltext zu schaffen. Danach erfolgte in einem

6. Schritt: Eine eigene, meist individuell erarbeitete Übersetzung in der ersten Version. (In einem produktorientierten Kurs würde nun die Auswertung des Arbeitsprozesses und der Ergebnisse folgen. Die Evaluierung bringt Impulse zur Optimierung bzw. Korrektur des Zieltextes.)

Die Ergebnisse dieser Arbeit können auf verschiedene Weise analysiert werden.

Zunächst soll die Wirkung der einzelnen schöpferischen Methoden betrachtet werden. In unserem Beispiel sind das automatische Schreiben bzw. das Malen von besonderem Interesse. Weiterhin soll ein Translat mit seiner gesamten Entstehungsgeschichte und zum Schluss die Behandlung einzelner Übersetzungsprobleme und -schwierigkeiten durch die Übersetzer gezeigt werden.

Der automatische Text

In unserem Beispiel lassen sich zwei Ziele mit dem automatischen Schreiben verbinden. Der automatische Text kann genutzt werden, um sich dem Inhalt des Ausgangstextes anzunähern und auf diese Weise erstes sprachliches Material für die Übersetzungsarbeit zu finden. Die automatischen Texte sind aber auch Ausdruck der emotionalen Reaktion auf die unterbewusst wahrgenommene Bedeutung der Geschichte, der Grundidee der Botschaft im lyrischen Text, wie sie die Leser verstanden haben, wie sie sich in die eigenen Vorstellungen einpasst, welche Assoziationen hervorgerufen werden oder welche Konnotationen aktiviert werden.

In der Beispielgruppe hatte eine Teilnehmerin so starke Aversionen gegen den Text, dass sie sich zunächst nicht entschließen konnte, ihn zu übersetzen. Durch das automatische Schreiben gewann sie eine Möglichkeit, sich dem Text zu nähern, die dann durch das Malen noch vertieft wurde. Wir werden später auf das Beispiel eingehen. Man kann also sagen, dass auch in der Übersetzungspraxis durch das Schreiben eines automatischen Textes eine Blockade überwunden werden kann, so wie es im kreativen Schreiben üblich ist, diese Methode einzusetzen, um sich einem Schreibthema zu nähern oder Schreibblockaden zu überwinden.

Es werden fünf Minuten lang frei Assoziationen zum Text geschrieben, möglichst ohne Nachdenken, Autozensur oder Korrektur. Als Illustration soll folgendes Zitat aus einem automatischen Text eines tschechischen Studierenden dienen:[3]

> Die meisten interpretieren das als etwas… Na ja, ich sehe einfach eine große Liebe dahinter, die immer noch besteht, šaty visívají a ne visívaly. Die Liebe ist immer noch da und ist so klar wie die Nacht. Klar klar Klarheit. Der Wind bringt die Energie, den Sturm. Vielleicht ist es aber auch zu sehr meine Interpretation und ich halte mich zu wenig an dem Text. Vielleicht gehe ich zu viel aus eigenen Erfahrungen aus, dass ich solche einzigartige Momente schon mehrmals erlebt habe und immer habe ich mir gedacht, das will ich ja behalten, das muss ich mir merken. Und das einzige, was bleibt, ist nur das Gefühl. Der Ort ist ganz gewöhnlich, deswegen findet ihn man auch nicht mehr, aber der Moment ist einzigartig, und die Melancholie, die Sehnsucht ist nach dem Moment. (Übersetzer vom Beispiel 1.)

Der Schreiber des automatischen Textes hebt hervor: „das habe ich oft erlebt, das will ich behalten, Sehnsucht nach dem Moment, der ist einzigartig". So erscheint die Wahl des Translattitels *Schöne Verluste* eindeutig aus diesem automatischen Text hervorgegangen zu sein. Der Titel trifft in besonderer Weise die melancholische Stimmung des Textes. Diese Lösung wird weiter von dem gemalten Bild unterstützt, auch hier kann man in dem Verschwommenen, Unklaren das Melancholische, vielleicht auch Verluste sehen. Hier zur Illustration der durch den automatischen Text angeregten Übersetzungsprozesse der Zieltext, und um das Bild zu vervollständigen, die dazugehörige Illustration.

3 Die automatischen Texte können in der Zielsprache, wie in der Ausgangssprache geschrieben werden. Beim Schreiben in der Zielsprache ist der Aspekt der Materialsammlung für die künftige Übersetzungsarbeit betont. Emotionale Aspekte der Auseinandersetzung mit einem Text lassen sich sicher besser in der Muttersprache fassen. Diese gemischte, deutsch-tschechische Gruppe bekam die Aufgabe, den Text auf Deutsch zu schreiben. Alle Texte tschechischer Muttersprachler werden hier unkorrigiert wiedergegeben.

Abb. 1

Beispiel 1

Schöne Verluste
Waren's Pappeln oder Ulmen. Der Wind, als ob er predigen möchte.
Eine Predigt über deine Kleidung, ich weiß wo ich sie finden kann.
So gelb, so klar, so strahlend, beleuchtet von Sternen am Waldrand.

Wir gehen zum Auto zurück. Ein Zwischenstopp, mehr nichts.
Wir finden den Ort nicht mehr wieder, nicht mal die Bäume in dem Wind.
Waren's Pappeln oder Ulmen.

Das Visualisieren zum Text

Wie bereits angedeutet, ist in der ersten und zweiten ‚Sprechrunde' zum Ausdruck gekommen, dass eine Teilnehmerin den Text nicht übersetzen wollte, in der kollektiven Interpretation wird von Abneigung gegen den hoffnungslosen Tonfall des Gedichtes gesprochen, der Text wird als Trennung interpretiert; die Übersetzerin selbst glaubt an die „eine, einzige, große Liebe, so, wie die Textstimmung ist, könne man nicht leben". Nachdem sie also durch das Schreiben des automatischen Textes einen Zugang zum Ausgangstext gefunden hatte – in ihrem (hier nicht zitierten) automatischen Text wird von Leere gesprochen, etwas fehlt, es lässt nur Erinnerungen zurück, Stereotype – ist nun das Bild in seinem Entstehungsprozess ein Weg zur erfolgreichen Übersetzung.

Abb. 2

In dem schwarzen Abgrund, der die Hoffnungslosigkeit darstellen soll, erscheint nun als Hoffnungsschimmer ein kleines gelbes Licht. Die Übersetzung zeigt eindeutig Auswirkungen dieser künstlerischen Vorarbeit, wir finden hier: *Sein Gelb, das im Nebel beim Weg leuchtet.*; oder: *Wir finden den Weg zurück nie wieder, nicht einmal die tanzenden Bäume.* Das hoffnungsvolle Bild der tanzenden Bäume steht hier gegen das stark hoffnungslose *nie wieder*. So ist also im Zieltext deutlich das Widersprüchliche der Interpretation bzw. Empfindung des Textes erhalten, die ursprünglich komplette Ablehnung hat sich jedoch aufgelöst.

Beispiel 2

> *Ein Ort*
> Vielleicht sind's Pappeln oder Ulmen. Als ob der Wind predigen
> möchte. Dein Kleid mit Schiffen fliegt im Wind fast bis zum
> Himmel. Sein Gelb, das im Nebel beim Weg leuchtet.
> Wir schreiten zum Wagen zurück. Es gab einen Grund zum
> Anhalten, es gibt ihn aber nicht mehr. Wir finden den Weg
> zurück nie wieder, nicht einmal die tanzenden Bäume, vielleicht die Ulmen?

Entstehungsphasen einer Übersetzung und Übersetzungsprobleme

Hier soll ein Übersetzungsvorschlag und die einzelnen Phasen seiner Erarbeitung vorgestellt werden, diese Arbeit führt uns gleichzeitig zu unserem nächsten Schritt, nämlich der Lösung problematischer Textstellen. Im folgenden Translat sind die religiösen Motive *über Moral belehren* und *predigen* auffällig.

Beispiel 3

Ein Ort
Pappel oder Ulmen, irgendwelche Bäume, egal.
Der Wind will uns über Moral belehren, aber
ich sehe nur dein Kleid an. Das ist dasselbe,
das gewöhnlich im Schrank hängt. Sein Gelb
drängt sich durch den Nebel am Weg.

Wir gehen zum Auto zurück. Es war nur eine Pause
aus einem Grund – bedeutungslos, schon beseitigt.
Den Platz finden wir nie wieder, sowie die
predigenden Bäume, wahrscheinlich Ulmen.

Zunächst ein Zitat aus dem dazugehörigen automatischen Text, da er zu einer eigenwilligen Textinterpretation führt bzw. Textverständnis ausdrückt. Die Übersetzerin verfasste ihn als inneres Gespräch eines der beiden Protagonisten:

> Du musst alles auf den richtigen Platz stellen. [...] – Kleider links, Blusen rechts, Schuhe ganz vorn. Als ob du ständig Regeln zum Leben brauchst. Und ich liebte dich, sehr! Liebe ich dich noch? Wo war das, als wir zum ersten Mal zusammen waren, war es Nacht oder schon Morgen? War das Nebel oder Wind? Ich weiß nicht mehr, nur das gelbe Kleid, ja, das hängt links. Heute sehe ich es unwichtig, warum ich bei den Bäumen geparkt habe. Und war es richtig, so was zu machen?

In der kollektiven Interpretation des Ausgangstextes sprach die Übersetzerin von einem eindeutig erotischen Text. Dazu malte sie im nächsten Schritt folgendes Bild:

Abb. 3

Hier finden wir das gelbe Kleid im Zentrum, schwebend, auf einem Kleiderhaken, der Wagen nur mit roten Konturen links angedeutet. In der Interpretation des Bildes wird das Kleid als ausgezogen bezeichnet, der ‚unbedeutende Grund' zum Anhalten wird hier als ein unangemessener Liebesakt in der freien Natur interpretiert. Ganz zwangsläufig führt das die Übersetzerin zur Übersetzung der Textstelle *vítr jako by chtěl kázat* als *Der Wind will uns über Moral belehren*. Und am Ende des Zieltextes erscheint dieses Wort *kázat* noch einmal: *Den Platz finden wir nie wieder, sowie die predigenden Bäume, wahrscheinlich Ulmen*. Wir sehen, dass schon im automatischen Text in Frage gestellt wurde, ob die Regeln, die Moral, in der Weise, wie im Text vermutet, gebrochen werden dürfen, und auch im Bild steht dieses Thema, durch das ausgezogene gelbe Kleid symbolisiert, im Zentrum. Auf den ersten Blick erscheint der übersetzte Text zu moralisierend.

Betrachten wir die einzelnen Textstellen, um die es hier geht, genauer, stellen wir fest, dass die Ergebnisse, die durch die kreativen Arbeitsschritte gefunden wurden, ihre Berechtigung haben. Das Wort *kázat* ist hier als *Moral predigen* übertragen worden. In zweisprachigen Wörterbüchern finden wir als Übersetzungen z.B. *predigen, befehlen, heißen*.[4] In einsprachigen tschechischen Wörterbüchern gibt es eine Reihe zusätzlicher Bedeutungen, die auch anders übersetzt werden können, so kommen z.B. die Wörter *verkündigen, schulmeistern* (*poučovat*), *belehren, anweisen, tadeln* u.a. in Frage.[5] Die Übersetzerin aktualisiert in ihrem Translat die Bedeutungen *rügen, tadeln, belehren*. Im Vergleich geben auch die anderen Übersetzungen der Teilnehmenden eine größere Bandbreite der Bedeutungen des Wortes wieder, als sich als erster Eintrag in zweisprachigen Wörterbüchern (in kleineren Wörterbüchern als einziger Eintrag) finden lässt – neben *predigen* finden wir z. B. *warnen* und *befehlen*.

Im hier besprochenen Text ist darüber hinaus aber der Bezug von *predigen* in der Wortverbindung *die predigenden Bäume* interessant. Hier wird das Wort noch einmal aufgegriffen, nun in seiner ersten Bedeutung. Was hat sich der Leser unter *rozkývané stromy* vorzustellen? Ist das das Gleiche wie *kývající se /kymácející se stromy* (dt. etwa: *die sich bewegenden Bäume*), was eine übliche, erwartete Verbindung von Wörtern darstellen würde? Das Präfix *roz-* und die Form des Passivadjektivs im Ausgangstext sagen, dass jemand, eine äußere Kraft, die Bäume in Bewegung versetzt hat. Wir müssen also fragen, wer die Bäume in Bewegung versetzt hat (tsch. *Kdo rozkýval ty stromy?*). Offensichtlich der Wind, der aber will

4 Vgl. Siebenschein (1983:350): „kázat ned. I. predigen […] II. kniž. befehlen, heißen"; Kumprecht, Ostmeyer (1994: 60): „kázat predigen, (nařídit) heißen".

5 Hier bezogen auf die Bedeutungen 1–4 des Verbs *kárati* aus dem *Slovník spisovného jazyka českého* (1960: Bd. 1, 857).

auch predigen. Man kann also vermuten, dass er hier als göttliche Macht auftritt oder auch als ‚Gottes Stimme'. Daraus kann geschlussfolgert werden, dass die Übersetzung *predigende Bäume* ihre Berechtigung hat, obwohl sie auf den ersten Blick eine vom Ausgangstext sich entfernende Interpretation zu sein scheint.

Auch in den Texten anderer Übersetzer ist zu sehen, dass die Lösung für diese Textstelle von den kreativen Vorarbeiten beeinflusst wird, wie z.B. oben bereits am Beispiel 2 gezeigt, wo das leuchtende Gelb, das gegen die Hoffnungslosigkeit steht, in der ersten Translatversion mit *tanzenden Bäumen* korrespondiert.

Wenden wir uns nun kurz zwei anderen Übersetzungsproblemen zu, die mit Hilfe der kreativen Übungen unterschiedliche Lösungen fanden: dem Titel und dem Motiv des Anhaltens.

Von besonderer Bedeutung in der Übersetzungsarbeit ist der Titel. Oben war bereits eine kreative Lösung – *Schöne Verluste* – zu sehen. Die meisten ÜbersetzerInnen haben den Titel *Ein Ort* oder *Der Ort* gewählt. Diese Wahl scheint u.E. das Vage des Originaltitels nicht wiederzugeben, kann vielleicht nur auf den ersten Blick als passende Lösung gelten. Eine interpretative Lösung stellt der Titel *Nirgends* dar, da hier sowohl die Beliebigkeit und Allgemeingültigkeit des Ortes zum Ausdruck gebracht wird, als auch der Sinn des Satzes *nikdy to tady už nenajdeme* (dt. *wir finden es da nie mehr*). Dabei äußert der Titel *Nirgends* die Verlorenheit und Unwiederholbarkeit der ganzen Szene und Geschichte, wie es die zweite Strophe im Beispiel 4 deutlich zeigt.

Beispiel 4

Nirgends
Vielleicht Pappel, vielleicht Ulmen.
Ein rauer Wind, als wollte er uns warnen.
Dein Kleid bläht sich wie ein Segel im Sturm, ich
Weiß noch wo es im Schrank zu hängen pflegte.
Sein leuchtendes Gelb schimmert durch den sich auftürmenden Nebel.

Rückkehr zum Auto.
Dies war ein kurzes Zwischenspiel. Unwiederbringlich
Verloren wie diese Bäume, im Wind sich wiegend.
Wahrscheinlich Ulmen.

Abb. 4

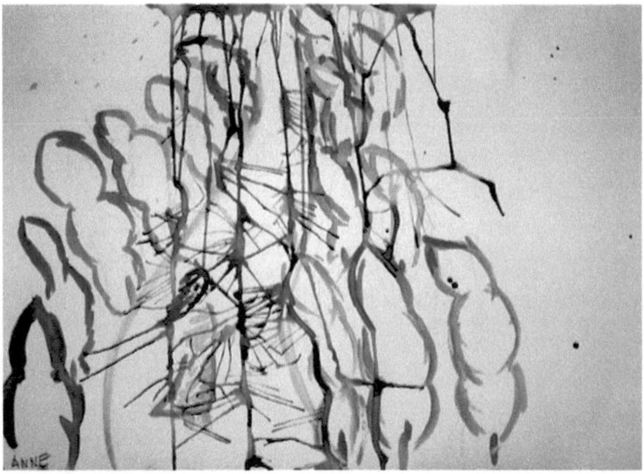

In diesem Bild sehen wir eine Frau in gelbem Kleid, grüne, vom Wind bewegte Bäume, also ein freundliches Bild, wären da nicht die drüber gelegten schwarzen, scharfkantigen Risse, die das Zerrissensein, das Unwiederbringliche, das Ende (Verlorenheit) anzeigen. Das Malen kann u.E. mentale Repräsentationen deutlich machen[6] und dient so in besonderer Weise der Interpretation des Textes. Gleichwohl muss diese malerische Interpretation in Worte ‚übersetzt' werden, um die Ergebnisse für die Übersetzung nutzen zu können.

Eine weitere problematische Textstelle, die nicht durch Wörterbucharbeit zu lösen ist und erwartungsgemäß die meisten Diskussionen im Kurs hervorgerufen hat, ist das Anhalte-Motiv: *Zastávka pro nepatrný, odstraněný důvod.* Wie bereits aus den wenigen angeführten Texten zu entnehmen ist, hat es völlig unterschiedliche Lösungen gegeben. Als Beispiel sollen folgender Text und das dazugehörige Bild dienen.

Beispiel 5

Ein Ort
Pappeln, oder vielleicht auch Ulmen.
Darin der Wind, wie eine Predigt.
Dein Kleid, aufgeplustert vom Wind, wie das Segel eines Bootes.
Ich weiß, wo es seinen Platz im Schrank hatte.
Seine gelbe Farbe durchbrach den Nebel, der über der Straße hing.

6 Vgl. bei Kußmaul (2007), z.B. das Kapitel „Visualisierungen", S. 141–160.

Wir kehren zum Auto zurück.
Wir hatten aus einem nichtigen Grund gehalten. Hat sich erledigt.
Wir werden es nie wiederfinden, nicht einmal die Bäume, die sich im Wind bogen.
Wahrscheinlich waren es Ulmen.

Abb. 5

Das Blatt ist wenig gefüllt, wirkt relativ leer: ein Baum in der Mitte, am rechten Rand ein gelbes Auto, dazwischen Nebel; möglicherweise findet diese Übersetzerin wenig Zugang zum Text oder ist wenig emotional an der bildnerischen Interpretation beteiligt. Eventuell berührt sie auch der Text selbst nicht sehr emotional, sie wahrt eine Distanz zum Textinhalt, was sich in der Bildgestaltung wiederspiegelt. Der Zieltext zeigt folgerichtig eine Straffheit, Strenge, die ein Leser des übersetzten Textes in der Diskussion als „eiskalt" bezeichnet hat. Die Kargheit der malerischen Interpretation führt zu einer sehr straffen Lösung für *nepatrný, odstraněný důvod*: *Wir hatten aus einem nichtigen Grund gehalten. Hat sich erledigt.* Damit ist zwar alles gesagt, und der Ausdruck lässt keine weitere Diskussion zu, trotzdem ist jede Interpretation offen, denn wir wissen immer noch nicht, was der Grund für das Anhalten war. In vorhergehenden Beispiel fanden wir dagegen über ‚freundlich' sich biegenden Bäumen einen ‚scharfen' Nebel oder Risse liegen (vgl. Beispiel und Abb. 4), scharfe Konturen, so wie auch die Übersetzung ‚scharf' erscheint: *Rückkehr zum Auto. Dies war ein kurzes Zwischenspiel.*

Das Motiv des Anhaltens ist sehr streng und sparsam im Beispiel 3 gelöst: *Es war nur eine Pause / aus einem Grund – bedeutungslos, schon beseitigt.* Diese Lösung korrespondiert mit der Vorstellung der Übersetzerin, es handele sich um einen Liebesakt im Freien, etwas, was unangemessen und unmoralisch sei.

worauf sogar der Wind reagiert (*Der Wind will uns über Moral belehren.*). Aus diesem Schuldgefühl heraus, wird der Grund für das Anhalten bagatellisiert – *bedeutungslos* – und in den Hintergrund verschoben – *schon beseitigt* – als ob man nicht darüber reden dürfte.

Die hier angeführten Beispiele können nur andeuten, welchen Einfluss die kreativisierenden Übungen auf die Herausbildung der Arbeitsweisen von Studierenden haben können, gleichwohl kann eine Reihe von Ergebnissen beschrieben werden.

Schlussfolgerungen

Die Beispiele illustrieren, dass ein Komplex von Übungen bzw. Arbeitsschritten, wie wir ihn hier vorschlagen, zu bestimmten ersten Versionen eines Zieltextes führen. Es ist festzustellen, dass jeder Übersetzer und jede Übersetzerin seine bzw. ihre persönlichen Erfahrungen, Kenntnisse, Haltungen, Erinnerungen usw. in die Übersetzungsarbeit einfließen lässt. Zur Optimalisierung des Translats führt erst die weitere Arbeit, in der die Übersetzer alle Bedeutungsnuancen der gefundenen Prototypenbedeutungen mit einbeziehen. Die oben genannten Beispiele zeigen aber auch, dass Übersetzungslösungen, die auf den ersten Blick sehr persönlich konnotiert erscheinen, durch genauere Analyse bestätigt werden können. Bei der Reflexion und den Erklärungen bewerten wir nicht kritisch, welche übersetzerische Lösung richtig ist oder besser passt. Die Studierenden diskutieren kollektiv die Textbedeutungen. Diese Arbeitsweise hat Charakteristika des Brainstormings, so als ob es um die Lösung eines gemeinsamen Problems ginge. In dieser Phase wird also nichts als ‚nicht gelungen' abgelehnt.

Jede Übersetzungsarbeit setzt eine breit angelegte Interpretation voraus. Diese Interpretation kann mit Hilfe von kreativitätsstimulierenden Methoden aus anderen didaktischen Bereichen angeregt werden. Die mannigfaltigen Übungen werden unter der Leitung der Lehrkraft im Kurs unmittelbar reflektiert. Eines der innovativen Ziele ist, dass den angehenden Übersetzern deutlich wird, dass Schreiben, Malen, Zeichnen, Vortragen, Dramatisieren usw. zum Mittel und Hilfsmittel der kognitiven Problemlösung werden können. Die Schreibenden entwickeln durch das eigene Schreiben in der Zielsprache eine allgemeine Textkompetenz. Dabei ermöglicht die Arbeit in der Gruppe, Schreib- bzw. Übersetzungsblockaden zu lösen. Das Problemlösen bei der Wahl der passenden, adäquaten Ausdrucksmittel auf der thematischen, kompositionellen, textsortlichen, stilistischen Ebene bei der Produktion eines erfolgreich kommunizierenden Textes lernen die Studierenden in einer sicheren, gefahrlosen Situation, als Spiel oder Experiment, das die Produktion eines fertigen Produkts simuliert.

Die Studierenden vertiefen und strukturieren ihre einzelnen Fertigkeiten, die allmählich auch internalisiert werden. Der Erwerb von übersetzerischen Kenntnissen und Fertigkeiten, die über sprachlich strukturelle Kenntnisse hinausgehen, wird mit Hilfe von Methoden des kreativen Schreibens (Handelns) unterstützt.

Die gewonnenen Kompetenzen nehmen die Studierenden in ihre translatorischen Kompetenzen auf und können sie im Studium und in der realen Arbeit nutzen. Die kreativitätsstimulierenden Arbeitstechniken führen zu größerer Souveränität im Umgang mit den Informationen der Texte, mit den kognitiven Inhalten der Kommunikation – im Alltag wie beim Studium und in der Praxis. Das bestätigen die Rückmeldungen der Studierenden, die bei sich eine größere Kommunikationssicherheit und verbale Souveränität nach einem solchen Training beobachten. Die Methoden des kreativen Denkens und Handelns überschreiten so die Grenzen der einfachen Übersetzungsübungen, sie formieren die Persönlichkeit der Teilnehmer allgemein.

Literatur

Bräuer, Gerd (1998): Schreibend lernen. Grundlagen einer theoretischen und praktischen Schreibpädagogik, Innsbruck, Wien.

Havránek, Bohuslav (Hrsg.): Slovník spisovného jazyka českého (1960): I. dl. A-M, Praha.

Heinemann, Wolfgang / Viehweger, Dieter (1991): Textlinguistik. Eine Einführung. Tübingen.

Hruška, Petr (2002): Vždycky se ty dveře zavíraly. Brno.

Kumprecht, Karel / Ostmeyer, Jürgen (1994): Česko-německý a německo-český slovník, Praha.

Kußmaul, Paul (2000): Kreatives Übersetzen, Tübingen.

Kußmaul, Paul (1999): Semantik. In: Snell-Hornby, Mary u.a. (Hrsg,): Handbuch Translation, Tübingen, 49–53.

Kußmaul, Paul (2007): Verstehen und Übersetzen. Ein Lehr- und Arbeitsbuch, Tübingen.

Nord, Christiane (1993): Einführung in das funktionale Übersetzen. Am Beispiel von Titeln und Überschriften, Tübingen, Basel.

Nord, Christiane (1988): Textanalyse und Übersetzen: theoretische Grundlagen, Methode und didaktische Anwendung einer übersetzungsrelevanten Textanalyse. Heidelberg.

Reiß, Katharina / Vermeer, Hans J. (1991): Grundlegung einer allgemeinen Translationstheorie, Tübingen.

Siebenschein, Hugo (Hrsg.) (1983): Česko-německý slovník. I. díl. Praha.

Irena Přibylová

Englische Kinderreime und Märchen als literarische Intertextualismen: Möglichkeiten der Sensibilisierung in der Lehrer- und Übersetzerausbildung

The paper focuses on the use of English nursery rhymes in the preparation of future translators from English and teachers of English as a foreign language. The author comments on five basic steps which are crucial in the process of translating nursery rhymes: the warm-up stage, research work, comparison, understanding allusions, and creativity. Examples include traditional nursery rhymes, new and playful versions of such rhymes, and translated versions of nursery rhymes. Extra emphasis is put on the presence of nursery rhymes in the world of adults, that is, in fiction and films, because nursery rhymes are often neglected or misinterpreted by translators in these areas. A focus on nursery rhymes can also be seen as a bridge to translating modern, contemporary poetry for children.

Key words: nursery rhymes; Mother Goose; the process of translation; poetry; creative writing

Schlüsselwörter: Kinderreime; Mutter Gans [Mother Goose]; Translationsprozess; Poesie; Kreatives Schreiben

Jeder von uns lernt in der Kindheit eine Reihe von Sprüchen und Abzählreimen auswendig. Ein Kind erfährt mit ihrer Hilfe die es umgebende Welt, Menschen, Tiere, Dinge, sich selbst. Pie Corbett, Autor eines Handbuchs für Spiele und Aktivitäten, die sich auf Poesie richten, schreibt, dass ein Kind das Bedürfnis hat, sich einen Vorrat an traditionellen und mit Bewegung verbundenen Sprüchen und Reimen schon im Vorschulalter anzulegen (Corbett 2008:2). Im Schulalter und als Erwachsene brauchen wir diese Kinderverse gewöhnlich nicht mehr, so dass sie in Vergessenheit geraten. Verweise auf sie treten allerdings auch in der Erwachsenenwelt auf. Man findet sie in Titeln für Filme und Kriminalromane, in Autobiographien, Geschichten aus der Kindheit und natürlich in Büchern, die Erwachsene für Kinder kaufen. Beim Erlernen einer zweiten Sprache bzw. einer Fremdsprache in der Schule wird den Reimen und Sprüchen gewöhnlich nur am Rande Aufmerksamkeit geschenkt, und zwar didaktisch, z.B. in Bezug auf Zungenbrecher oder Sprichwörter. Ein Bereich, der uns in der Kindheit in unserer Muttersprache intensiv beschäftigte, kommt so in der anderen Sprache kaum zum Tragen. Bei der Arbeit als Übersetzer kann es so passieren, dass Verweise auf Kinderreime aufgrund fehlender Kenntnisse der Ausgangskultur übersehen bzw. fehlerhaft interpretiert werden.

Im Folgenden sollen einige Schwierigkeiten der Übersetzungsarbeit mit Kinderreimen und -sprüchen aufgezeigt werden und Beispiele dargestellt werden, wie diese Klippen umfahren werden können. Die praktischen Erfahrungen spiegeln die Arbeit mit Studierenden der Fächer *Übersetzung* bzw. *Lehramt des Englischen als Fremdsprache* (zumeist in Kursen an der MU Brno, Tschechien).

Schritt eins: Rückkehr in die Kindheit

Der erste Schritt für einen Erwachsenen, einen Studierenden oder Übersetzer, um sich die Bedeutung von Kinderreimen und -sprüchen zu vergegenwärtigen, ist der Versuch, sich an Sprüche und Reime aus der eigenen Kindheit zu erinnern. In Seminaren dient diese Phase der Sensibilisierung. In der Vergangenheit hat das Kind mit Hilfe der Sprüche die Welt und seine Gesetzmäßigkeiten entdeckt – vom eigenen Körper über die nahestehenden Personen, Familie, Essen, Tätigkeiten ‚in Haus und Hof'. Es hat zählen gelernt, sich die Bezeichnungen der Tiere und Jahreszeiten angeeignet. In Seminaren mit erwachsenen Studierenden zielen aktivierende Fragen auf konkrete Bereiche:

> *Erinnern Sie sich an Reime über Tiere? Können Sie sie vortragen? Gibt es darin Katze, Hund, Maus, Fuchs, Gans, Pferd, Rabe oder Storch? Und in Sprüchen über Kinder: Treten da Jungen oder Mädchen auf? Kennen wir ihre Namen? In welchen Reimen gibt es Zahlen, Abzählverse, Wochentage, Monate, Jahreszeiten, Wetter, Sterne, Mond? Gibt es Bezeichnungen für Essen in den Sprüchen, Hinweise auf Brot, Brei, Kartoffeln, Kuchen oder Getreide? Spielen Körperteile eine Rolle: Kopf, Hand, Finger, Beine, Bauch, Augen? Wie sieht es zu guter Letzt mit Bewegungen aus: Erinnern Sie sich an Reime und Sprüche, in denen gehüpft, gelaufen, gefahren, geflogen, gestampft, gefallen wird? Können Sie diese vortragen?*

Nach anfänglichem Zögern erinnern sich die Studierenden an immer mehr Kinderreime und -sprüche, rufen laut Reim-Anfänge in den Raum oder erinnern sich an Melodien, Bewegungen und Gesten oder auch an Kinderspiele. Überraschend ist für die Teilnehmer die Vielfalt der Textvarianten. In einem multikulturellen Seminar mit Beispielen aus dem Türkischen, Spanischen, Französischen, Polnischen oder Griechischen können sich die Studierenden einen weiteren Fakt bewusst machen – die Wichtigkeit des Rhythmus'. Auch inhaltlich ähneln sich manche dieser Sprüche: unsere Kindheit verleben wir in einer gemeinsamen Welt, wenn auch verschiedene Sprachen sprechend.

Trotz des geringen Umfanges der Kinderreime, zumeist zwei oder vier Zeilen, können diese verschiedene Themen kombinieren: Personen, Handlungen, Essen, Töne usw. In traditionellen Kindersprüchen finden wir häufig Archaismen.

Zumeist betrifft das Erscheinungen des dörflichen Lebens oder traditionelle Tätigkeiten und Objekte wie *Reifen, Karussell, Ofen, Wiege, Böttcher* u.a. Daneben gibt es weitere sich wiederholende Erscheinungen wie einfache Reime, Lautmalerei, Sprachspiele. Bevor ein Kind die tatsächliche Bedeutung des Wortes erwirbt, hat es die Möglichkeit, mit Tönen und Silben zu spielen. Häufig ist der Ton der Sprüche humorvoll, Dinge und Personen treten in absurden Kombinationen auf, das Ende ist überraschend. Besonders typisch ist der Rhythmus. Zuweilen ist es nicht wichtig, was wir sagen, sondern wie wir es sagen. Viele Kinderreime sind mit einer Melodie verbunden, werden eigentlich gesungen, häufig begleitet von bestimmten Bewegungen bzw. streng geregeltem Tanz. Ein einfacher Kinderreim trägt mehr als sprachlichen Reichtum in sich. Er verweist auch auf Wertigkeiten, traditionelle Tätigkeiten, Geschichte, Kultur und nationale Identität.

Wenn sich Erwachsene mit Hilfe bestimmter Übungen an Sprüche und Reime aus ihrer Kindheit erinnern, können sie sie in ihren ‚Arbeitsspeicher' als zukünftige Übersetzer verschieben. Auf diese Weise können sich die Studierenden einen nutzbaren Vorrat an Sprüchen anlegen, der im gegebenen Moment aktualisiert werden kann. Durch Diskussionen und Vergleiche erlernen sie die formalen Zeichen der Sprüche, wodurch sie im literarischen oder kulturellen Kontext besser in der Lage sind, Sprüche und Reime selbst sowie Verweise auf diese zu erkennen.

Schritt zwei: Quellen-Recherche

In der englischsprachigen Welt existiert eine Sammlung von Kinderreimen und -sprüchen unter dem Titel *Mother Goose*. Dieser Titel geht auf eine ältere Märchensammlung mit demselben Titel zurück, die im 18. Jahrhundert aus dem Französischen ins Englische übersetzt wurde. Aufgrund ihrer Popularität wurden weitere Geschichten von *Mother Goose* herausgegeben, dieses Mal mit englischen Kinderreimen. Im 19. Jahrhundert, in der viktorianischen Zeit, enthielt die Sammlung bereits an die siebenhundert Texte.[1] Kinderreime und -sprüche haben als Teil des mündlichen Volksschaffens weder Autor noch Titel (gewöhnlich dient die erste Zeile als Titel). Das heißt, dass sie nicht durch Urheberrechte gesichert sind. In den englischsprachigen Ländern gibt es deshalb verschiedene, reich illustrierte Sammelbände. Tschechische Leserinnen und Leser haben kaum Möglichkeiten, diesen Reichtum zu entdecken. Einige ausgewählte Kinderreime lernen sie im Englischunterricht in der Schule kennen, jedoch bleibt ihnen die

1 Vgl. z.B. Smith, J. W. (1986): The Jessie Willcox Smith Mother Goose. A Careful and Full Selection of the Rhymes. New York: Derrydale Books.

Existenz der großen Sammlungen englischer Sprüche und Reime verborgen, so dass daraus Probleme für Übersetzer und Übersetzerinnen entstehen können.

Übersetzer und Übersetzerinnen, die Sprüche und Reime zuletzt in der Kindheit gehört haben und in einem fremdsprachigen Text auf einen Spruch stoßen, werden wahrscheinlich zunächst im Internet nach Informationen und Inspirationen suchen, verschiedene Webseiten bieten eine immer größer werdende Auswahl an Kinderreimen (*nursery rhymes*).Wichtig ist bei der Suche, von den audiovisuellen Kitschproduktionen für die Kleinsten zu den Seiten zu gelangen, die sich mit dem eigentlichen Text befassen. Dort findet man Hinweise auf die zwei grundlegenden britischen Folklore-Forscher, die sich der Kinderliteratur widmen. Die anonymen Autoren der Webseiten ‚zitieren' häufig ihre Beispiele wie auch die Schlussfolgerungen. Aus diesem Grund ist es wichtig, direkt an die Quelle zu gehen. Die erste Ausgabe des kommentierten *The Oxford Dictionary of Nursery Rhymes* von Peter und Iona Opie erfolgte im Jahr 1951. In diesem umfangreichen Werk wird die Geschichte der Entstehung der englischen Sprüche wissenschaftlich kommentiert, ihre unterschiedlichen Varianten und ihre Entwicklung aufgezeigt. In einer überarbeiteten Neuauflage aus dem Jahr 1997 gibt es ein Kapitel über die Verbindung traditioneller Sprüche mit Melodien. Interessant ist, dass Kinderreime und -sprüche, die keinen Sinn zu haben scheinen, einen konkreten historischen Hintergrund besitzen (z.B. *Jack and Jill; Baa baa black sheep; Charley, barley, buck and rye*), bzw. auf vorchristliche Zeiten verweisen (z.B. *Rain, rain, go away*). Wir können feststellen, dass einfache Kindersprüche eine auf den ersten Blick nicht sichtbare historische Dimension aufweisen: sie sind Zeugen althergebrachter Traditionen und Gebräuche.

Schritt drei: Vergleich unterschiedlicher Versionen der Kinderreime und ihrer Übersetzungen

Ein klassisches literarisches Werk, in dem tschechische Leser, wie auch Leser anderssprachiger Übersetzungen, auf traditionelle englische Kindersprüche und Reime treffen, ist *Alice im Wunderland* (*Alice's Adventures in Wonderland*) von Lewis Carroll (1865). Carrolls Sprüche, Gedichte und Reime sind häufiges Thema in Übersetzungsseminaren. Bei seiner spielerischen Verarbeitung von Kinderreimen kann er davon ausgehen, dass ein englisches Kind die originale Version der Sprüche kennt. Carrolls Fassungen sind gleichfalls gereimt und im ursprünglichen Rhythmus gehalten, haben jedoch einen anderen – einen überraschenden und komischen – Inhalt. So werden erhabene Dinge, wie zum Beispiel ein blinkender Stern und ein Diamant in einem Spruch über den Stern zu einer Fledermaus und einem Tablett.

Twinkle, twinkle, little bat!
How I wonder what you're at!
Up above the world you fly,
Like a tea-tray in the sky.
Twinkle, twinkle little bat!
How I wonder what you're at!
(Carroll 1984:69)

Dieser Text bezieht sich auf folgende traditionelle Version:

Twinkle, twinkle, twinkle star
How I wonder what you are
Up above the world so high
Like a diamond in the sky.
Twinkle, twinkle, twinkle star
How I wonder what you are.

In der britischen Gegenwartsliteratur spielt, ähnlich wie Carroll, der Schriftsteller und Dichter Benjamin Zephaniah mit traditionellen Kinderreimen. Er ist ein bekannter politischer Aktivist, Rapper, Veganer und Vegetarier. In seiner Gedichtsammlung *Funky Chickens* (1997) für größere Kinder finden wir folgendes Beispiel:

Health Food Stop
Little Miss Muffet
Sat on her Tuffet
Eating her organic pears,
Along came a spider
Disguised as her driver
To nibble her carob éclairs.
(Zephaniah 1997:14)

Bislang existiert keine tschechische Übersetzung der Texte Benjamin Zephaniahs. Für eine neue, spielerische Übersetzung wäre die Kenntnis des ursprünglichen Reims sicher von Vorteil. Er lautet folgendermaßen:

Little Miss Muffet
Sat on a tuffet,
Eating her turfs and whey;
There came a big spider
Who sat down beside her
And frightened Miss Muffet away.

Tschechische Übersetzungen von englischen Sprüchen, Reimen oder Poesie für Kinder gibt es kaum. Der traditionelle Reim über *Miss Muffet* liegt in einer Übersetzung von Antonín Přidal in einem Büchlein von Paula Rego (1997) vor, das als Begleitmaterial zu einer Ausstellung von 30 Radierungen, Illustrationen zu 30 englischen Kinderreimen, erschien. Die Künstlerin Paula Rego betont die dunkle, versteckte Seite der Kindersprüche, spielt mit den Schatten, der Größe und den Ausdrücken der Figuren, nutzt verschiedene Abstufungen von Schwarz. Antonín Přidal, der sich im schöpferischen Übersetzungsprozess von diesen „temnými a bizarními" (dt.: „dunklen und bizarren") (Rego 1997:8) Illustrationen inspirieren ließ, schuf die wahrscheinlich erste moderne tschechische Version englischer Kindersprüche (allerdings in einer Sammleredition, nicht im Buchhandel).

Byla jedna bedna,
na ní dívka Edna
mlsala podmáslí bez másla.
A když velký pavouk
do podmáslí nakouk,
leknutím se roztřásla.
(Přidal in Rego 1997:16)[2]

Die ursprünglichen Kinderreime in Verbindung mit der beabsichtigten Aussage der Künstlerin haben wenig mit einer klassischen Sammlung scheinbar naiver Kinderreime und -sprüche zu tun und sind im besprochenen Buch eher für Erwachsene geeignet. Antonín Přidal hat die meisten der 30 Kinderreime in Form von zweisilbigen Wörtern und Reimen mit der Betonung auf der ersten Silbe übertragen, wie es typisch ist für das Tschechische. Im Englischen dagegen sind einsilbige Reime typisch, die Betonung ist nicht fest, von ihr hängt der Rhythmus des Vortrags ab (zur Bedeutung des Rhythmus für die Übersetzung vgl. z.B. im vorliegenden Band Kyloušek).

Schritt vier: Kinderreime für Erwachsene als Allusion

Übersetzer haben es mit Kinderreimen und -sprüchen meistens in unerwarteten Kontexten zu tun: in Texten, die sich an Erwachsene richten. Es handelt sich hier um das gleiche Prinzip wie schon bei Carroll und Zephaniah. Der Autor des Ausgangstextes geht davon aus, dass die Leser sowohl den Wortlaut als auch den Inhalt der Originalverse kennen. Diese Kenntnis ermöglicht es, den Inhalt des neuen Textes zu erschließen. Erwachsene Leser bzw. Übersetzer treffen auf Kindersprüche, die in Texten anderen Charakters versteckt sind. Erkennt ein Übersetzer oder Verleger einen Kinderspruch oder -reim nicht, entstellt er den

---

2 Wörtliche Übersetzung: Es war eine Kiste / darauf das Mädchen Edna / naschte Buttermilch ohne Butter. Und als eine große Spinne / in die Buttermilch reinsah / erzitterte sie vor Schreck.

Text oder einen Teil des Textes. Als Beispiel soll hier der Titel des Romans von Ken Kesey *One Flew Over the Cuckoo's Nest* (1962) und zwei tschechische Übersetzungen des Titels dienen. Der Titel verweist auf die amerikanische Variante eines Abzählreimes:

> Vintery, mintery, cutery, corn,
> Apple seed and apple thorn,
> Wire, briar, limber lock
> Three geese in a flock
> One flew East, one flew West
> And one flew over the cuckoo's nest.

Die bekanntere englische Variante lautet:

> Charley, barely, buck and rye,
> What's the way the Frenchmen fly?
> One flew East and one flew West,
> And one flew o'er the cuckoo's nest.

Der Sinn des Reimes ist es also, dass jemand aus einer Gruppe ausgeschlossen wird, werden soll. Neben der Kenntnis des Romaninhalts wäre die Kenntnis des Spruches sowohl in seiner amerikanischen wie auch seiner englischen Version beim Finden einer korrekten Übersetzung ins Tschechische hilfreich. Als die Verfilmung des Romans (Miloš Forman, USA 1975) 1990 in die tschechischen Kinos kam, geschah das mit einem wörtlich übersetzten Titel *Přelet nad kukaččím hnízdem.*[3] Der Titel wurde angenommen, obwohl er im Kontext der erzählten Geschichte sinnlos ist.

Keseys Roman ist auf Tschechisch zuerst 1980 erschienen, in einer zweiten Auflage 2010. Der renommierte Übersetzer Jaroslav Kořán gab dem Werk einen Titel, der inhaltlich dem Roman entspricht und rhythmisch einem Abzählreim: *Vyhoďme ho z kola ven* (deutsch etwa: *Und raus bist du*; wörtlich: *Werfen wir ihn aus dem Kreis*). Die Filmverleiher haben hier zwei für die Übersetzungsarbeit wichtige Dinge vernachlässigt: die Kenntnisse des kulturellen Kontextes und die Recherche vorliegender Materialien.

---

3 Roman und Film erschienen auf Deutsch ebenfalls unter dem wörtlich übersetzten Titel *(Einer flog über das Kuckucksnest).*
Die tschechische Filmversion wurde am 1.2.1990 aufgeführt, siehe dazu *One Flew Over the Cuckoo's Nest* (1975), Release info unter http://www.imdb.com/title/tt0073486/releaseinfo?ref_=tt_dt_dt#akas (2.4.2014). Hier finden sich Daten zu Premieren in weiteren 31 Ländern, darüber hinaus die Titel der fremdsprachigen Versionen, zumeist eine wörtliche Übersetzung des englischen Titels mit dem Schlüsselwort ‚Kuckuck'.

Ein weiteres Beispiel für die Nutzung von Kinderreimen in Buchtiteln ist der Spionageroman *Tinker, Tailor, Soldier, Spy* von John Le Carré (1974). Der Text des englischen Spruchs ist eigentlich nur eine Aufzählung von Personen: „Tinker, tailor, soldier, sailor, rich man, poor man, beggar man, thief." Im entsprechenden Kinderspiel erhalten die Figuren ihre Bedeutung durch das rhythmische Sprechen und das Spiel mit Steinchen o.Ä. Je nach Absicht der Spieler kann es ein Abzählreim oder eine Vorhersage der Zukunft sein. Im Roman sind diese Namen Codenamen der Geheimagenten. Einer von ihnen ist ein Doppelagent, ein (sowjetischer) Spion, der Spion aus dem Romantitel, der im Spruch fehlt. Die Filmversion des Romans entstand im Jahr 2011 (Tomas Alfredson, UK/F/D). Der tschechische Titel entspricht dem Inhalt des Spruches: *Jeden musí z kola pryč* (wörtlich: *Einer muss raus aus dem Kreis*, auch in etwa: *Und raus bist du.*). Der Roman erschien in tschechischer Übersetzung ein Jahr später: 2012. Die Übersetzerin Veronika Volhejnová hat den Titel geringfügig verändert, der Sinn bleibt jedoch erhalten: *Jeden musí z kola ven.*[4]

Verweise auf Kinderreime finden wir vielfach in den Titeln der Kriminalromane von Agatha Christie oder Ed McBain. Agatha Christie fügt sie gewöhnlich in die Geschichte ein, so dass ein Übersetzer keine Schwierigkeiten bei der Suche nach der Bedeutung hat. Das ist der Fall in den Romanen *Kapsa plná žita [Pocket Full of Rye]* (Original 1953), oder *Deset malých černoušků [Ten Little Niggers]* (Original 1939)[5].

Ed McBain erschuf einen Detektiv namens Matthew Hope. Er trat in einer Serie auf, deren Titel und Motive von Märchen abgeleitet sind. So z.B. *Goldilocks [Zlatovláska / Goldlöckchen und die drei Bären]*, *Rumpelstitlskin [Skřet a královna / Rumpelstilzchen]*), *Puss in Boots [Kocour v botách / Der gestiefelte Kater]*. Diese Märchentitel stellen dagegen kein Problem für Übersetzer dar.

---

4 Die tschechische Version des Films kam am 2.2.2012 unter dem Titel *Jeden musí z kola ven* in die Kinos. Siehe *Jeden musí z kola ven*, Česko-Slovenská filmová databáze, http://www.csfd.cz/film/279519-jeden-musi-z-kola-ven/ (2.4.2014). Der Roman erschien gleichzeitig im Prager Verlag *Mladá fronta*. Vgl. Roman Lipčík: *Jeden musí z kola ven.* Iliteratura.cz, unter der Seite http://www.iliteratura.cz/Clanek/29487/carre-john-le-jeden-musi-z-kola-ven (2.4.2014).

5 Der Romantitel wurde später verändert und lautet jetzt nun *And Then There Was None.* [*Und dann gabs keines mehr*]. Dieser Titel ist ein Zitat der letzten Zeile des Spruches und gleichzeitig – im Unterschied zum ursprünglichen Titel – politisch korrekt. Zur Geschichte der Buchausgaben und der Adaptionen für Radio und Film siehe http://www.agathachristie.com/christies-work/stories/and-then-there-were-none/193 (2.4.2014). Im Tschechischen liegt der Roman noch immer unter der wörtlichen Übersetzung des ursprünglichen Titels vor: *Deset malých černoušků (Ten Little Niggers)*, s. z.B. http://www.databazeknih.cz/knihy/deset-malych-cernousku-236?c=all, (2.4.2014).

Problematisch ist der Titel des Krimis *Mary Mary* (1992), der in tschechischer Übersetzung unter demselben Titel erschien (1994). Es handelt sich dabei um eine Frau, die beschuldigt wird, drei Mädchen ermordet zu haben, von Beruf ist sie Gärtnerin. Ihren Namen Mary, betont im Titel durch die Wiederholung, verbinden die englischen Leser mit einem traditionellen Kinderreim, der einen identischen Anfang hat. Darin geht es um *Mary*, einen *Garten* und *hübsche Mädchen in einer Reihe*:

> Mary, Mary, quite contrary,
> How does your garden grow?
> Silver bells and cockle shells,
> And pretty maids all in a row.

Tschechische Leser können diese Assoziation nicht aufbauen, so dass der Titel *Mary, Mary* ‚leer' bleibt. Außerdem hat der Autor McBain den Text des Spruches im Roman nicht wörtlich zitiert. Der Roman ist vielmehr als Variation auf den bekannten Spruch geschrieben. Während englische Leser den Kontext kennen, können sich die tschechischen Leser diese Anspielung nicht erschließen. Obwohl der Text in der Übersetzung auch ohne die Kenntnis des Kinderspruches verständlich ist, ermöglicht die Arbeit an diesem Beispiel eine Debatte über den Kontext eines Werkes und die Möglichkeiten, den Titel eines Werkes angemessen zu übersetzen.

Beispiele dieser Art dienen im Übersetzungsunterricht der Veranschaulichung mehr oder weniger gelungenen, erfolgreichen, kreativen Handelns. Die Lehrkraft kann hier die Notwendigkeit einer umfassenden Interpretation des Ausgangstextes und gründliche Kenntnisse der Ausgangskultur aufzeigen, eventuell die Bedeutung umfassender Recherche.

Schritt fünf: Entwicklung sprachlicher Kreativität bei Übersetzungs- und Lehramtsstudierenden

Bei der Evaluierung von Übersetzungsseminaren loben Studierende im Allgemeinen die Techniken, die die schöpferische Phantasie aktivieren. Wenn ein passender Titel für den Krimi *Mary, Mary* gesucht werden soll, kann z.B. mit freiem Schreiben in der Zielsprache begonnen werden. Die Studierenden schreiben Wörter, zwei bis drei Zeilen, die die Atmosphäre eines Kinderreims aufnehmen, ohne dass der Spruch wörtlich übersetzt würde. Als Hilfsübung ist eine Zeichnung denkbar (vgl. Fišer 2001 und im vorliegenden Band). An diese Übung schließt sich eine weitere Übung an, in der Reime und Rhythmus gesucht werden, eventuell in Verbindung mit Gesten oder Tanz. Erst danach sollen die Studierenden versuchen, in der Zielsprache einen Spruch zu schaffen, der mit einem Mädchennamen und der Gartenliebhaberei des Mädchens spielt. Aus diesem Spruch kann dann ein Titel für den Roman gebildet werden, der mit dem Inhalt korrespondiert. Die für die Wahl eines neuen Titels entscheidende Phrase kann dann u.U. auch einen anderen Teil des Spruches reflektieren als gerade den Namen des Mädchens.

Im englischsprachigen Raum wird der Entwicklung der kreativen Fähigkeiten der Kinder im Umgang mit Sprache und Textkompetenz große Aufmerksamkeit geschenkt. Schon in der Grundschule beschäftigt man sich zielstrebig damit und zwar auf der Grundlage einer *bank of nursery, traditional and action rhymes* von der z.B. Corbett (2008:2) spricht. Davon ausgehend gibt es weitere Sprachspiele, das Schaffen eigener Reime, das Lesen von Poesie, Treffen mit Dichtern, das Schreiben von Gedichten, Performances, u.Ä. Es ist nicht nötig, sich vor Poesie (oder Kinderreimen) zu fürchten, wie Richard Flynn (2009) schreibt, es ist unnötig, sich für Poesie oder Reimen und Sprüche zu schämen. Der Unterricht in Tschechien zeigt andere Erfahrungen: Die Arbeit mit literarischer Folklore und Poesie wird in den Schulen vernachlässigt. Daraus folgt, dass tschechische Studierende sich in den Seminaren zunächst weigern, mit Gedichten, Reimen oder Sprüchen zu arbeiten. Sie mögen keine Gedichte und führen an, dass sie in der Schule keine Gedichte auf Englisch gelesen haben. Aus diesem Grund schreiben sie zunächst wörtliche Arbeitsübersetzungen ohne Reim und Rhythmus. Die Übungen mit den englischen und tschechischen Kinderreimen und -sprüchen stimmen die Studierenden auf die Arbeit mit Reim und Rhythmus ein und verbessern ihre weiteren Übersetzungsversuche. Die einzelnen Versionen der Sprüche werden verglichen, kommentiert, laut vorgetragen, die Auswahl der Wörter, Reime usw. verteidigt. Wichtig ist auch die Verbindung der lautlichen Seite der Sprüche mit Gesten und Bewegungen – die endgültige Silbenzahl ist dem Rhythmus des Reimes oder Spruches untergeordnet. Die Teamarbeit wird von den Studierenden als wichtigste Erfahrung aus einem Seminar gewertet, als Luxus, den sie sich in ihrem Arbeitsleben nicht erlauben können.

In dieser Situation muss die Frage gestellt werden, wie mit den englischsprachigen Sprüchen in einem anderssprachigen Umfeld gearbeitet werden kann, ob die Erfahrungen mit englischen Kinderreimen verallgemeinert und auf das Unterrichten anderer Sprachen übertragen werden kann. Aus praktischer Sicht kann gesagt werden, dass es für Englischlehrer in Grundschulen wichtig ist, ein umfangreiches Repertoire an Reimen und Sprüchen für verschiedene Gelegenheiten zur Verfügung zu haben. Zukünftige Lehrer sollten sie auswendig vortragen können, sprechen, singen, mit den entsprechenden Bewegungen vorführen. Gleichfalls sollten sie in der Lage sein, Zusammenhänge mit heimischen Kinderreimen und -sprüchen herzustellen, z.B. mit Hilfe der Übungen aus den Schritten eins und drei. Solchen Englischlehrern werden die zukünftigen Übersetzer und Übersetzerinnen sicher dankbar sein.

Zukünftige Übersetzerinnen und Übersetzer sollten die Fähigkeit erwerben, im Text selbstständig Reime und Sprüche zu identifizieren. In Übersetzungen für Kinder ist es notwendig, sowohl die Funktion desselben zu erhalten als auch Rhythmus, Reim, Silbenzahl, lautliche Qualität, Singbarkeit und Sprachspiele zu respektieren. Das heißt, die Betonung liegt hier darauf, wie eine bestimmte Textpassage gesprochen wird. In einer Übersetzung für Erwachsene sollte zunächst der Inhalt erhalten bleiben, also formuliert werden, *was* gesagt wird. Erst dann kann auch mit Rhythmus, Silbenzahl und lautlicher Qualität gearbeitet werden. Hier kann zur Inspiration ein kreativer dichterischer Ansatz oder etwa die Arbeit guter Übersetzer (beispielsweise Antonín Přidal in seinen Übersetzungen englischer Nonsenspoesie und von Kinderreimen) dienen.

Auch so ein enger Bereich der Übersetzungstätigkeit, wie es die Arbeit mit Kinderreimen und -sprüchen ist, hat im Rahmen der Ausbildung und des Berufs seine Bedeutung. Die Entwicklung sprachlicher, interkultureller und textproduktiver Kompetenzen ist Bestandteil der pädagogischen und übersetzerischen Fähigkeiten zukünftiger Übersetzer und Lehrer und erhöht ihren professionellen Erfolg. Gleichzeitig wird die Bereitschaft der Studierenden verbessert, sich ohne Angst, aktiv an poetische literarische Formen, Folklore, Volkslieder, literarische Allusionen und Intertextualität insgesamt anzunähern. Sie mit diesen Bereichen bekannt zu machen und ihnen die Möglichkeit des schöpferischen Ausprobierens zu geben, eröffnet die Möglichkeit, fachliche Diskussionen über die Rezeption von Poesie im Schulunterricht und die Arbeit mit Poesie und Literatur im fremdsprachlichen Unterricht zu führen oder aber auch die Übersetzungskritik zu bereichern. Diese Diskussionen können stimulierend sowohl auf die Rehabilitation eines Poesie-Unterrichts in den Schulen (Grund- und höhere Schulen) als auch auf die Einführung eines Faches Kreatives Schreiben (z.B. in den Bachelorprogrammen) wirken. Gleichermaßen kann die Diskussion über die Übersetzung zeitgenössischer (englischsprachiger) Poesie aufgenommen werden. Der Kreis schließt sich: eine qualitativ hochwertige Bildung können gut und allseitig ausgebildete, kreativ handelnde Pädagogen ermöglichen.

Literatur

Carroll, Lewis (1984): Alice's Adventures in Wonderland, Through the Looking Glass, The Hunting of the Snark, New York.

Corbett, Pie (2008): Jumpstart! Poetry. Games and activities for ages 7–12, London and New York.

Dorůžka, Lubomír (Hrsg.) (1961): Americká lidová poezie [Amerikanische Volkspoesie], Praha.

Fišer, Zbyněk (2001): Tvůrčí psaní. Malá učebnice technik tvůrčího psaní [Kreatives Schreiben. Kleines Lehrbuch der Techniken des Kreativen Schreibens], Brno.

Flynn, Richard (2009): The Fear of Poetry. In: Grenby, M. O. / Immel, Andrea (Hrsg.), The Cambridge Companion to Children's Literature, Cambridge, 76–89.

Hope, Matthew (1993): Mary, Mary, New York.

Jordan, Louise (2010): How to Write for Children and Get Published. London.

Kesey, Ken (2005): One Flew Over the Cucko's Nest. New York (Erstausgabe 1962).

Kesey, Ken (1980): Vyhoďme ho z kola ven [Und raus bist du]. Übersetzt von Jaroslav Kořán, Praha.

LeCarré, John (2008): Tinker, Tailor, Soldier, Spy. London (Erstausgabe 1974).

McBain, Ed (2013): Mary, Mary, Byla jedna holčička, Šilhavý medvídek [Mary Mary, Es war ein Mädchen, Der schielende Teddybär]. Übersetzt von Miroslav Košťál, Praha.

Opie, Peter / Opie, Iona (1997): The Oxford Dictionary of Nursery Rhymes. Revised edition, Oxford.

Rego, Paula (1997): Dětská říkadla [Kinderreime]. Übersetzt von Antonín Přidal, Praha.

Smith, Jessie Willcox (1986): The Jessie Willcox Smith Mother Goose. A Careful and Full Selection of the Rhymes, New York.

Zephaniah, Benjamin (1997): Funky Chickens. London.

C Literarische Ansätze und Intermedialität

Petr Kyloušek

Interkulturelle Kompetenzen bei der Dramaübersetzung. Zentrum-Peripherie-Probleme am Beispiel des *Joual* von Quebec

A good knowledge of the development and the changes in a cultural situation represents one of the constituents of a translator's proficiency. From the former derives the capability to correctly analyze, interpret and in the following stage, to find suitable strategies of translation. The translation cannot be understood solely as a dual relationship between two cultures. The situation is more complicated in places where the culture of one country or another makes part of the dynamics of a broader cultural space. One of such cases is Quebec literature, which has, since the 1960s, radically reevaluated the identity status of language and culture. In order to better understand the situation, it is necessary to approach several partial issues: 1) the process of deperipherization and its consequences for the identitary position of language, here embodied by the axiology of the relationship between Canadian French and French from France; 2) a reevaluation of the language periphery and its being set into a central position inside the French-Canadian literature: this aspect concerns mostly the urban argot (so-called *joual*), which becomes, similarly to Creole language in other regions, a cultural reference with a privileged literary position; 3) the necessity of re-evaluating the translation strategy: an example of this being the playwriting of Michel Tremblay, a classic of modern Quebec theatre.

Key words: Cultural centre and periphery, peripherization and deperipherization, dynamics of language standards, Canadian French, *joual*, translation strategy

Schlüsselwörter: Kulturelles Zentrum und Peripherie, Peripherisierung und Entperipherisierung, Sprachstandards und ihre Dynamik, frankokanadische Varietät, *Joual*, Translationsstrategie

Beim Erlernen des literarischen Übersetzens spielt das kreative Schreiben eine wichtige Rolle und für die Entwicklung der Kreativität ist ein umfassendes Verständnis des kulturellen und interkulturellen Kontextes unerlässlich. Die Übersetzungsdidaktik muss deshalb gute Kenntnisse der Entwicklung und Veränderung der kulturellen Situation einschließen. Daraus entwickelt sich die Fähigkeit, einen Text korrekt zu analysieren, zu interpretieren und anschließend entsprechende Übersetzungsstrategien zu finden. In manchen Fällen wird deutlich, dass eine Übersetzung nicht nur als zweiseitige Beziehung zwischen zwei Kulturen begriffen werden kann, sondern dass die Situation komplizierter ist, wenn die Kultur des einen oder anderen Landes Teil eines größeren kulturellen Kontextes ist, wie das zum Beispiel bei frankophoner Literatur der Fall ist. Weiterhin muss den Studierenden der Translatologie nahe gebracht werden, dass auch bezüglich interkultureller Beziehungen der Zeitfaktor eine Rolle spielt, da sie nicht statisch sind, sich mit der Zeit ändern und diese Dynamik beim Übersetzen entsprechend reflektiert werden muss. Sie beeinflusst nämlich die axiologischen Attribute kultureller und sprachlicher Äußerungen und damit auch deren Wertigkeit sowie stilistische Einordnung. Nur eine entsprechende Bewertung der axiologischen Faktoren ermöglicht das Auffinden der passenden Übersetzungsstrategie. Die vorliegende Fallstudie soll als Muster für eine theoretische Vorbereitung und die Suche nach pragmatischen Strategien für kreative Lösungen dienen. Darüber hinaus wird eine typologisch bestimmende Erscheinung betrachtet, die eine Verallgemeinerung interkultureller Dynamik, wie sie die Beziehungen zwischen Quebecer und französischer Kultur kennzeichnet, ermöglicht. Die Möglichkeit zur Verallgemeinerung betrifft auch die Zielkultur bzw. Zielkulturen. Obgleich hier als Zielsprache Tschechisch betrachtet wird, bietet doch die theoretische Grundlage und die Analyse der Ausgangssituation ausreichend Informationen für ähnliche Überlegungen hinsichtlich anderer Zielsprachen.

In der übersetzerischen Praxis und ihrem Unterricht findet die kulturelle Situation eines Landes nicht nur in Form von landeskundlichen Kenntnissen Beachtung. Die Eigenständigkeit kultureller Räume beruht auf ihren gegenseitigen Beziehungen, die oft nicht nur das literarische Geschehen bestimmen, sondern auch die literarische Sprache beeinflussen, vor allem deren Status. Von diesem Standpunkt ausgehend, stellen wir uns die Aufgabe, die Problematik der Beziehungen zwischen dem Zentrum und der Peripherie, die Dynamik der ‚Entperipherisierung', also der Autonomisierung der Peripherie, darzulegen. Wir erläutern die Konsequenzen, die sich daraus für die institutionelle Stellung und die Gliederung einer Sprache ergeben. Als Beispiel dient uns die frankokanadische Literatur bzw. die Literatur von Quebec und deren Beziehung zur französischen Literatur.

Unsere Argumentation gliedert sich in vier Teile. Im ersten Teil erläutern wir die Hauptmerkmale der Beziehung zwischen Zentrum und Peripherie in der Literatur und Kultur sowie deren Konsequenzen für das literarische Geschehen und die institutionelle Stellung einer Sprache. Im zweiten Teil werden wir die Entwicklungsdynamik der sprachlichen Norm und der literarischen Sprache am Beispiel der Entperipherisierung des frankokanadischen Quebec verfolgen. Die theoretischen Überlegungen und die Beispiele bieten eine konzeptionelle didaktische Grundlage, um kulturelle und interkulturelle Erscheinungen identifizieren zu können, deren Beachtung grundlegend für eine korrekte sprachliche Umsetzung in Übersetzungen ist. Im dritten Teil wird gezeigt, dass, in Abhängigkeit von der

Dynamik der historischen Entwicklung kultureller Entperipherisierung und der Verschiebung peripherer sprachlicher Erscheinungen in eine normative Stellung, unterschiedliche Übersetzungsentscheidungen für Texte aus unterschiedlichen Zeiträumen getroffen werden müssen. Denn diese sprachlichen Erscheinungen, in unserem Falle aus dem Substandard der Volksschichten der Montrealer Peripherie, *joual*, erhalten eine andere Bedeutung. Die Schlussfolgerungen werden dann an der Modellierung unterschiedlicher Übersetzungsstrategien für das Theaterstück *Sainte Carmen de la Main* (1976) von Michel Tremblay veranschaulicht.

Das Zentrum und die Peripherie

Wir können davon ausgehen, dass Kulturräume nicht homogen sind. Neben Anziehungszentren und Gebieten, in denen sich Werte sammeln und verdichten, gibt es Randräume, die von diesen Zentren dominiert werden. Weiterhin kann man von einer unterschiedlichen Gestaltung nationaler Kulturräume ausgehen. Während einige Kulturen – zum Beispiel die italienische oder die deutsche – polyzentrisch aufgebaut sind, sind andere – zum Beispiel die französische – eher monozentristisch. Neben den nationalen Räumen finden wir auch einen supranationalen Aufbau, in dem einige Nationalzentren am Rande anderer Kulturen auftreten, sozusagen in kultureller Abhängigkeit von ihnen. Mag die Verflechtung der Kulturräume auch noch so kompliziert sein, so lassen sich doch die charakteristischen Merkmale des Zentrums und der Peripherie verallgemeinern und definieren. Siehe dazu die folgende Tabelle:

Tab. 1: Vergleichende Übersicht über die Merkmale von Zentrum und Peripherie

Zentrum	Peripherie	Merkmale
Kontinuität	Diskontinuität	Ontologisch
Stabilität	Instabilität	
Vorsprung gegenüber der Peripherie	Rückstand gegenüber dem Zentrum	
Produktion > Rezeption	Rezeption > Produktion	
Selbstständigkeit	Unselbstständigkeit	ontologisch und axiologisch
Originalität	Nachahmung	
Superioritätskomplex	Inferioritätskomplex	Axiologisch
Autorität, Authentifizierung und Legitimierung von Werten	Fehlen der Autorität und der Kraft zur Authentifizierung und Legitimierung von Werten	
Konzentration der Werte	Zersplitterung der Werte	

Zentrum	Peripherie	Merkmale
axiologische Überfülle	axiologischer Mangel	
stark hierarchisierte Axiologie mit vertikaler Strukturierung und Schichtung der Werte (Superposition der Werte)	nicht hierarchisierte Axiologie mit horizontaler Strukturierung der Werte (***Juxtaposition*** der Werte)	
Exklusionsprozesse, strikte Begrenztheit	Inklusionsprozesse (Mischung, Hybridisierung), abgeschwächte Begrenztheit	

Die angeführte Übersicht stellt einen Versuch dar, dichotomisch die Hauptmerkmale zu gliedern, mit deren Hilfe Zentrum und Peripherie unterschieden bzw. auch identifiziert werden können, so z.B. die Beziehungen zwischen dem frankophonen Belgien und Frankreich. Dieselbe Frage kann auch für sprachlich unterschiedene, kulturell aber zusammenhängende Räume gestellt werden, so z.B. in Mitteleuropa für die tschechische und die deutsche Kultur oder in breiterem Kontext für die französische und die tschechische, die französische und die deutsche Kultur usw. Die einzelnen Merkmale können in ontologische, also solche, die es erlauben, den Stand der Dinge und das kulturelle Geschehen darzulegen, und axiologische, das heißt solche, die Teil wertebildender Prozesse und von Einschätzungen sind, unterschieden werden. Eine Übergangskategorie bilden Merkmale, die beide Aspekte verbinden.

Zur Illustration soll die französische Kultur in ihrem Verhältnis zur kulturellen Situation in Belgien und der Schweiz dienen. Während die französische Kultur eine kontinuierliche Entwicklung und Stabilität aufweist, wechseln sich in den peripheren Gebieten der europäischen Frankophonie Aufschwung und Abschwächung ab. Einige ursprünglich starke Einheiten, die sich an der Peripherie der französischsprachigen Literatur herausbildeten, sind zerfallen, so z.B. das Königreich der Plantagenets, das am Ende des 12. Jahrhunderts England und Westfrankreich vereinigte. Seine Errungenschaften, vor allem die großen höfischen Romane des *Artus*-Zyklus, wurden auf der einen Seite von der französischen, auf der anderen Seite von der englischen Literatur absorbiert. Eine ähnliche Situation finden wir im heutigen Belgien, auf dessen Gebiet im 15. und 16. Jahrhundert eine reichhaltige, französischsprachige Literatur entstand, an die Symbolisten und Avantgardisten am Ende des 19. und zu Beginn des 20. Jahrhunderts, wenn auch nach längerer Pause, anknüpfen: Instabilität und Diskontinuität zwingen sie dazu, sich wieder ihren Wurzeln zuzuwenden, vor allem deshalb, weil Instabilität und Diskontinuität das Gefühl einer Illegitimität hervorrufen. Nicht selten zeigt sich das auch in der instabilen Terminologie: ‚belgische Literatur', ‚französischsprachige belgische

Literatur', ,französische Literatur belgischer Autoren' usw. Die Autoren selbst sind sich in ihrer Identifikation nicht einig. Dasselbe lässt sich in der französischsprachigen Literatur Kanadas beobachten, die sich immer wieder redefinierte und mehrfach ihre Bezeichnung änderte, von ,kanadischer' über ,frankokanadische' bis zu ,Quebecer', ,akadischer' und ,Ontarios frankophoner Literatur' usw.

Unterschiede zwischen Peripherie und Zentrum erkennt man auch an der Richtung des kulturellen Transfers, d.h. daran, in welche Richtung Innovationen und Werte fließen. In peripheren Kulturen wird vor allem, weil sie sich nicht als autark empfinden, sehr viel übersetzt, um das Gefühl eigener ,Rückständigkeit' auszugleichen. Übersetzer wie auch Studierende müssen sich dieser Umstände bewusst sein, um eine korrekte interkulturelle Wiedergabe der Unterschiede zwischen Peripherie und Zentrum gewährleisten zu können. Gleichwohl ist die Einteilung in Zentrum und Peripherie keine Wertung, sondern die Feststellung einer Tatsache. Die Zugehörigkeit zur Peripherie hat auch Vorteile, z.B. wenn sie die Möglichkeit bietet, Ort einer Synthese zu werden, wie z.B. Belgien um 1900, oder sich aus der vom Zentrum abhängigen Stellung zu befreien, und sich so als neues autonomes Zentrum zu konstituieren. Dabei spielen vor allem axiologische Faktoren eine Rolle, denn es handelt sich hier um eine Veränderung der Werte, die mit dem symbolischen, ökonomischen, politischen Kapital und der Macht verbunden sind, wobei diese auch eine literarische Form annehmen kann. Hier geht es besonders um die Autorität, die sich das Zentrum bei der Anerkennung von Autoren und Strömungen anmaßt, etwa durch prestigeträchtige ,kritische' Zeitschriften und Verlage.

Die drei Phasen der Entperipherisierung von Quebec in Bezug auf Frankreich

Vor dem Hintergrund einer solchen allgemeinen Charakteristik der kulturellen und literarischen Beziehungen zwischen Zentrum und Peripherie ist für uns hier von Interesse, welche diesbezüglichen Prozesse in der literarischen Sprache ablaufen, was das für die Übersetzung bedeutet und wie damit didaktisch bei der Ausbildung von Übersetzern umgegangen werden kann. In der frankokanadischen Literatur existiert eine für die Übersetzung wichtige spezifische Besonderheit: die französische Sprache ist dem Zentrum und der Peripherie gemeinsam. Im Prozess der Autonomisierung der Peripherie sind der Stand der Literatur und der Stand der Sprache stark miteinander verflochten.

Es ergibt sich die Frage, welche Bestandteile – vom Standpunkt der Peripherie aus gesehen – in der Dynamik der Entperipherisierung dominieren. Hier lassen sich zwei treibende Kräfte erkennen, die einander dialektisch gegenüberstehen:

auf der einen Seite die Tendenz zur Bekräftigung der Eigenständigkeit, einer Andersartigkeit, welche die Eigenart und Autonomie konstituiert; auf der anderen Seite die Tendenz zur Universalität und Weltoffenheit, die für die Anerkennung durch andere, auch durch das Zentrum, notwendig ist. Die Entperipherisierung spielt sich zwischen diesen beiden Polen ab. Wird die Eigenart allzu stark hervorgehoben, ist sie nur von begrenzter, lokaler, also stets peripherer Gültigkeit. Wird die Universalität hervorgehoben, manifestiert sie sich im Falle einer gemeinsamen Sprache (Französisch) in der Verschmelzung mit den Werten des Zentrums (Paris), das vor allem im 19. und eine gewisse Zeit lang auch im 20. Jahrhundert Weltoffenheit, Fortschritt und Modernität symbolisierte. Für den Übersetzer entsteht die spannende Frage, ob und wie sich diese Prozesse, wenn sie sich in der Literatur manifestieren, zu übersetzen sind.

Die sprachliche Entperipherisierung läuft in mehreren Phasen ab. In der ersten, an der Wende vom 19. zum 20. Jahrhundert, steht die Umwertung der Beziehung zu der kanadischen Variante des Französischen im Mittelpunkt, die gegenüber der europäischen Norm als ‚veraltet' (sie behielt die Merkmale des Französischen des 18. Jahrhunderts), ‚provinziell' und ‚zurückgeblieben' gilt. Es kommt demzufolge zu eine Reihe von Initiativen zur Aufwertung der eigenen Sprachvariante. Gleichzeitig wird die Emanzipierung der Literatur begründet. So lehnt z.B. der bedeutsame Kritiker und Autor Camille Roy die koloniale Abhängigkeit von der französischen Literatur ab und ebnet den Weg zur Emanzipierung und zur frankokanadischen Selbstbezogenheit (Roy 1904, 1905).

Eine Wende zugunsten der Autonomisierung der frankokanadischen Literatur erfolgt in der zweiten Phase der Entperipherisierung, also in den 30er und 40er Jahren des 20. Jahrhunderts, als eine progressive, diesmal bereits modernistisch und liberal gesinnte Generation um die Revuen *La Relève* (1934–1941) und *La Nouvelle Relève* (1941–1949) zu Wort kommt. Es werden axiologische Faktoren wie Superioritätskomplex, Autorität, Authentifizierung und Legitimierung der Werte diskutiert. Betont werden die nationale Eigenständigkeit, eigene Qualitäten und Erfolge.[1] Interessanterweise geht es in dieser Phase nicht um sprachliche Fragen, etwa um die Problematik von ‚Besonderheit' und ‚Unterschiedlichkeit' im Vergleich zum europäischen Französisch (Kyloušek 2013). Damit bahnt sich allerdings die dritte Phase an, die gerade in der Sprache einen markanten Schwerpunkt hat. Das ist offenbar auch darauf zurückzuführen, dass zwischen der sprachlichen Norm und dem umgangssprachlichen Usus in Quebec starke Spannungen entstehen.

1 Vgl. Robert Charbonneaus Kontroverse mit französischen Intellektuellen zwischen 1945 und 1947 (Charbonneau 1993).

Die Verurteilung eines ‚schlechten Sprachgebrauchs' grenzt an eine Art Nationalmasochismus, der kanadische Usus wird für ‚formlos, ausgerenkt, hinkend, anämisch, verdorben, entartet und gangränös' gehalten und als „patois, jargon, baragouin, canayen[2], petit nègre, iroquois" („Kauderwelsch, Jargon, kanadischer Mischmasch, Pidgin und Irokesisch") bezeichnet (Plourde 2003: 200). Eine Reihe von über Jahre in der frankokanadischen Presse veröffentlichten Sprachkolumnen charakterisiert diese sprachliche Minderwertigkeit der Peripherie. Seit den 1930er Jahren tritt allerdings eine neue Erscheinung hinzu, nämlich eine starke Anwesenheit der Sprache der städtischen Peripherie, in erster Linie in Montreal, das in dieser Zeit unter dem Einfluss der Industrialisierung und Urbanisierung um Hunderttausende frankokanadische Landbewohner anwuchs. Die Sprache dieser Proletarier, die in dem zweisprachigen französisch-englischen Milieu der Anglisierung ausgesetzt sind, bildet eine spezifische Form des Französischen, das sog. *joual*. Das Problem der Umwertung dieser neuen spezifischen Besonderheit, die sich stark vom normativen Französisch unterscheidet, findet folglich seinen Niederschlag in der Literatur, und wird, wie im weiteren zu zeigen sein wird, auch zu einer Herausforderung für Übersetzer.

Die dritte Phase beginnt in den 1960er Jahren im Zusammenhang mit der sog. ‚Stillen Revolution', wie die Periode der neunationalistischen Modernisierung und der Reformen in Wirtschaft, Sozialpolitik, Schulwesen und Kultur bezeichnet wird. Am markantesten kommt dies im Auftritt radikaler Linksintellektueller zum Ausdruck, vereinigt in der Revue *Parti pris* (1963–1967). Ihre Vorstellungen stützen sich auf den revolutionären Charakter der Dekolonisationstheorien von Jacques Berq, Albert Memmi und Frantz Fanon. Die Lage von Quebec wird in dem damals bedeutenden Essay *Die weißen Neger von Amerika* (*Nègres blancs d'Amérique*, 1968) von Pierre Vallières zusammengefasst, der zur Befreiung vom Joch des französischen und englischen Kolonialismus sowie des amerikanischen Kapitalismus aufruft. Diese Emanzipationsversuche manifestieren sich sprachlich in der offenkundigen Abweichung von der französischen Sprachnorm, in der Akzentuierung der marginalisierten Sprache der kolonisierten frankokanadischen Peripherie, des sog. *joual*, da dieses allein die Lage des Kolonisierten authentisch darzustellen vermöge. Andererseits gibt es neben dieser radikalen Tendenz auch eine offizielle Haltung, die zwar anders, aber dennoch erfolgreich das Bewusstsein der sprachlichen Unabhängigkeit von der französischen Norm vollendet. Das

2 *Canayen* ist die volksnahe Aussprache des Wortes *canadien*. Es ist eine volkstümliche Selbstbezeichnung der Frankokanadier und deren Sprache. Sie kann jedoch, wie in diesem Fall, die Konnotation einer negativen Beurteilung haben.

von der Regierung in Quebec im Jahre 1961 gegründete *Amt für die französische Sprache* (*Office de la langue française*) definierte den Terminus ‚français international', also ein ‚Weltfranzösisch', das verschiedene gleichberechtigte Varietäten einschließt: die französische, die belgische, die schweizerische und die von Quebec. Die Entperipherisierung und die sprachliche Autonomisierung gehen mit der Entwicklung der Literatur, der Festlegung eines eigenen literarischen Kanons und eigener axiologischer Kriterien und Kategorisierungen einher.

Wie ist das *joual* zu übersetzen?

Die radikale Einstellung der Revue *Parti pris* in der dritten Phase, die sich auf Dekolonisationstheorien gründet und die ‚französische Norm' ablehnt, schlägt sich in den Werken des Dramatikers und Romanschriftstellers Michel Tremblay (*1942) nieder, obwohl er selbst nicht zu den Intellektuellen dieser Revue gehört.

Es gibt mehrere Perspektiven, die bei der Übersetzung von Tremblays Theaterstücken in Betracht gezogen werden müssen, auch, weil hier die Frage der Bühnensprache hineinspielt (vgl. im vorliegenden Band den Beitrag von Krebs). Die französische Anschauung, die historisch älteste, richtet sich vom Pariser Zentrum auf die Peripherie. Das kanadische Französisch stellt aus diesem Blickwinkel eine periphere, insbesondere in Aussprache und Morphologie archaisierende Sprache dar, das *joual* eine marginale Variante dieses regionalen Französisch, nämlich den Substandard der marginalisierten städtischen Schichten. Es handelt sich also um eine dreifache Peripherisierung: eine diachrone und, damit verbunden, eine diatopische (dialektale) sowie schließlich eine diastratische, soziale. Rein hypothetisch ließe sich ein Übersetzer ins Tschechische denken, der sich mit dieser Betrachtungsweise identifizieren würde. Das Ergebnis könnte die Wahl einer beliebigen regionalen Variante des Tschechischen sein, irgendeines archaisierenden Dialektes, der die archaischen Elemente des Quebecer Französisch, übertragen in die mündlichen Aspekte der Bühnensprache, widerspiegeln würde. Da die Thematik von Tremblays Theaterstücken vorwiegend städtisch ist, seine Figuren unterdrückte und benachteiligte Arbeiterfrauen, Prostituierte, Homosexuelle und Transvestiten sind, böte sich im tschechischen Umfeld die Sprache der Arbeiterstadt Ostrava oder der ursprünglich aus dem Arbeitermilieu stammende, *hantec* genannte Brünner Stadtslang an. Gestützt wird diese Überlegung durch zahlreiche Germanismen im *hantec*, ähnlich wie auch das *joual* stark durch Anglizismen geprägt ist.

Eine zweite Herangehensweise an die Übersetzung des *joual* könnte die oben beschriebene Entperipherisierung und Autonomisierung des Quebecer Französischen und der Quebecer Literatur berücksichtigen und die Situation anders bewerten. Das *joual* würde dann als Substandard-Sprache im nationalen und sozialen Sinne marginaler Schichten interpretiert werden können, also nicht als marginaler, archaisierender Regiolekt, sondern als Soziolekt. Berücksichtigt man also, dass der Prozess der Autonomisierung das Quebecer Französisch gegenüber der Pariser Norm unabhängig gemacht hat, entfällt der diachrone wie auch der diatopische Aspekt: Der grundlegende stilistische Charakter verschiebt sich damit zu einem diastratischen Unterschied zwischen dem Standard des Quebecer Französischen als Norm und der Sprache der städtischen Peripherie. So findet sich das *joual* beispielsweise in den Theaterstücken des großen Quebecer Dramatikers Marcel Dubé (*1930) *Auf der anderen Seite der Mauer* (*De l'autre côté du mur*, 1950, herausgegeben 1973), *Die Zone* (*Zone*, 1956), *Ein einfacher Soldat* (*Un simple soldat*, 1958, herausgegeben 1967). Für eine Übersetzung ins Tschechische bietet sich hier die Sprache der großstädtischen Peripherie und unterer sozialer Schichten an, etwa die Sprache einiger Prager Vorstädte und marginalisierter gesellschaftlicher Gruppen. Diese Sprachschicht ist der Literatursprache axiologisch untergeordnet. Der Substandard repräsentiert die niedrige gesellschaftliche Stellung der Figuren, der sprachliche Ausdruck kopiert nur die gesellschaftliche Situation. Das *joual* erhält hier keine autonome ästhetische Wertung, dient nur der Mimesis der sozialen Stellung innerhalb einer realistischen Ästhetik.

Der dritten Betrachtungsweise liegt die radikale Position der Intellektuellen der *Parti pris* zugrunde. Das *joual* wird in dieser Konzeption zur Grundlage einer neuen literarischen Sprache erhoben, einer Sprache also, die nicht durch ihre Beziehung zu einer übergeordneten Norm, sei es die europäisch-französische oder die frankokanadische, sondern als nicht abgeleitete Grundlage selbst definiert ist. Die äußerste Peripherie nistet sich in gewisser Weise radikal in dem neuen Zentrum ein. Michel Tremblay ist wahrscheinlich der erfolgreichste Autor, der diese Konzeption verwirklichte. In seiner Auffassung ist das *joual* nicht durch die Beziehung zu einer übergeordneten Norm als Bestandteil einer realistischen Mimesis gegeben, sondern wird als die Norm selbst dargestellt, die ihre ästhetische Position, eine neue literarische Sprache, einen neuen ‚hohen Stil' bildet. Es ist eine Umwandlung der Sprache der Plebejer zu einer hoch ästhetisierten literarischen Sprache. Ein Übersetzer wird wahrscheinlich die Sprache der städtischen Peripherie, den Slang der Prostituierten, Dealer und anderer marginalisierten Gruppen wählen, sie jedoch als hohe literarische Sprache darstellen müssen. Das ist sicher eine große Herausforderung.

Auswirkungen für die Übersetzungsdidaktik

Ausgangspunkt für die folgenden Überlegungen soll die Annahme sein, dass ein Übersetzungsauftrag für eine Theaterinszenierung von Tremblays Stück vorliegt.

In dieser Situation ist die Lehrkraft gefordert, den Studierenden die sprachlichen und kulturellen Spezifika des Ausgangstextes näher zu bringen, wie auch die Grundlagen der Übersetzung von Theaterstücken (vgl. auch den Beitrag von Krebs im vorliegenden Band). Erst wenn es gelingt, die Dynamik der Beziehungen zwischen der Kultur und Literatur in Quebec und in Frankreich zu verdeutlichen, ist es möglich, den Text und seinen Autor entsprechend in einen Kontext einzuordnen und die Übersetzung nicht als einfache Übertragung wörtlicher Bedeutungen aus einer Sprache in die andere zu begreifen, sondern sich kreativ mit den Möglichkeiten, die die einzelnen Phasen der Entperipherisierung bieten, auseinanderzusetzen. Einfacher ausgedrückt: Wenn die französischen Wörter dieselben bleiben, muss ihre Interpretation und also auch ihre Übersetzung Unterschiede aufweisen, abhängig davon, welcher Entwicklungsphase sie entstammen. Aus diesem Grunde wird ein Autor der ersten Hälfte des 20. Jahrhunderts anders übersetzt werden müssen als z.B. die Stücke von Marcel Dubé aus den 1950er Jahren und wiederum anders wird an die Übersetzung der Stücke von Michel Tremblay und seiner Nachfolger aus den 1960er bis 1980er Jahren heranzugehen sein. Grundlegend ist hier die Frage nach der zentralen Stellung der Sprachnorm und der Stellung des *joual* zur Norm. Im ersten Fall, in dem das europäische Französisch als Norm angenommen wird, ist diese Beziehung eindeutig diatopisch und enthält einen sekundären diachronen und diastratischen Aspekt. Aus diesem Grunde wäre es angemessen, für die Übersetzung in die Zielsprache Möglichkeiten außerhalb des normativen und normbildenden Zentrums an der dialektalen, archaisierenden Peripherie zu suchen. Im zweiten Fall, der die Phase reflektiert, in der sich das normbildende Zentrum aus Frankreich in die französisch-kanadische Umgebung verschiebt, ist die Stellung des *joual* deutlich diastratisch und diaphasisch markiert. Dementsprechend müsste in der Zielsprache ein Soziolekt aus der sozialen Peripherie eines bedeutenden, zentralen sprachlichen und kulturellen Gebietes gewählt werden, z.B. Berlin, Köln, Mailand, Rotterdam, Budapest, Warschau; im tschechischen Kontext sollte Prag und die Sprache der Arbeitervorstädte und der sozialen Peripherie in Erwägung gezogen werden. Im dritten Fall überwiegt der diaphasische Faktor, wobei sich Lehrkraft wie Studierende vor einer großen Herausforderung sehen, denn der Substandard der großstädtischen Peripherie wird zur sprachlichen Norm erhöht und damit zur Grundlage für die Erschaffung einer neuen literarischen Sprache.

Erläutern wir an einem konkreten Beispiel, worum es sich handelt. Die Textprobe wurde dem einleitenden Teil des Theaterstücks *Sainte Carmen de la Main* (1976) von Michel Tremblay entnommen. *La Main* ist *main street*, der Boulevard Saint-Laurent in Montreal, wo das Stück spielt. Carmen ist Sängerin in einer Bar, die von dort in die Vereinigten Staaten gegangen und berühmt geworden ist. Jetzt kommt sie zurück, um unter den ihrigen einen guten Ruf, ein neues Evangelium zu verbreiten. Sie wird keine fremden Lieder mehr singen, sondern neue, über Menschen, die ihr nahe stehen: über Prostituierte, Transvestiten und über alle Erniedrigten. So ändert sich deren Leben, sie werden der Kunst würdig und sind nicht mehr verachtet. Auf der *main street* herrscht jedoch eine gnadenlose Mafia, die es nicht zulässt, dass sich die Unterjochten und Erniedrigten befreien. Carmen wird ermordet und der Mord an ihr als banale, von einer lesbischen Geliebten verübte Eifersuchtstat kaschiert.

Tremblay arbeitet mit dem Schema der volkstümlichen Passionsspiele, die im angelsächsischen und frankokanadischen Milieu als sog. *pageants* populär geworden sind (Tourangeau; Fortin 1983). Diese Volkstümlichkeit wird jedoch durch Anklänge an die griechische Tragödie nobilitiert, indem der Dramatiker den Chor einführt – hier zusammengesetzt aus Prostituierten und Transvestiten –, der die Handlung kommentiert. Wichtig ist auch die musikalische Orchestrierung der Sprache mit einem ausgeprägten Poetisierungseffekt. Eben diese Poetisierung des Textes muss mit den Studierenden analysiert und es müssen verschiedene Möglichkeiten der Auslegung des Soziolekts der großstädtischen Peripherie geklärt werden, um seine rhythmischen, euphonischen und semantischen Eigenschaften herauszustellen und die Sprache der gesellschaftlichen Peripherie als hoch literarisch, poetisch, rhythmisch, harmonisch und in rhetorischen Figuren organisiert erfassen zu können. Betrachten wir einige Sequenzen des Incipits. Die Formen des *joual* sind kursiv hervorgehoben.

***Sainte Carmen de la Main*, acte I**
Les deux choeurs entrent lentement, le premier guidé par Sandra, le second par Rose Beef.

Choeur I: *À matin*, le soleil s'est levé.
Choeur II: *À matin.*
Choeur I: Le soleil.
Choeur II: Je l'ai vu.
Choeurs I et II: J'ai vu le soleil se lever, *à matin*, au bout *d'la rue* Sainte-Catherine.
Choeur I: Une grosse boule de feu rouge.
Choeur II: Sang.
Choeurs I et II: Rouge sang.[3]

3 Wörtliche Übersetzung: **Die heilige Carmen der Main Street, 1. Akt.** *Beide Chöre treten langsam ein, den einen führt Sandra, den anderen Rose Beef.* // **I. Chor**: Am Morgen ist die Sonne aufgegangen. // **II. Chor**: Am Morgen. // **I. Chor**: Die Sonne. // **II. Chor**: Ich hab's gesehen. // **I. und II. Chor**: Gesehen hab ich, wie die Sonne aufgeht,

Die Anwesenheit zweier Chöre nach der Art antiker Tragödien bestimmt die stilistische Einordnung des Textes: es handelt sich um einen hohen literarischen Stil. Dieser Fakt wird durch die Nutzung der Regeln des klassizistischen französischen Dramas unterstützt, denn das Stück respektiert die Einheit der Zeit (die Handlung beginnt am Morgen mit dem Sonnenaufgang und dem Auftritt von Carmen und endet am Abend mit ihrer Ermordung), des Ortes (der Boulevard Saint-Laurent in Montreal), der Handlung (ein Handlungsstrang) und des Tons. Für die Übersetzung ist allerdings die Arbeit mit dem Ausdruck grundlegend. Von Beginn an ist der metrische Impuls der Repliken hervorgehoben, hier der triadische des Anapäst, wie in einem griechischen Chor: aaÁ/aaÁ/aaÁ. Dieser triadische Rhythmus ist gleichzeitig Teil des klassischen, absolut regelmäßigen zwölfsilbigen Alexandriners, der durch die Verbindung der ersten Repliken beider Chöre entsteht – *À matin / le soleil / s'est levé. / À matin* – wo die Anapher in den Repliken innerhalb des Alexandriners eine Epanastrophe bildet, ähnlich wie unten in *Sang / Rouge sang*. Allerdings haben wir es an dieser Stelle mit einer für das Französische weniger gewöhnlichen trochäischen Betonung zu tun, anstelle eines aufsteigenden Anapäst oder Jambus: Á/ÁaÁ. Anders ausgedrückt handelt es sich um rhythmische Prosa, deren Teile unterschiedlich konfiguriert sind, Anapäst, Jambus, Trochäus einander abwechseln und sich einzelne Repliken zu Versabschnitten verbinden: die ersten bilden einen Alexandriner, die zweiten einen Hexasyllabus, die nächste Replik besteht, geht man von der Auslassung des stummen ‚e' in der Substandard-Aussprache aus, aus einem Alexandriner (*J'ai vu le soleil se lever, à matin*) und einem Oktosyllabus (*au bout d'la rue Sainte-Catherine*), wenn auch um eine Silbe kürzer. Danach folgen ein Hexasyllabus (*Une grosse boule de feu rouge*) und ein Tetrasyllabus (*Sang/ Rouge sang*).

Es ist offensichtlich, dass solch ein Text nicht nur mit Mitteln aus dem Substandard übersetzt werden kann. Die Studierenden können verschiedene Varianten erwägen. So könnten sie z.B. den hohen Stil der antiken und französischen klassizistischen Tragödie bevorzugen. In diesem Falle würde eine Übersetzung Mittel des Substandards vernachlässigen und das Poetische des Textes durch hohe Stilmittel der Literatursprache unterstreichen. Eine zweite Herangehensweise würde den Versuch darstellen, einen eigenen hohen literarischen Stil auf Grundlage der Sprache der großstädtischen Peripherie zu erschaffen. Eine dritte Möglichkeit fordert zu einer kreativen Verflechtung des hohen Stils der Literatursprache, der Alltagssprache und sprachlicher Mittel aus dem Substandard auf, um eine analog poetisch stilisierte sprachliche Äußerung zu erschaffen.

---

am Morgen, am Ende der St.-Katharinen-Straße. // **I. Chor**: 'ne Riesenfeuerkugel. // **II. Chor**: Blut. // **I. und II. Chor**: Rotes Blut.

In jeder Zielsprache ist die Situation der Übersetzung eine andere, da sie auch von der Typologie der Sprache abhängt. Im Falle einer Übersetzung ins Tschechische muss der Unterschied zwischen dem flektierenden Tschechischen, wo Umgangssprachlichkeit unter anderem mit Flexionsformen erreicht werden kann, und dem eher analytischen Französischen, wo Umgangssprachlichkeit vor allem lexikalisch ausgedrückt wird, beachtet werden. Bei der Übersetzung ins Tschechische muss folglich auch mit der morphologischen Seite der Sprache gearbeitet werden. Ein gewisses Vorbild dafür, aber auch für die Arbeit mit der rhythmischen Seite des Textes, könnten Dichter und Prosaautoren liefern, die dem Jazz nahe stehen: etwa Josef Kainar, Václav Hrabě, Jiří Suchý, Josef Škvorecký; eventuell aber auch Elemente des Rap, Ska und poetry slam. Darüber hinaus müsste das Metrum bedacht werden; im Tschechischen kommen Daktylus, Trochäus und Jambus in Frage. Dieser Aspekt sollte besonders bedacht werden, da neben dem sprachlichen und dichterischen Aspekt bei der Übersetzung der musikalische zu berücksichtigen ist. Tremblay komponiert seine Texte teilweise wie Musik, er behandelt das Sprachmaterial wie Musikmaterial und die Worte stellen einen Teil der Partitur dar. Das soll an der Fortsetzung des Textes gezeigt werden:

Sandra: D'habitude, le soleil se fait attendre…

Rose Beef: … *y tarde* à se montrer, d'habitude…

Sandra et Rose Beef: … *Chus t'obligée* de regarder *ben des fois au bout d'la rue* pour voir une différence dans le ciel…

Sandra: *Mais à matin, y s'est levé…*

Choeurs I et II: … tout d'un coup!

Rose Beef: *Y'a pas eu changement* dans le ciel…

Sandra: *Y faisait noir, pis* tout d'un coup…

Choeurs I et II: Le soleil est *v'nu* au monde comme un coup de poing rouge *au bout d'la Catherine*!

Sandra: *C'tait beau!*

Rose Beef: *C'tait beau!*

Choeur I: *Chus restée* de mon côté de la rue……

Choeur II: *Chus restée* de mon côté

Choeur I: J'ai juste crié aux filles

Choeur II: de la rue…

Choeur I: *d'l'aut'bord*:
Choeur II: crié.[4]

Die ersten zwei Repliken der Chöre sind melodisch durch die Wiederholung der Vokale aus der Epanastrophe instrumentiert. In den folgenden Repliken gehen die längeren tetrasyllabischen Sequenzen (*y s'est levé...; Y'a pas eu; Y faisait noir*) allmählich in trisyllabische (*tout d'un coup!; dans le ciel...*) über, die am Ende des zitierten Ausschnitts in anpästischen Kadenzen überwiegen: Die Studierenden müssen auf die hexasyllabischen Repliken der beiden Chöre hingewiesen werden (es handelt sich wiederum um halbe klassische Alexandriner) und darauf, dass sich die Repliken in der Art Kanon immer nach den einzelnen Dreiertakten überlagern.

Zusammenfassung

Solche und ähnliche Übersetzungsprobleme haben Übersetzer unabhängig von der Zielsprache zu lösen. Es ist Aufgabe der Übersetzungsdidaktik, die Studierenden auf die Lösung solcher Situationen vorzubereiten. Der Text von Michel Tremblay zeigt, dass Übersetzer es mit komplexen Probleme zu tun haben, die eine große Herausforderung im Sinne der Lösung von Übersetzungsproblemen (vergl. in diesem Band Nord) darstellen und lässt deshalb eine Reihe von Verallgemeinerungen zu.

Zunächst muss beim Unterrichten des literarischen Übersetzens die kulturelle und interkulturelle Situation beachtet werden. Das Bewusstsein eines allgemeinen Modells der Beziehungen zwischen Zentrum und Peripherie, die Identifizierung ontologischer und axiologischer Merkmale und ihrer Veränderungen unter diachronem Blickwinkel ermöglichen eine entsprechende Bewertung des Textes und die Beantwortung grundlegender Fragen, wie: Aus welchem Gebiet und welcher Zeit stammt der Text? Wie ist die Stellung der gegebenen Kultur in der gegebenen Zeit gegenüber anderen Kulturen? Ist diese Kultur Bestandteil einer anderen

---

4 Wörtliche Übersetzung: **Sandra**: Meistens lässt die Sonne ja auf sich warten... // **Rose Beef**: ...'ne ganze Ewigkeit, bis sie sich zeigt, meistens... // **Sandra und Rose Beef**: ... Wie oft muss ich mich zum Ende der Straße umgucken, bis sich da am Himmel 'n Zeichen zeigt... // **Sandra**: Diesen Morgen ist sie doch aufgegangen... // **I. und II. Chor**: ... so aus dem Nichts! // **Rose Beef**: Nicht mal 'n Hinweis gab's... // **Sandra**: Es war dunkel, und wie aus dem Nichts... // **I. und II. Chor**: Bumms! Plötzlich war sie da, am Ende der St.-Katharinen-Straße! // **Sandra**: So was Schönes! // **Rose Beef**: So was Schönes! // **I. Chor**: Bin auf meiner Straßenseite geblieben! // **II. Chor**: Bin auf meiner ... // **I. Chor**: Hab nur den Mädels zugeschrien! // **II. Chor**: Straßenseite geblieben... // **I. Chor**: auf der anderen Seite: // **II. Chor**: und hab ihnen zugeschrien.

sprachlichen oder kulturellen Einheit? Das Beispiel der Entperipherisierung der Quebecer Literatur zeigt deutlich, dass dieselben sprachlichen Erscheinungen, wie z.B. die Nutzung des *joual*, innerhalb einer bestimmten Kultur im Verlauf der Entwicklung andere Bedeutungen im Rahmen des gesellschaftlichen Diskurses erhalten können.

Das hängt zusammen mit dem zweiten Punkt, den die Ausbildung von Übersetzern nicht vernachlässigen darf: Fragen nach dem Status der sprachlichen Norm und der stilistischen Schichtung. Am vorliegenden Beispiel konnte gezeigt werden, dass in den einzelnen Entwicklungsphasen der Autonomisierung einer Kultur und der Konstituierung eines eigenen kulturellen und normgebenden Zentrums sich die stilistische Bewertung einer Sprachebene (hier des Montrealer *jouals*) ändert: von der Dominanz diatopischer über die Dominanz diastratischer und diaphasischer Charakterisierung bis hin zu einer zentralen Stellung innerhalb der sprachlichen und literarischen Norm. Das Schaffen Michel Tremblays bietet eine äußerst radikale Lösung. Deshalb können seine Texte als modellhafte, didaktisch inspirierende Situationen für eine vielseitige Ausbildung von translatologischen Kompetenzen genutzt werden. Die Verschiebung des großstädtischen Substandards in den Mittelpunkt der sprachlichen und literarischen Norm und die Herausbildung eines hohen literarischen Stils ermöglichen es der Lehrkraft, die Studierenden zu einer stärkeren Reflexion sprachlicher Eigenheiten als Teil einer übersetzerischen Strategie zu führen und damit übersetzerische Kompetenz zu stärken. Die Analyse der kulturellen und interkulturellen Ausgangssituation eines Textes führt Übersetzerinnen und Übersetzer zu Überlegungen über die Wahl der sprachlichen Mittel im Zieltext. Sie müssen entscheiden, welche stilistischen Aspekte bei einer Übersetzung hervorgehoben werden sollen – diatopische, diastratische, diaphasische oder andere. Weiterhin muss entschieden werden, wie und in welchem Umfang diese einzelnen Aspekte mit der sprachlichen und literarischen Norm kombiniert werden können und sollen. Übersetzer müssen sich die Frage stellen, welchen Effekt sie mit der Hervorhebung des einen oder des anderen Aspekts erreichen können und wollen.

Bei der Übersetzung der Texte Tremblays stellt sich auch die Frage nach der Literarizität. Studierende bzw. Übersetzer müssen zwischen verschiedenen Möglichkeiten wählen. Der Zieltext kann sowohl in einem hohen literarischen Stil abgefasst werden, als auch in alltagssprachlichen Varianten der Literatursprache bis hin zu Varianten, die außerhalb der literatursprachlichen Norm liegen. So bietet sich z.B. im Tschechischen das Gemeintschechisch (*obecná čeština*) an oder aber einzelne städtische Soziolekte, z.B. der Städte Ostrava, Brünn oder Prag. Neben den Entscheidungen über die zu wählenden sprachlichen Mittel verlangen die Texte Tremblays auch Überlegungen zu Rhythmus, Euphonie und musikalischen

Prinzipien der Textorganisation. Auf diese Weise bilden sie ein herausragendes Übungsmaterial für die Entwicklung kreativer Kompetenzen. Es ist an den Lehrkräften und Studierenden, auf der Grundlage gemeinsamer Überlegungen die Breite der zur Verfügung stehenden Mittel zu finden, zu vergleichen, ihre Wirkung einzuschätzen und zu unterschiedlichen Lösungsmöglichkeiten für eine Übersetzungsaufgabe zu gelangen.

Abschließend sei noch einmal betont, dass die Arbeit an den Texten Michel Tremblays einen modellhaften Charakter für die translatologische Ausbildung hat. Die Überlegungen können und müssen verallgemeinert werden, da ähnliche Bedingungen, wie in unserem Beispiel mit dem *joual*, für eine Reihe anderer literarischer und kultureller Kontexte zutreffen. So müssten sich Übersetzerinnen und Übersetzer aus dem Französischen mit kreolischen, arabischen, afrikanischen und anderen Einflüssen auseinandersetzen. Vor ähnlichen Schwierigkeiten stehen Übersetzer aus dem amerikanischen oder australischen Englisch. Die Auseinandersetzung der Studierenden mit dem Verhältnis zwischen Zentrum und Peripherie ist von hohem allgemeinem Wert, da sich auch in anderen Sprachen sprachliche Mittel aus der Peripherie ins Zentrum bewegen können. Die Kenntnis solcher kulturbildender Prozesse ist ein unabdingbarer Bestandteil der Interpretation und stilistischen Einordnung eines Textes, sie dient dem Vergleich der Ausgangs- und der Zielkultur und der (gelenkten) Formulierung von Übersetzungsstrategien in der Übersetzerausbildung.

Literatur

Arino, Marc (2007): L'Apocalypse selon Michel Tremblay, Pessac.

Boulanger, Luc (2001): Pièces à conviction: entretiens avec Michel Tremblay, Montréal.

Charbonneau, Robert (1993): La France et nous. Journal d'une querelle, Montréal [Erstausgabe 1947].

Dunn, Oscar (1880): Glossaire franco-canadien, et vocabulaire de locutions vicieuses usitées au Canada, Québec.

DuTurbide, Roch (1982): Michel Tremblay: Du texte à la représentation. In: Voix&Images, VII, 2, 210–221.

Fanon, Frantz (1952): Peau noire, masques blancs, Paris.

Fanon, Frantz (1968): Les damnés de la terre, Paris.

Kyloušek, Petr (2009): Le drame religieux dans le théâtre de Michel Tremblay. In: Bremer, Thomas / Schütz, Susanne (Hrsg.), Literature in Cultural Contexts. Rethinking the Canon in Comparative Perspectives, Halle, 223–232.

Kyloušek, Petr (2013): La France et nous. In: Vurm, Petr (Hrsg.), Réévaluations: canons littéraires et culturels / Reassessements: Literary and Cultural Canons, Brno, 21–32.

Memmi, Albert (1966): Portrait du colonisé précédé du Portrait du colonisateur, Paris [Erstausgabe 1957].

Plourde, Michel et al. (2003): Le Français au Québec, Québec.

Roy, Camille (1904, 1905): La Nationalisation de littérature canadienne. In: Bulletin du parler français, 3, 4, 116–123, und 3, 5, 133–144. Zit. nach der Anthologie von Gilles Marcotte und Koll. (1994): Anthologie de la littérature québécoise, Teil II., Montréal, 64–78.

Tourangeau, Rémi / Marcel Fortin, M. (1986): Le phénomène des pageants au Québec. In: Theatre History in Canada / Histoire du théâtre au Canada (Theatre Research in Canada / Recherches théâtrales du Canada), VII, 2, 215–238.

Tremblay, Michel (1989): Carmen de la Main, Montréal.

Katja Krebs

Theatrale Kompetenz in der Dramenübersetzung: eine Sammlung historischer Fallstudien[1]

The following chapter investigates the relationship between drama translation and theatre translation and discusses the necessity for theatre specific knowledge when translating for the stage. Using historic case studies of theatre translation, a case for the consideration of the theatre translator as theatre practitioner is made. Furthermore, the presentation and acknowledgement of the theatre translator in historic as well as contemporary practice allows us to consider not only the positioning of the translator within creative practice but also the power relationship between cultures and languages. Thus, any educational programme for translators wishing to focus on the translation of both dramatic and theatrical texts needs to take account of the specialist knowledge necessary. It is argued that theatre translation, as opposed to literary and indeed dramatic translation, is a communal act which cannot exist in isolation and outside of the theatre-making process.

Key words: Theatre translation, theatrical exchange, *Faust*, Henry Irving, Herbert Beerbohm-Tree, translation as a communal act

Schlüsselwörter: Theaterübersetzung, Theaterkulturen im Austausch, *Faust*, Henry Irving, Herbert Beerbohm-Tree, kommunales Übersetzen

Der folgende Beitrag erörtert die theatralen Kompetenzen, die in der Theaterübersetzung notwendig sind, und somit einen wichtigen Teil der Bildung von TheaterübersetzerInnen und Theaterübersetzern ausmachen sollten. Es werden Standpunkte erörtert, die den Unterschied zwischen Dramen- und Theaterübersetzung herausarbeiten, sowie die viel diskutierte, jedoch diskursiv unzureichende Unterscheidung zwischen Adaption und Translation.

Drama versus Theater, Adaptation versus Übersetzung

Wie schon angedeutet, befasst sich dieser Beitrag und die folgende Argumentation ausschließlich mit der Übersetzung für Theater und ich umgehe mit Absicht den Begriff ‚Dramenübersetzung', da in und durch diese Terminologie schon eine

1 Dank gilt insbesondere Dörte Züchner und den Herausgebern für konstruktive Ratschläge und Anregungen während der Entwicklung dieses Beitrags.

wichtige Differenzierung von Literatur und Theater, Theorie und Praxis verankert ist. Im deutschsprachigen Raum ist der Unterschied zwischen Theater und Drama natürlich deutlich ausgearbeitet und liegt dem Lehren und Studieren von Theatergeschichte und Theaterwissenschaften zu Grunde. Der Begriff ‚Drama' bezieht sich ausschließlich auf den geschriebenen Text, der im traditionellen Fall der Inszenierung zeitlich vorausgeht und dem eine implizierte Inszenierung zu Grunde liegt: „[…] der dramatische Text [setzt] Darstellungsmittel voraus, die er nicht besitzt und über die er verfügt, indem er sie in Rechnung stellt" (Turk 1988:10).

Im anglo-amerikanischen Raum hingegen ist so eine Differenzierung nicht vorhanden: Theater und Drama sind nicht unbedingt voneinander abgegrenzt, es sei denn, das Wort ‚Theater' bezieht sich auf ein für Aufführungen konzipiertes und erstelltes Gebäude; beide Worte werden häufig als austauschbar benutzt und es liegt einer eventuellen Differenzierung keine generell anerkannte Definition beider Begriffe zu Grunde.

Solch terminologische Unsicherheiten beziehen sich jedoch nicht nur auf den Unterschied zwischen Drama und Theater, sondern auch auf die Begriffe Translation und Adaptation, die häufig dazu dienen, Quellennähe oder -ferne einer Übersetzung zu beschreiben. Wie ich schon gezeigt habe (vgl. Krebs 2012a; 2014) ist der angenommene Unterschied zwischen Adaption und Übersetzung eine historisch spezifische Form der Rezension; die zwei Kategorien unterscheiden sich nicht von Grund auf, sondern dem Bestehen auf einem imaginären Unterschied liegt eine rein ideologische Position zu Grunde. Die Theaterübersetzung scheint jedoch eine besonders hilfreiche Fallstudie zu sein, um zu zeigen, dass es auch nicht unbedingt wünschenswert oder produktiv ist, an solch einer Abgrenzung festzuhalten.

> The dramaturgical process necessary [in theatre practice], the practices employed by directors, writers, and actors, and the nature of theatre that destabilizes notions of single authorship and 'originality' in the first place, disallows a distinction between adaptation and translation more decisively than other acts of writing. (Krebs 2012a:45)

Dennoch finden sich in der gegenwärtigen Forschung doch zum Großteil noch Perspektiven, die Theaterübersetzung entweder als Publikation oder als Inszenierung ansehen, und das noch nicht einmal unbedingt bewusst. So zum Beispiel verheddert sich Andrea Peghinelli's Artikel *Theatre Translation as collaboration: A case in point in British Contemporary Drama* in der eigenen Terminologieentwicklung und definiert Übersetzung für Theaterpraxis als Adaption.

> When translating a play, the translator should always adapt the text he or she is recreating for performance and be aware that a performer will deliver the lines. Clearly enough then,

> his/her task is not simply to decode a text into a different language creating linguistic equivalence. (Peghinelli 2012:22)

Es gibt unzählige Beispiele missglückter Versuche, Adaption und Translation auseinanderzuhalten. Hein Kosok etwa nimmt eine Position ein, die angeblich mit der theoretischen Unmöglichkeit der Differenzierung der zwei Begriffe übereinstimmt, dann aber einen sogenannten praktischen Rückzieher macht:

> It will have become apparent that, although from a strict theoretical position every translation must be considered an adaptation, on a more practical level it is possible and even necessary to distinguish between 'translations' and 'adaptations'. (Kosok 2004:115)

Ähnlich sieht es bei Perteghella aus: ihr Artikel *Adaptation: bastard child or critique? Putting terminology centre stage* (2008) zieht das folgende Fazit:

> While we can agree then that it might be an impossibility to define adaptation comprehensively, and its relation to translation, I shall nonetheless attempt such a definition. (Perteghella 2008:63)

Hinter diesem Standpunkt steht eine sehr hartnäckige, wenn auch mittlerweile kritisch betrachtete Diskussion, bei der es um verschiedene Konzepte der Äquivalenz und Übersetzungstreue geht, beide Begriffe sind längst als ideologische und politische Konzepte erkannt und finden sich in der gegenwärtigen Übersetzungstheorie in der kritischen Analyse vor allem von historischen Übersetzungsaktivitäten. In der Übersetzungstheorie ist insbesondere der Begriff der Äquivalenz kritisch aufgearbeitet worden, u. a. durch die Arbeit von Theo Hermans, der einen umfangreichen und überzeugenden Diskurs entwickelt, der Äquivalenz als proklamiertes Merkmal anstatt eines inhärenten Merkmals eines übersetzten Texts versteht:

> Equivalence, which I will continue to interpret as meaning equality in value and status, is not a feature that can be extrapolated on the basis of textual comparison. Rather than being extracted from texts, equivalence is imposed on them through an external intervention in a particular institutional context. In other words, equivalence is proclaimed, not found. (Hermans 2007:6)

Interessant an dem Konzept der Äquivalenz ist also nicht, ob eine Übersetzung tatsächlich Äquivalenz aufweisen kann, sondern was zu bestimmten Zeiten und in einem bestimmten Übersetzungskonzept und Kontext als Äquivalenz verstanden wird. Dies gilt auch, wenn von funktionaler Äquivalenz die Rede ist, denn die Funktion eines Texts ist natürlich auch eine Form der Rezension, und somit zeitlich, räumlich sowie ideologisch geformt, und nicht nur eine Frage der Herstellung.

In der populären Rezeption der Übersetzung hat die Annahme der Äquivalenz und das damit eng verknüpfte Vertrauen in sie noch einen sehr hohen Stellenwert.

Das Zu-Eigen-Machen des Textes im Theater aber, insbesondere im Regietheater, hinterfragt, wenn auch nicht unbedingt bewusst, das Äquivalenzkonzept, ob im Bezug auf Übersetzungen oder auf die Inszenierung von Dramen. Dementsprechend hat ein Theaterpublikum eine andere Erwartungshaltung, was den übersetzten Text angeht, als ein Lesepublikum.

Natürlich geht es bei der Differenzierung von literarischer Übersetzung und Theaterübersetzung vor allen Dingen um Übersetzungspraktiken und Perspektiven. Während die literarische Übersetzung, vergleichbar mit dem literarischen Schreiben, ein relativ isoliertes kreatives Schreiben sein kann, ist die Theaterübersetzung in jedem Fall Teil eines gemeinsamen und kreativen Handelns, das nicht in Isolation stattfinden kann. Das Einbeziehen des Übersetzers oder der Übersetzerin in dieses kommunale Handeln lässt nicht nur auf unterschiedliche Theaterprozesse schließen, sondern auch auf die politische und ideologische Beziehung zwischen den Sprachgemeinschaften, die unwillkürlich aufeinander treffen.

Darum ist es heute umso wichtiger, sich mit der Theaterübersetzung auseinanderzusetzen, und zwar nicht nur aus der Perspektive der Theatermacher, sonder auch im Besonderen aus der Perspektive der Rezeption. Ich werde zuerst auf die Übersetzungs- und Theaterpraxis eingehen und dann einige Punkte bezüglich der Rezeption ausarbeiten.

Selbstgenügsamkeit einer Theaterkultur

In ihrer Analyse zweisprachiger Städte wie zum Beispiel Barcelona, Brüssel oder Kalkutta, nimmt Sherry Simon Stellung zu der Arbeit von Doris Sommer. Sie fasst zusammen, dass unter anderem die Übersetzung die Selbstgenügsamkeit einsprachiger Kulturen unterbricht:

> Accents, code switching and translation are to be valued for the ways in which they draw attention to the complexities of difference, for the ways in which they interrupt the self-sufficiencies of 'mono-cultures'. (Simon 2012:1)

Im Theater kann man eine solche Selbstgenügsamkeit vor allem in Kulturen wiederfinden, deren Sprachen Hegemonie beanspruchen. So sind einige Beispiele solcher Selbstgenügsamkeit in der britischen Theaterpraxis und Geschichte zu finden, nicht nur weil das Englische einen Hegemonieanspruch stellt, sondern auch weil in Großbritannien der Schwerpunkt nicht beim Regisseur oder Ensemble liegt, sondern größtenteils beim Autor oder der Autorin eines Dramas. So wird die gegenwärtige Theaterpraxis noch häufig in den Dienst des Autors oder der Autorin beziehungsweise des Dramas gestellt. Solch einen Ansatz, gekoppelt mit dem Anspruch der sprachlichen und kulturellen Überlegenheit, kann man vor allen Dingen bei Theatern wie der Royal Shakespeare Company und dem

National Theatre erkennen. Übersetzung wird hier also eine Form der höflichen Anerkennung anstatt gleichberechtigter Auseinandersetzung:

> Translation is an act of polite acknowledgement, scarcely disturbing the self-endorsed assurance of each group. This is a small step away from indifference, or gestures of politeness which involve no real engagement – and in fact heighten the sense of distance between cultures. (Simon 2012:13)

Zum Beispiel lief in der Spielzeit 2013/14 der Royal Shakespeare Company eine Inszenierung von Brechts *Leben des Galileos* in einer neuen Übersetzung von Mark Ravenhill, die nicht nur in Stratford upon Avon, dem Standsitz der Royal Shakespeare Company, gezeigt wurde, sondern auch auf nationale Tournee ging. Der linguistisch und theatral kompetente Übersetzer ist in diesem Fall gleichzeitig ein anerkannter Autor, wenn auch ein sogenanntes *enfant terrible* der britischen Theaterszene, Mark Ravenhill, und so wird durch seine Übersetzung Brechts Theaterstück in den Dienst der Royal Shakespeare Company und ihres kulturellen Kapitals gestellt. Dieser Produktion liegt nicht ein Prozess zu Grunde, der auf gleichberechtigter Auseinandersetzung beruht, sondern eine Angleichung des epischen Theaters an die Theaterideologie der Royal Shakespeare Company. Die höfliche Anerkennung, oder vielmehr das kulturelle Wohlwollen gegenüber Brecht, beruht einzig und allein darauf, dass es diese Inszenierung gibt und auf Postern zugegeben wird, dass sie auf einer Übersetzung beruht. Der Übersetzungsprozess wird in diesem Fall als Teil des kreativen und dramaturgischen Prozesses anerkannt, eben weil ein berühmter Schriftsteller involviert ist, und eben nicht, um der Übersetzung per se Anerkennung zu schenken.

Wie dieses Beispiel zeigt, basiert Theaterübersetzung, wie alle anderen Arten der Übersetzung, nicht ausschließlich auf Gleichberechtigung und Wohlwollen. Übersetzung, wie Sherry Simon argumentiert, ist nicht unbedingt ein freundliches Wort oder eine freundliche Handlung. Natürlich sind Rivalität auf der einen und Anbindung an andere Kulturen auf der anderen Seite keine Begriffe oder vielmehr Zustände, die einander ausschließen, sondern sie können wohl simultan auftreten und beobachtet werden. Wenn wir für einen Augenblick die Gegenwart verlassen und uns einem historischen Beispiel zuwenden, kann man ganz eindeutig sehen, dass ein und dieselbe Übersetzung sowohl Rivalität, Wohlwollen, Überlegenheit, als auch den Wunsch nach Anbindung aufzeigen kann.

Goethes *Faust* in London

Im späten 19. und frühen 20. Jahrhundert gab es in London zwei wichtige Inszenierungen von Johann Wolfgang von Goethes *Faust*: sowohl Henry Irving als auch Herbert Beerbohm-Tree inszenierten den *Faust* an ihren Londoner Theatern.

Henry Irvings Mephisto ist als wichtiger Teil britischer Theatergeschichte konzipiert, während Beerbohm-Trees Inszenierung nicht unbedingt einen hohen Stellenwert in der englischsprachigen Aufführungsgeschichte des *Faust* hat. Während Beerbohm-Tree einen unbekannten Autor beauftragte, den *Faust* neu zu schreiben, basierte Irvings Inszenierung auf einer angeblich neuen Übersetzung von W. G. Wills und nicht auf der 1835 publizierten Übersetzung von John Anster.

Um die Beziehung zwischen Irvings Inszenierung sowie Ansters und Wills *Faust* offenzulegen, braucht es etwas historische Detektivarbeit: Ansters Übersetzung erschien 1835 in Buchformat und ist die Grundlage für Irvings sogenanntes Vorbereitungsbuch oder *Preparation Book*. Im Programmheft der Inszenierung wird allerdings W. G. Wills als Übersetzer genannt; eine Übersetzung, die nie veröffentlicht wurde, sondern nur im Theaterarchiv der Manchester University zu finden ist. So weit sich erschließen läßt, hatte Wills keinerlei Theatererfahrung und es ist sehr wahrscheinlich, dass er dieses Vorbereitungsbuch von Anster, inklusive Notizen von Irving und anderen dramaturgischen Ratgebern, als Vorlage benutzt hat oder zumindest gut kannte. Die Randnotizen im Vorbereitungsbuch sind nicht einer bestimmten Person zuzuordnen und die Handschriften lassen darauf schließen, dass mindestens zwei Personen Kommentare machten. Irgendwann hat jemand, der Goethes *Faust* offensichtlich gut kannte, den folgenden Kommentar eingetragen: „this is not in Goethe's Faust at all".

Abb. 1: Faust, *Lyceum Theatre, London, 1885 - Sir Henry Irving's preparation book. (Theatre Collection, University of Bristol)*

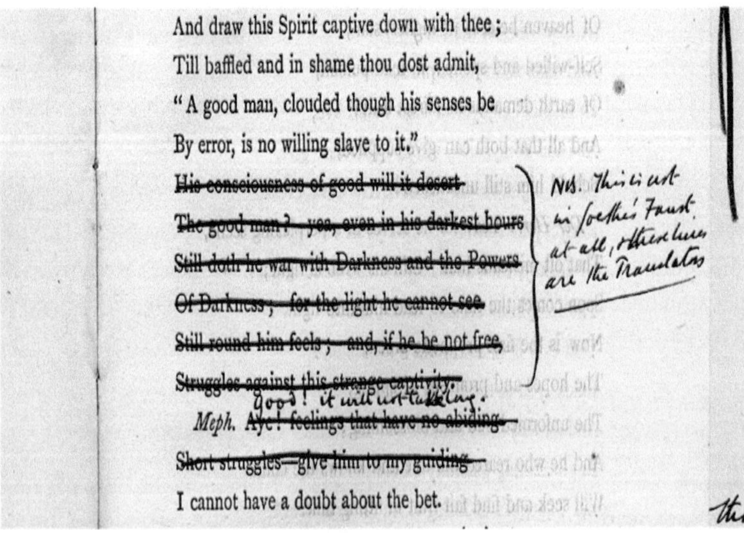
And draw this Spirit captive down with thee;
Till baffled and in shame thou dost admit,
"A good man, clouded though his senses be
By error, is no willing slave to it."
His consciousness of good will it desert
The good man? — yea, even in his darkest hours
Still doth he war with Darkness and the Powers
Of Darkness; for the light he cannot see.
Still round him feels; — and, if he be not free,
Struggles against this strange captivity.
Meph. Aye! feelings that have no abiding
Short struggles—give him to my guiding
I cannot have a doubt about the bet.

N.B. This is not in Goethe's Faust at all, these lines are the Translators

Dieser Kommentar kann als Indiz für den Respekt, der dem Autor des deutschen Stückes entgegengebracht wird, gelesen werden, und auch als Hinweis auf die Sprach- sowie Kulturkenntnisse des anonymen Lesers. Natürlich ist sogenannter Respekt vor dem Autor nicht notwendig, um eine Übersetzung zu inszenieren, die den Wunsch des kulturellen, gleichberechtigten Austauschs widerspiegelt; dennoch ist dieser Kommentar als historisches Indiz wichtig, weil er nicht nur die Textkenntnis des anonymen Lesers beweist, sondern auch Irvings Versuch, die Übersetzung, auf der seine Inszenierung basiert, zu authentifizieren und gleichzeitig zu autorisieren.

> Authentication confers authority and instigates equivalence. Translations that are authenticated cease to be translations and become authentic texts. (Hermans 2007:18)

Für Irving ist so eine Autorisierung durch Authentifizierung wichtiger Bestandteil sowie Beweis seiner künstlerischen Stellung, nicht nur als Schauspieler, sondern auch als Theatermanager.

Davon abgesehen, zeigen das Vorbereitungsbuch, das Programmheft und die darin enthaltenen Kommentare, dass die Übersetzung für Irvings Inszenierung ein kollaborativer Prozess ist. Die Entwicklung des Texts, der auf der Bühne zu hören war, floss nicht aus der Feder eines einsamen Übersetzers, sondern entpuppt sich als dramaturgischer Prozess, der Sachkenntnisse vereint: historische, theatralische, dramaturgische, linguistische usw.

Irvings *Faust* hatte seine Premiere 1885 und erlebte zwei Wiederaufnahmen in das Programm des Lyceum Theaters: 1894 und 1902. Außer Irvings *Faust* gab es 1902 auch eine deutschsprachige Inszenierung auf der Londoner Bühne.

Abb. 2: Max Behrend als Mephisto in Faust, *1902 (TWS Bibliothek, Universität Köln)*

Das Bild zeigt Max Behrend, Schauspieler und Regisseur, der für sechs Jahre zusammen mit Hans Andresen ein deutschsprachiges Theater in Londons West End leitete.[2] Ich habe es hier einbezogen, um auf die Inszenierungsgeschichte des *Faust* in London anzuspielen. An diesem Bild erkennt man sehr gut, inwiefern Inszenierungen sich gegenseitig zitieren und auf das kollektive Erinnerungsvermögen des – in diesem Fall Londoner – Publikums eingehen. Die Londoner Theater hatten unter anderem aus wirtschaftlichen Gründen Inszenierungen für lange Zeit im Spielplan, und wurden so Teil eines kollektiven Gedächtnisses: dem regelmäßigen Theaterbesucher Anfang des 20. Jahrhunderts war Irvings *Faust* bekannt, auch wenn er der Inszenierung nicht unbedingt beigewohnt hatte. Außerdem ist Irvings *Faust* auch in der Theatergeschichtsschreibung als theatraler Höhepunkt des späten 19. und frühen 20. Jahrhunderts konzipiert. Somit positionierte sich der dritte *Faust*-Produzent im Bunde[3], Herbert Beerbohm-Tree, der 1908 *Faust* inszenierte, in direkter Korrelation zu einem der wichtigsten und berühmtesten britischen Actor-Managers des späten 19. und frühen 20. Jahrhunderts.

Abb. 3: Souvenir Postkarte, Herbert Beerbohm-Tree als Mephisto in Faust, *1908, (Theatre Collection, University of Bristol)*

2 Vgl. Krebs (2012b) für eine detaillierte Geschichte des Deutschen Theaters in London sowie zu Max Behrends Rolle als Intendant.

3 Da die Rolle des Regisseurs sich im britischen Theater erst in der ersten Hälfte des 20. Jahrhunderts etabliert, sehe ich davon ab, weder Henry Irving, noch Max Behrend oder Herbert Beerbohm Tree als solche zu bezeichnen, sondern ziehe die Nomenklatur als Produzent vor.

Beerbohm-Trees Inszenierung basierte nicht auf einer speziell angefertigten, neuen Übersetzung von Goethes *Faust*, sondern entzog sich vor allen Dingen juristischen Angelegenheiten wie dem Copyright, in dem Beerbohm-Tree Stephen Phillips damit beauftragte, ein Stück in vier Akten mit dem Thema ‚Faust' und dem Titel *Faust* zu schreiben. Diese Übersetzung[4] war, wenn auch nicht ganz so offensichtlich, ebenfalls ein kollaborativer Akt: Philips schrieb *Faust* nicht alleine; in seiner und Beerbohm-Trees Korrespondenz werden eine Reihe anderer Namen von Personen erwähnt, die an der Texterstellung beteiligt waren. Und natürlich ist *Faust* als kanonisiertes Drama, so wie auch andere dramatische Versionen des Stoffes, wie zum Beispiel Christopher Marlowes *Doctor Faustus* wie schon gesagt, Teil des kollektiven Gedächtnisses eines Publikums, und zwar nicht nur an Goethes *Faust*, sondern natürlich an Irvings Darstellung des Mephisto.

Theaterübersetzungen existieren also nicht in Isolation, sondern beziehen sich sehr direkt auf eine zeitlich und räumlich nächste, unmittelbare Rezensionsgeschichte:

> Die Kunst der Profi-Bühne entsteht vor dem Hintergrund der von Regie und Schauspielern zu führenden Auseinandersetzung mit der gesamten Theatergeschichte in Produktion und Rezeption; sie ist also notwendig in einem Feld voller historischer und aktuell kultureller Auseinandersetzungen verankert; und sie wäre gänzlich unprofessionell, wenn sie diesen Hintergrund nicht aktiv präsent hielt. (Liebau 2013:33)

Der kulturelle Austausch als Theaterideologie

Ein historisches Beispiel, welches sich nicht auf Autorenverehrung beschränkt, sondern den Wunsch des kulturellen Austausches widerspiegelt, ist die Theater- und Übersetzungspraxis von Harley Granville Barker und Rezensions- und Übersetzungspraxis von William Archer. Archer ist vor allen Dingen dafür bekannt, dass er mit dafür verantwortlich war, den Naturalismus auf der britischen Bühne einzuführen; außerdem hatte er sich mit dem im Jahre 1904 veröffentlichten *Scheme and Estimates for a National Theatre* zusammen mit Barker für die Gründung eines Nationaltheaters eingesetzt; ein Anliegen, das allerdings erst lange nach seinem Tod Realität wurde.[5] Granville Barker ist vor allem für die Gründung des *Court Theatres*, heute *Royal Court* (London), bekannt, dessen Spielplan sowohl Inszenierungen europäischer Gegenwartsstücke als auch Werke des klassischen

---

4 Diese sogenannte Übersetzung gleicht am ehesten dem populären Verständnis der Adaption. Da diese Inszenierung jedoch als *Faust* bekanntgegeben wurde, ist ihre Rezension mit Goethes sowohl als auch Irvings *Faust* sehr eng verknüpft.

5 William Archer starb 1924 und das National Theatre wurde 1963 gegründet.

Theaters der griechischen Antike enthielt. Die griechischen Klassiker wurden alle ausnahmslos mit Hinblick auf die Aufführungspraxis und in Zusammenarbeit zwischen Barker und Gilbert Murray, Altgräzist in Oxford, erstellt. Aber auch dieses Beispiel ist keinesfalls eines des neutralen oder ideologisch unschuldigen Austausches: William Archer und Harley Granville Barker sahen Übersetzung als eine Notwendigkeit an, um neue Trends in ein nationales, idealerweise monokulturelles Theater einzuführen. Sowohl Archer als auch Barker konzipierten Theater als Kunst und wollten vom Theater als Teil der Unterhaltungsindustrie Abstand halten.

> A self-respecting nation should be self-sufficient in its dramatic activity. By all means let us follow works of modern dramatists, and learn from them; but let us not suffer them to come between us and our own fundamental duty of portraying our own national life in our own language. (Archer 1901)

An diesen gegenwärtigen wie auch historischen Beispielen können wir also erkennen, dass Übersetzung für das Theater, für spezifische Inszenierungen, nicht nur ein Zeichen der Rivalität oder des Wunsches nach Anbindung ist, sondern oft ein Zusammenkommen beider Positionen. Die Royal Shakespeare Company hatte Brecht in ihren Spielplan aufgenommen und gleichzeitig das Epische verneint; Irvings Vorbereitungsbuch zeigte Respekt für Goethe, seine Inszenierung jedoch war sowohl eine ganz eigene Personenverehrung wie auch eine Feier des Londoner Theaters und seiner Berühmtheiten – man kann die Poster dieser Aufführung, die alle natürlich Irving in den Mittelpunkt stellen, immer noch käuflich erstehen. Das National Theatre in London, langersehntes Ergebnis von Barkers als auch Archers jahrzehntelanger Kampagne, mag wohl Übersetzungen im Spielplan haben, ist aber hauptsächlich auf britische Stücke fokussiert. Der Naturalismus und Realismus, den vor allem Archer und Barker durch die Übersetzungsarbeit eingeführt haben, hat sich als dominierende Form des Schreibens sowie der Inszenierung in Großbritannien durchgesetzt.

Theaterübersetzung als kollektives Handeln

Schon vor einem Vierteljahrhundert hat Erika Fischer-Lichte auf die Besonderheit der Theaterübersetzung im Gegensatz zur literarischen Übersetzung hingewiesen:

> Das Theater stellt ganz offensichtlich eine besonders priviligierte gesellschaftliche Institution zur Vermittlung zwischen der eigenen und fremden Kulturen dar. […] Indem das Theater sich Text (und andere Elemente) fremder Kulturen aneignet, vermag es daher zum Ort einer *permanenten Dynamisierung* zu werden, die nicht nur die fremden Texte, sondern vor allem es selbst und seine eigene Kultur betrifft. (Fischer-Lichte 1988:143f.)

Was Fischer-Lichte allerdings vermeidet, ist, sich mit dem Übersetzer oder der Übersetzerin als Mitglied eines Theaterkollektivs bzw. vielmehr mit der Theaterübersetzung als Teil des dramaturgischen Prozesses auseinanderzusetzen. Für Fischer-Lichte ist der Übersetzungsprozess unabhängig von dem dramaturgischen, theatralen Prozess; vielmehr soll die Übersetzung diesen ermöglichen, steht aber dennoch für sich:

> Die Bedingungen der Inszenierung stellen insofern auch nicht einen Faktor dar, der bereits beim Prozeß des Übersetzens berücksichtigt werden müßte. Es läßt sich im Gegenteil die These vertreten, daß die Übersetzung desto mehr Möglichkeiten für einen kreativen Umgang des Regisseurs und der Schauspieler mit dem Text bereit hält, je weniger sie im Hinblick auf den theatralischen Idiolekt einzelner Regisseure und Schauspieler angefertigt wird. (Fischer-Lichte 1988:131)

Im Gegensatz zur Theaterübersetzung bezieht Fischer-Lichte sich auf Dramenübersetzung. Das Konzept der Äquivalenz und kontextunabhängigen Übersetzung liegt dieser Einstellung zu Grunde. Natürlich ist mittlerweile nicht nur, wie schon gesagt, das Konzept der Äquivalenz in den Übersetzungswissenschaften in Frage gestellt worden, sondern auch die Beziehung zwischen Text und Inszenierung im Hinblick auf das Gegenwartstheater neu aufgearbeitet worden.

Hans-Thies Lehmanns wichtige und einflussreiche Abhandlung *Postdramatisches Theater* stellt fest, dass ein gegenwärtiges Theater, welches sich von mimetischen Figuren und Handlungen abgrenzt, den Text nicht unbedingt in eine hierarchische Beziehung mit der Inszenierung stellt, bei der die Inszenierung als theatralische Illustration des dramatischen Texts zu verstehen ist. Die Beziehung zwischen Stück und Inszenierung muss also neu konzipiert werden. Natürlich heißt das nicht, dass keine Theaterstücke mehr geschrieben werden, sondern dass geschriebener Text zum szenischen Element wird. Das postdramatische Theater versteht sich nicht mehr als Inszenierung eines dramatischen Texts, was nicht heißen soll, dass der Text oder vielmehr das Theaterstück verschwunden ist. Die Inszenierung als Ganzes hingegen basiert auf dem Aufführungstext, oder ist vielmehr seine Verkörperung und Materialisierung, in dem der gesprochene (und vielleicht zeitlich vor der Inszenierung verfasste) Text ein Theatermittel, wie Stimme, Körper, Raum und dergleichen ist.

> Die Theatermittel – wie Körper, Gesten, Sprache, Stimme, Klang, Musik, Rhythmus, Licht, Ton, Dauer, Wiederholung, Zeit, Raum… – verselbständigen sich, so als sei die tradierte kohärente Ganzheit aus Elementen, als die wir uns die Ganzheit des dramatischen Theaters denken können, gleichsam auseinander geplatzt. Die Theaterlandschaft danach liegt uns wie eine Art Photographie nach jener Explosion vor Augen. (Lehmann 2011, zitiert nach Jürke 2013:9)

Ein Theater, in dem der Text als ein Theatermittel konzipiert ist, das sich im Stellenwert nicht von Licht, Raum, Körper usw. unterscheidet, ist auf eine Übersetzung angewiesen, die in die Theaterpraxis mit eingebunden ist, und ihr weder zeitlich noch räumlich vorausgeht oder voransteht. Das heißt, die Theaterübersetzung situiert sich im Theaterprozess selbst und kann nicht als eine quasi-literarische Aufgabe außerhalb des kreativen und gemeinschaftlichen Theaterprozesses bewältigt werden.

Dementsprechend ist Theaterübersetzung überaus kurzlebig und kontextspezifisch[6], das heißt, sie ist inszenierungsspezifisch. Demnach würde in einem idealen Szenario jede neue Inszenierung eines Texts von einer neuen Übersetzung begleitet werden. Dem liegt dann natürlich eine positive wirtschaftliche Situation zugrunde, in der sich kulturelle Einrichtungen sehr selten, wenn überhaupt jemals, befinden.

Diese Schlussfolgerung scheint einschneidend für die Didaktik der Übersetzungspraxis wie auch der Übersetzungswissenschaft: ein dramaturgisches und theaterhistorisches Fachwissen ist Voraussetzung dafür, damit gegenwärtige Theaterübersetzerinnen und -übersetzer sich ihrer eigenen Position im dramaturgischen und kreativen Prozess bewusst sein können. Zunächst einmal aber muss die gegenwärtige Forschung aufholen: was immer noch fehlt, ist nicht nur eine Betrachtung und Analyse der Übersetzung, die auf Theorie und Praxis aufbaut und die Übersetzung für das Theater als eine dramaturgische Handlung oder vielmehr einen Prozess versteht, sondern auch eine historische Arbeit, die über das Studium veröffentlichter Dramen hinausgeht. Theaterübersetzung ist eine inhärente dramaturgische Aktivität; maßgefertigt für eine Theaterinszenierung und dementsprechend substantiell, kreativ und veränderbar.

Literatur

Archer, William (1901): Stage and Study. In: Morning Leader, 4 June.

Fischer-Lichte, Erika (1988): Die Inszenierung der Übersetzung als kulturelle Transformation. In: Fischer-Lichte, Paul / Schultze, Turk (Hrsg.), Soziale und theatralische Konventionen als Problem der Dramenübersetzung, Tübingen, 129–144.

Hermans, Theo (2007): Conference of the Tongues. Manchester.

6 Natürlich ist nicht nur Theaterübersetzung kurzlebig; alle Übersetzungen sind kontextspezifisch und kurzlebig. Dies ist jedoch besonders in performativen Genren der Fall, wie auch der Beitrag, der sich mit der Zeitgebundenheit synchronisierter Kinderfilme auseinandersetzt, eindeutig zeigt (vgl. den Beitrag von Anna Urban in diesem Band).

Jürke, Gisela (2013): Das dramatische Theater im Spannungsfeld zum postdramatischen: Zwei widersprüchliche Ansätze in der Theaterpädagogik? Abschlussarbeit an der Theaterpädagogischen Akademie der Theaterwerkstatt Heidelberg, http://www.theaterwerkstatt-heidelberg.de/uploadverzeichnisse/downloads/AA_Juercke_G_BF-9-2.pdf (20.05.2015).

Krebs, Katja (2012a): Translation and Adaptation – Two Sides of an Ideological Coin. In: Raw, Laurence (Hrsg.), Translation, Adaptation and Transformation, London, New York, 42–53.

Krebs, Katja (2012b): A Portrait of European Cultural Exchange: The Deutsches Theater in London at the turn of the twentieth century. In: Angermion, 5, 119–134.

Krebs, Katja (2014) (Hrsg.): Translation and Adaptation in Theatre and Film, London, New York.

Kosok, Heinz (2004): Cracks in the Jug: Recent Translations /Adaptations of Continental Plays by Irish Dramatists. In: Coelsch-Foisner, Sabine / Klein, Holger (Hrsg.), Drama Translation and Theatre Practice, Frankfurt am Main, 99–120.

Lehmann, Hans-Thies (2011): Postdramatisches Theater (5. Aufl.), Frankfurt am Main.

Liebau, Eckart (2013): Ästhetische Bildung: Eine systematische Annäherung. In: Zeitschrift für Erziehungswissenschaft, 16, 3, 27–41.

Peghinelli, Andrea (2012): Theatre Translation as Collaboration: A Case in Point in Comteporary Drama. In: Journal for Communication and Culture, 2, 1, 20–30.

Perteghella, Manuela (2008): Adaptation: 'bastard child' or critique? Putting terminology centre stage. In: Journal of Romance Studies, 8, 3, 51–65.

Simon, Sherry (2012): Cities in Translation: Intersections of Language and Memory, London, New York.

Turk, Horst (1988): Soziale und theatralische Konventionen als Problem des Dramas und der Übersetzung. In: Fischer-Lichte, Paul / Schultze, Turk (Hrsg.), Soziale und theatralische Konventionen als Problem der Dramenübersetzung, Tübingen, 9–54.

Anna Urban

Übersetzung synchronisierter Kinderfilme in Polen. Zu den Fragen von Kreativität und Angemessenheit

The paper presents an analysis of 16 American animated films for children and their Polish dubbed translations in terms of culture-specific references exemplified in references to the sphere of politics. The paper shows that Polish dubbed films are characterized by "excessive domestication", that is an overload of typically domestic references and the global strategy is undertaken by the translator(s) with the aim of making the films more appealing and entertaining to adults. The author attempts to show that the issues of creativity and adequacy cannot be misunderstood, and that film translators-to-be must be aware of the film author's vision, their contract and the young recipients, who must not be taken for granted. One must bear in mind that domestication is supposed to help translators adapt the original film to the knowledge of the young viewers and their way of perceiving the world, determined by language and culture and, therefore, it is not adequate to address the text to an adult audience by means of typically Polish references which children have no chance to grasp.

Key words: dubbed films for children, creativity in translation, excessive domestication

Schlüsselwörter: synchronisierte Kinderfilme, Kreativität in der Übersetzung, übermäßige Einbürgerung

Einleitung

„Welcher Film wann, wo und für wen in welcher Sprachfassung gezeigt wird und welcher Übersetzungsmodus für diese gewählt wird, hängt weitgehend ab von Thema, Genre, Zielpublikum, Sprachenkonstellation, Ausstrahlungsgerät, Ausstrahlungsort und Ausstrahlungszeit" stellt Badstübner-Kizik im vorliegenden Band fest. In Bezug auf animierte Kinderfilme erfreut sich die Filmsynchronisation in dem an verschiedene Übersetzungsmodi (Voice-Over im Fernsehen und Untertitel im Kino) gewöhnten Polen immer größerer Popularität. Die Zuschauer, die ein in ihre Sprache synchronisiertes Produkt bekommen, sind sich allerdings nicht im Klaren darüber, dass sie es mit einer stark veränderten Version des Filmes zu tun haben können. Der Beitrag hat zum Ziel, dies bewusst zu machen und darüber hinaus die z.T. weitgreifenden Manipulationen von synchronisierten Kinderfilmen vor dem Hintergrund der Chancen und Grenzen translatorischer Kreativität zu beleuchten. Beide Aspekte haben für angehende Übersetzerinnen und

Übersetzer große Bedeutung, da sie entscheidende Fragen von Angemessenheit, übersetzerischer Freiheit und Verantwortung im Translationsprozess betreffen.

Die audiovisuelle Übersetzung ist eine relativ junge Disziplin, was jedoch nicht bedeutet, dass sie eine unbestimmte, auf Intuition basierende Tätigkeit darstellt, die den Grundprinzipien der Übersetzungswissenschaft entgleiten kann, im Gegenteil. Die Filmkommunikation erfolgt durch visuelle und akustische Kanäle, die gleichzeitig benutzt werden und durch die „die Filmbotschaft die Zuschauer erreicht" (Delabastita 1989:196).

Wenige wissen, dass Polen eine lange Synchronisierungstradition hat, die auf die Vorkriegszeit zurückgeht. Es wird angenommen, dass der erste in die polnische Sprache synchronisierte Film Walt Disneys *Schneewittchen und die sieben Zwerge* (1937) im Jahre 1938 war (vgl. Szarkowska 2008:13). 1949 entstand am Spielfilmproduktionsstudio Łódź eine Synchronisationsabteilung, die 1955 nach Warschau umzog und in Synchronisationsstudio umbenannt wurde. Zehn Jahre später begann man, Filme für das Fernsehen zu synchronisieren. Die bekannteste polnische Synchronregisseurin war Zofia Dybowska-Aleksandrowicz, zu ihren Arbeiten gehörten Filme wie *The Flintstones* (*Między nami jaskiniowcami*, 1960–1966) oder *East of Eden* (*Na wschód od Edenu*, 1983). Dank ihrer Arbeit und ihres Engagements kann man von einer Polnischen Schule der Synchronisierung sprechen (vgl. Grochowska 2004; Miernik 2008; Szarkowska 2009). Die 1980er Jahre galten als finanzieller Tiefpunkt der polnischen Synchronisation. In den 1990er und 2000er Jahre ließ sich jedoch ein Aufschwung bemerken, und zwar u.a. dank den innovativen und deutlich an der Umgangssprache orientierten Synchrondialogen in animierten Kinderfilmen.

Synchronisierung wird als eine Filmübersetzungsmethode verstanden, die einen relativ hohen Grad der Einmischung in die primäre Form des Werkes zeigt und somit den Zugang zum Originalton wesentlich einschränkt. Es ist eine Methode, bei der der Dialog an die Mund- und Lippenbewegungen der Schauspieler im Film angepasst wird. Diese Übertragungsart stellt eine große Herausforderung für Übersetzer dar, vor allem im Hinblick auf die zu erreichende Synchronität. Es handelt sich zum einen um Lippensynchronität, zum anderen um paralinguistische Synchronität, etwa im Hinblick auf die geforderte Übereinstimmung zwischen Mimik und Gestik und der gesprochenen Sprache (vgl. Herbst 1994:29–53). Nach Chaume-Varela ist Synchronität mehr als ‚bloße' lip-sync, er unterscheidet noch zwei weitere Synchronitätstypen, und zwar Figurensynchronität und inhaltliche Synchronität (vgl. 2006:7; vgl. auch Fodor 1976; O'Connell 2007). Synchronisierung ist damit ein Verfahren, das den Ausgangstext weitgehend modifiziert und ihn dem Publikum mittels sog. Domestizierung zur Verfügung stellt. Der Originaltext ist komplett ausgeblendet, es ist nur der zielsprachliche Dialog zu hören. Somit entsteht die Illusion, die Schauspieler (die Figuren) sprächen in der Zielsprache. Domestizierung wird verstanden als Methode der transparenten, „flüssigen, unsichtbaren Übersetzung“ [translating in a fluent, ‚invisible‘ style], um jegliche Fremdheit im Zieltext zu minimieren (vgl. Munday 2001:146). Hier müsste man Studierende an das Übersetzungskonzept von Schleiermacher erinnern, das auf der Dichotomie ‚einbürgernd vs. verfremdend‘ beruht und die Frage zu beantworten versucht, ob sich die Übersetzung dem Original unterwerfen oder sich das Original der Übersetzung unterordnen muss: „Entweder der Uebersetzer läßt den Schriftsteller [Filmemacher, Filmproduzenten, AU] möglichst in Ruhe, und bewegt den Leser [die Zuschauer, das Publikum, AU] ihm entgegen; oder er läßt den Leser möglichst in Ruhe und bewegt den Schriftsteller ihm entgegen“ (Schleiermacher 1838:218). Im Resultat können synchronisierte Filme den Zuschauern als brandneue und nicht transformierte Produkte erscheinen; ein synchronisierter Film hört auf, ein ‚ausländischer‘ Film zu sein, um einfach ein Film zu werden (vgl. Szarkowska 2005: o.S.). Schleiermachers „Einbürgerung“ bedeutet somit eine Art Anpassung des Ausgangstextes an das Wissen und die Erwartungen der Zielgruppe, die durch ihre Sprache und Kultur determiniert sind. Wie oben angedeutet, findet Synchronisierung in Polen als Verfahren der Filmübersetzung besonders in Produktionen für junge Rezipienten Anwendung. Durch den Einsatz von heimischen Synchronstimmen begünstigt, erweckt der jeweilige Film den Anschein, eine Inlandsproduktion zu sein. Filmsynchronisierung sei im Großen und Ganzen großer Betrug, sagt Bartosz Wierzbięta, der populärste Synchronautor Polens in einem seiner Interviews. Es sei wie ein Versuch, die Menschen glauben zu machen, dass ein Film in Polen gemacht wurde. Es gehe darum, dass diese Illusion überzeugend genug ist.[1]

Synchronautorinnen und -autoren in Polen

Szarkowska (vgl. 2008:14) behauptet in ihrem den Perspektiven und Herausforderungen der Multimedia-Übersetzung in Polen gewidmeten Beitrag, der Beruf von Dialogbuchautorinnen und -autoren (Synchronautorinnen und -autoren) erfreue sich seit den 1990er Jahren zunehmender Beliebtheit. Auf der Grundlage von Ergebnissen einer Umfrage zu diesem Thema behauptet auch Jankowska, dieses Berufsfeld scheine in Bezug auf Vergütung und Stellung (vgl. 2012a:36) elitär zu sein. Wer in der Synchronisierungsbranche beruflich tätig sei, gehöre zur „crème de la crème“ (vgl. Jankowska 2012a:38) unter den Filmübersetzern.

---

1 Vgl. http://www.przeglad-tygodnik.pl/pl/artykul/kojarze-sie-ze-shrekiem (05.11.2014).

Nach Ansicht Grochowskas (vgl. 2004:o.S.) gibt es in Polen etwa zwanzig professionell arbeitende Synchronautoren, darunter Jan Jakub Wecsile, Dariusz Dunowski und der populärste unter ihnen – der bereits genannte Bartosz Wierzbięta, bekannt für seine Dialoge für US-Produktionen wie *Chicken Run* (2000), die *Shrek*-Filme (2001–2010), *Home on the Range* (2004), *Madagascar* (2005), *Monsters Inc.* (2002), *Shark Tale* (2004) u.a. Seine Übersetzungen markieren einen Wandel in der Synchrontradition Polens, sie setzen auf die Verwendung von Alltagssprache und nehmen sich große Freiheiten bei der Ersetzung ausgangssprachlicher kulturspezifischer Elemente durch polnische funktionale Äquivalente. Ebenso scheint sich seit Wierzbięta die Angewohnheit zu etablieren, kulturell als unverständlich eingeschätzte Passagen durch Bezugnahmen auf die aktuelle Situation in Polen anzureichern und damit „verständlicher" zu machen (vgl. Szarkowska 2009:194; Grabiec 2011:59). Sein Shrek denke auf „polnische Art und Weise" erklärte Wierzbięta in einem Interview und fügte hinzu, dass er Filme, die ihn langweilten, „ausfeile".[2]

Auch wenn schon viel über *Shrek* als Film und Filmhelden geschrieben wurde (vgl. z.B. Jankowska 2009; Chmiel 2010; Bogucki 2013:47), kann man an diesem Film nicht kommentarlos vorbeigehen. Der erste Film der *Shrek*-Reihe markiert den Beginn einer neuen Ära in dem an verschiedene audiovisuelle Übersetzungsmethoden gewöhnten Polen. Selbst Personen, die normalerweise viele Filme in der Originalversion ansehen, beschreiben Wierzbiętas Synchronisation als „hervorragend" und mitunter sogar „noch lustiger"[3] als das englische Original (vgl. Jankowska 2009:o.S.), unter anderem dank der innovativen Dialoge, die dem Übersetzer enorme Popularität eingebracht haben.

---

2 Vgl. http://dubbing.pl/wywiady/wierzbieta-bartek/ (01.04.2014).

3 Um die globalen Strategien der Synchronautoren zu vergleichen, habe ich 2012 den Versuch unternommen, die polnischen und die deutschen Synchronversionen der *Shrek*-Filme in Bezug auf kulturell geprägte Einheiten zu untersuchen (vgl. Urban 2012). Überraschenderweise hat sich herausgestellt, dass das deutschsprachige Publikum keine „witzigere" Version braucht, um lachen zu können; die Passagen wurden im Allgemeinen originaltreu ins Deutsche übersetzt, sogar in Fällen wie *Muffin Man*, dem *Good Morning*-Lied, oder *parfaits* (vgl. Urban 2012:185). Dies ist deswegen von Belang, weil der deutschsprachige Raum neben Italien und Frankreich zu den „klassischen Synchronisationsländern" (vgl. Luyken 1991:30) gehört. Die polnische und die spanische Versionen vergleichend, spricht Jankowska (2009:o.S.) von einer „augmentation of the humorous load", d.h., von einer zusätzlichen „Humorisierung" der polnischen Synchronversion.

Wierzbięta selbst äußert sich dazu wie folgt:

> Dialoge müssen für das polnische Publikum nachvollziehbar sein, weil das Festhalten an Originaldialogen nicht immer angebracht ist. Sind die ausgangssprachlichen Nuancen und Wortspiele nicht lustig, müssen sie an die polnischen Bedingungen angepasst werden. Die ‚Reifung' meiner Übersetzerwerkstatt bestand in der Erkenntnis meiner Freiheit, und darin, dass ich mir **immer größere Freiheiten** erlauben konnte […] Es geht nicht darum, dass der polnische Text den Ausgangstext perfekt widerspiegelt. Was zählt, ist die Synchronität, Attraktivität und Verständlichkeit. Aus persönlicher Erfahrung weiß ich, dass in der Praxis der polnische Dialog desto besser ist, je mehr er von dem ursprünglichen abweicht – es ist keine Regel, aber Filme mit den meisten Unterschieden genossen die größte Popularität.[4] (aus dem Polnischen und Hervorhebungen: AU)

Heutzutage sehen sich polnische Synchronautorinnen und -autoren geradezu dazu gezwungen, nach dem ‚Wierzbięta-Prinzip' zu arbeiten, und die Dialoge so lebensnah und „unterhaltsam" wie möglich zu gestalten. Diese Technik wird nicht nur vom Publikum, sondern auch von den Produzenten erwünscht und erwartet (vgl. Urbańska 2006:o.S.). Es handelt sich darum, kulturell fremde Elemente durch das für das zielsprachliche Publikum Wahrnehmbare zu ersetzen (vgl. Venuti 1995:18). Tomaszkiewicz meint sogar (vgl. 2006:202), kulturell fremde Elemente würden durch ihre Verweise auf den eigenkulturellen sprachlichen und kulturellen Hintergrund völlig verständlich. Eine berechtigte Frage wäre allerdings: verständlich – ja, aber für wen? Für Kinder und Erwachsene gleichermaßen? Oder hat man es in diesem Fall mit einer eigenwilligen Verschiebung des Zielpublikums durch den Übersetzer zu tun?

Die Ausbildung für die audiovisuelle Übersetzungsbranche müsste – nimmt man Fragen wie diese ernst – auch ethische Aspekte umfassen. Wie ein Buch mit seinem Klappentext, den Illustrationen, dem Text und ggf. dem Vorwort oder den Anmerkungen literarischen Übersetzerinnen und Übersetzern als Ganzes in Auftrag gestellt wird, so bildet auch ein Film ein komplexes Gefüge aus Bild-, Ton- und Dialogspur. Eine Modifizierung, und sei es nur eines der Elemente dieses Komplexes, kann gravierende Folgen haben und die Verfremdung des gesamten filmischen Konzepts bedeuten.

Die nachträgliche ‚Anreicherung' der Filmdialoge durch Elemente der ‚eigenen' Realität kann – falls sie denn entsprechend verstanden wird – bewirken, dass diese Elemente (von Erwachsenen) anerkennend als „nationale Köstlichkeiten" (vgl. Urbańska 2006:o.S.) und Synchronautoren als „Sahnehäubchen" auf dem Film (vgl. Grabiec 2011:59) bezeichnet werden. Jene beim Publikum hervorgerufene

4 Vgl. http://dubbing.pl/wywiady/wierzbieta-bartek/ (01.04.2014).

Illusion, ein Film sei im eigenen Land entstanden, kann jedoch schnell in Enttäuschung münden, wie Hejwowski (2012:22) meint. Hejwowski spricht im Kontext der literarischen Übersetzung von „misslungenen Betrugsversuchen", d.h. von der übermäßigen Verwendung von funktionalen Äquivalenten, obwohl er auch zugibt, dass die Leserschaft einen unterschiedlichen Toleranzgrad im genannten Bereich aufweisen kann. Er vergleicht die Synchronisation eines Films mit der Übersetzung eines Buches – so wie man beim Lesen meistens nicht den Originaltext vor Augen habe, so hört man auch beim synchronisierten Film nicht die Originalfassung, demzufolge lege lediglich der Grad der Leichtgläubigkeit des Publikums die Grenzen der übersetzerischen Eingriffsmöglichkeiten fest (vgl. Hejwowski 2012:24). Diese übermäßige Neigung zum Einsatz von funktionalen Äquivalenten nennt Song „excessive domestication", eine Methode der Übersetzung, die das Original in einem solchen Ausmaß in der zielsprachlichen Kultur einbürgert, dass das Zielpublikum die übersetzerische Leistung ausdrücklich wahrnehmen und dabei u.a. erkennen muss, dass viele der im Translat verwendeten Ausdrücke gar nicht im Ausgangstext vorkommen können (vgl. Song 2012:129). Kritisch meint Song (2012:128), "language in the translated dialogue (…) should be as close as possible to the expression the target language audience use in their daily communication and should cause **as less unfamiliarity as possible** to them. Therefore, dialogue in the translated script should be speakable and colloquial enough for the dubbing actors to utter and for the audience to perceive **without causing any awakening effect** that may bring the audience out of the illusion that the film creates" [Hervorhebungen AU]. Mit anderen Worten, synchronisierte Filme müssen in einer für das Publikum verständlichen Sprache gefasst werden, ohne die Rezipienten aus der Illusion zu reißen, die der Film erschafft.

Im vorliegenden Band werden übersetzerische Leistungen mehrmals aus verschiedener Perspektive thematisiert, dabei geht es nicht zuletzt um die Frage nach einer Professionalität von Dialogautorinnen und -autoren, sondern auch nach Sprachnormen sowie nach den Chancen und Grenzen sprachlicher Kreativität und Originalität in der eigenen Sprache, deren Wichtigkeit ich an dieser Stelle besonders betonen möchte. So bleibt die Frage der Professionalität audiovisueller Übersetzerinnen und Übersetzer, nicht nur in Polen, immer noch unbeantwortet. Jankowska berichtet über die Ergebnisse einer von ihr unter Filmübersetzerinnen und -übersetzern durchgeführten Umfrage, u.a. zu Status, Ausbildung, Vergütung, Arbeitszeit und dgl. In ihrem Beitrag beruft sie sich auf die Worte des Synchronautors und -regisseurs Dariusz Dunowski, der unverblümt zugibt, die Sprache aus der er übersetzt, nur ungenau zu kennen und sich im Fall von Übersetzungsschwierigkeiten auf seine Kollegen zu verlassen (vgl. 2012b:249). Eine solche, an Blamage grenzende Äußerung, bildet keine Einzelmeinung. In

Bezug auf polnische Übersetzungen animierter Kinderfilme erwähnt auch Bogucki (2013:47) "the vexing question of the translator's freedom (or lack thereof) to depart from the original".

Kreativität und Angemessenheit in synchronisierten Filmen für Kinder

Wie oben angedeutet, bilden der Einklang des Gesprochenen mit den übrigen Komponenten einer audiovisuellen Botschaft sowie die Loyalität den Rezipienten gegenüber bei der Filmübersetzung ein übergeordnetes Prinzip. Selbstverständlich ist Filmübersetzung eine hochkomplizierte und hochzuschätzende Kunst, die sogar anderer (und zusätzlicher) Fähigkeiten und Fertigkeiten bedarf als das Übersetzen von Texten *sensu stricto*. Übersetzungsauftrag, technische Einschränkungen und eine genaue Bestimmung der Zielgruppe machen hier die wichtigsten Grundprinzipien aus. Da das Film-Bild nicht verändert werden kann, kann bei der Filmübersetzung nur im Bereich des Textes etwas ‚Neues' kreiert werden. Nach Chaume-Varela bietet gerade die Filmsynchronisation Platz für Kreativität, obwohl der Übersetzungsprozess gerade hier vielen Einschränkungen und Regeln unterschiedlicher Natur unterworfen sei. Kreativität diene nicht zuletzt einer „Verschönerung" der endgültigen Version der Übersetzung (vgl. Chaume-Varela 1998:21). Wie auch Kußmaul immer wieder betonte, erwächst ein kreativer Prozess aus „einer obligatorischen Veränderung des Ausgangstexts" (2000:31), und mündet in „etwas mehr oder weniger Neuem […], das zu einer bestimmten Zeit und in einer (Sub-) Kultur von Experten [(= von Vertretern eines Paradigmas)] im Hinblick auf einen bestimmten Verwendungszweck als mehr oder weniger angemessen akzeptiert wird" (Kußmaul 2000:31). Was nicht kreativ ist, wird als wörtlich, logisch, konventionell und routinemäßig bezeichnet. Kreativ bedeute hingegen problemlösend, neu, spontan und normabweichend (vgl. Bayer-Hohenwarter 2012:58). Wesentlich ist, eine Grenze zwischen Übersetzung und eigener Textproduktion zu setzen. Kreative Formulierungen seien keine „Ornamente", die wir unseren Übersetzungen hinzufügen, so Kußmaul (vgl. 2000:31) und sie seien auch nicht nur in besonderen Situationen erforderlich. Fast immer sehen sich Übersetzerinnen und Übersetzer gezwungen, etwas gegenüber dem Ausgangstext zu verändern, sei es aus Gründen des Sprachsystems, der Sprachnormen, des Reim- und Metrikzwangs oder bestimmter pragmatischer Gegebenheiten. Kreative Formulierungen seien notwendiger Bestandteil des Übersetzens.

Bei der Evaluation von Übersetzungen, Buch- und Filmübersetzungen gleichermaßen, geht es vor allem um die Frage, ob die Veränderungen gegenüber dem Ausgangstext, in denen sich Kreativität manifestiert, angemessen sind, ob sie das Konzept des Textproduzenten nicht verändern und die Loyalität auch dem Publikum gegenüber nicht verspielen. Nach Kußmaul (2000:36) gehe es bei der Beurteilung nicht um das Wiederauffinden von ausgangssprachlichen syntaktischen Strukturen und sogenannten Eins-zu-eins-Entsprechungen im Zieltext, sondern um die Frage, welche Veränderungen unter Berücksichtigung der Funktion der Textstelle im Gesamttext bei einem gegebenen Übersetzungsauftrag für einen bestimmten Empfängerkreis im Rahmen der Zielkultur angemessen sind. Dies ist besonders vor dem Hintergrund der Übersetzung von Filmen für ein junges Publikum von Bedeutung, wo der Eindruck entsteht, dass der geringe Status der Kinder- und Jugendliteratur im gesamtliterarischen System (vgl. Shavit 1986:33) mit einer allgemeinen Geringschätzung der Übersetzung von Kinderfilmen einhergeht.

„Kreativ bedeutet nicht ‚intuitiv'", warnt auch Fišer (2008:156). „Kreativ arbeiten bedeutet für den Translatproduzenten, textbezogen bewusste Entscheidungen zu treffen und Verantwortung für die Konsequenzen auf die perfomative Wirkung des ZT zu übernehmen" (Fišer 2008:156).

Empirische Untersuchung von ausgewählten animierten Kinderfilmen

Synchronisation, um es in der Terminologie Venutis auszudrücken, besteht in der Einschreibung von Elementen der heimischen Lesbarkeit und des heimischen Interesses in Filme, in der Ersetzung der Spuren des Fremden durch die Spuren des Eigenen (vgl. Kozak 2001:45). Das Erkennen dieser Spuren und ihre Überlagerung, die Erlangung der Aufmerksamkeit des Publikums durch die Einbürgerung eines Filmes, ist ein bewusster Kunstgriff, Teil einer übersetzerischen Strategie, die in der Ausbildung thematisiert werden muss. Um angehende ÜbersetzerInnen für die Konsequenzen der Wahl einer bestimmten Strategie zu sensibilisieren, könnte man sie mit ausgewählten transkribierten Filmszenen mitsamt ihrer polnischen Fassung konfrontieren. Ihre Aufgabe könnte dann darin bestehen, zunächst den in den Fragmenten befindlichen Mehrwert an Anspielungen festzustellen und anschließend die Art der jeweiligen Anspielung und ihre Quelle genauer zu benennen. Diese Anspielungen könnten schließlich kategorisiert und auf ihre Angemessenheit (z.B. im Hinblick auf die Vorgaben eines Auftraggebers oder eine bestimmte Zielgruppe) und ihre Akzeptanz (z.B. in Hinblick auf vermutete Publikumserwartungen, kulturelle Bezugnahmen, Zeitgebundenheit) hin analysiert werden. Anhand ihrer Ergebnisse könnten die Studierenden dann versuchen, die Frage zu beantworten, ob und inwiefern die analysierten Passagen als gute Translate eingestuft werden können.

Um festzustellen, inwieweit sich ein solches Vorgehen überhaupt lohnen würde, habe ich ein Korpus von 16 englischsprachigen Animationsfilmen US-amerikanischer Produktion aus dem Zeitraum (2001–2012) zusammengestellt und in ihren polnischen Synchronfassungen 148 Bezugnahmen auf die (mehr oder weniger) aktuelle polnische (Massen)Kultur festgestellt, eine überraschend hohe Anzahl. Die ausgewählten Filme sind durchgehend Box-Office-Erfolge, die in den Jahren 2001–2012 in die polnischen Kinos kamen und jeweils von den Verleihern als Unterhaltung für die ganze Familie (Familienkino) klassifiziert wurden. Als Autoren der Synchrondialoge zeichneten Bartosz Wierzbięta (10 Filme), Jan Jakub Wecsile (5 Filme) und Dariusz Dunowski (1 Film) verantwortlich (vgl. Urban 2014; Urban 2015).

Da die ausführliche Analyse aller transkribierten Dialoge den Rahmen des vorliegenden Beitrags sprengen würde, möchte ich dies exemplarisch an einigen Beispielen aus den Filmen *Shrek* (S3[5]), (2007) und (S4), (2010); *Shark Tale* (RzF), (2004); *Open Season* (SnM), (2006) und *Space Chimps* (MwK), (2008) veranschaulichen. Ich beschränke mich dabei auf Referenzen zur polnischen Innenpolitik. Zu verstehen sind darunter im weiteren Sinn zu unterschiedlichen Zeiten amtierende Politiker höheren und niedrigeren Rangs, politische Parteien, berühmte oder berühmt-berüchtigte Worte im politischen Diskurs, Kampagnen o.Ä. Autor der Synchronfassungen ist hier zu 90% Bartosz Wierzbięta und zu 10% Dariusz Dunowski. Die Exzerpte werden in tabellarischer Form in folgender Reihenfolge angeführt: der englischen Originalfassung folgt eine wörtliche deutsche Übersetzung, dann die polnische Synchronversion auf der linken und ihre wörtliche Übersetzung ins Deutsche in der rechten Spalte. Alle problematischen Passagen wurden mit Fettdruck ausgezeichnet, und zwar in allen drei Sprachen. Die wörtliche Übersetzung soll einen Eindruck vom Grad der Abweichung zwischen englischsprachigem Original und polnischer Synchronfassung geben.

Beispiele für Anspielungen auf polnische Innenpolitik in domestizierten polnischen Synchronfassungen ausgewählter Animationsfilme

<table>
<tr><td>Nr.</td><td colspan="2">Donkey: I'm already starting to feel nauseous from memories of wedgies and swirlies! [Mir wird schon schlecht, wenn ich nur an die Übergriffe von Hosenziehern und Klospülern [in der Schule] denke!]</td></tr>
<tr><td>1.</td><td>W liceum byłem prześladowany, modliłem się o akcję zero tolerancji. (S3)</td><td>[In der Oberschule wurde ich verfolgt. Ich habe um die Aktion „Null Toleranz“ gefleht.]</td></tr>
</table>

5 Für die Liste der Abkürzungen siehe Filmographie.

No.	I see a **rainbow pony**. [Ich sehe ein **Regenbogenpony**.]	
2.	Widzę **autostrady i stadiony**? (S3)	[Ich sehe **Autobahnen und Stadien**?]
Nr.	**I'll get it**. [**Ich krieg das schon hin**.]	
3.	No i masz **becikowe**. (S3)	[Da hast du die **Wurfprämie**.]
Nr.	Right? **Who's with me**? [Also? **Wer steht zu mir**?]	
4.	Tak? **Pomożecie**? (S4)	[So? **Würdet Ihr helfen**?]
Nr.	Does this mean you're now protector of the reef, new sheriff in town? [Bedeutet das, du bist jetzt Schützer des Riffs, der neue Sheriff der Stadt?]	
5.	Czy to znaczy, że już zawsze będziesz bronił rafy? Będziesz naszym wybawcą? Naszym **Hausnerem**? (RzF)	[Bedeutet das, du wirst ab jetzt das Riff schützen? Du wirst unser Retter sein? Unser **Hausner**?]
Nr.	'They're… chimp **nerds**.' [Sie sind… Affen**nerds**.] 'Uh, technically, there's no such thing as **nerds** in the simian world.' [Uh, technisch gesehen gibt es keine **Nerds** in der Simian-Welt.] 'I know a **nerd** when I see one.' [Ich erkenne einen **Nerd**, wenn ich ihn sehe.]	
6.	- Małpie **wykształciuchy**! - W odniesieniu do małp raczej trudno mówić o **wykształciuchach**. - **Wykształciucha** to ja wyczuwam na odległość. (MwK)	[- Affen**intelligenzler**! - In Bezug auf Affen ist es schwierig von **Intelligenzlern** zu sprechen. - Einen **Intelligenzler** kann ich bereits von Weitem riechen.]
Nr.	**Mess not with the furrytail clan. Defenders of the good, crusaders of the righteous, guardians of the pine**. [**Lass dich bloß nicht mit dem Pelzschwanz-Clan ein. Verfechter des Guten, Kreuzritter des Gerechten, Hüter der Kiefer**.]	
7. 8.	Jesteśmy strażnikami lasu, wierzymy w **prawo i sprawiedliwość**. W skrócie: **zjeżdżaj, dziadu**. (SnM)	[Wir sind Waldschützer, wir glauben an **Recht und Gerechtigkeit**. Kurz gesagt: **Zisch ab, du Penner**.]
Nr.	Just **me and Deni** were left. How can you **make a V with only one duck**, you ask, eh? Well, you cannot, monsieur. It's a tragedy! [**Nur ich und Deni** sind übrig. Wie **formt man eine V-Formation mit nur einer Ente**, fragen Sie, hm? Also, es geht nicht, Monsieur. Es ist eine Tragödie.]	
9.	Zostaliśmy tylko **ja i brat**. Ale jak można żyć tylko z **bratem kaczorem**, zapyta pan? (SnM)	[Nur **ich und mein Bruder sind übrig**. Nur, wie kann man allein mit seinem **Bruder Erpel** leben, werden Sie fragen?]
Nr.	Send in **Mr. Happy**! [Schickt **Mr. Happy rein**!]	
10.	Podrzućcie im **Dużego Romana**! (SnM)	[Werft ihnen den **Großen Roman vor**!]

Beleg (1) bezieht sich auf ein Projekt der polnischen Regierung aus dem Jahr 2006, vorgelegt vom damaligen Minister für Nationale Bildung, Roman Giertych, die sog. Nulltoleranzstrategie gegen Gewalt in der Schule. Beleg (2) ist eine Anspielung auf die Pläne der polnischen Regierung, neue Autobahnen und Stadien vor der UEFA Fußball-Europameisterschaft 2012 zu bauen, sie wurde vermutlich wegen der Lippensynchronität (*rainbow pony – stadiony*) gewählt. Statt in (3) zu sagen: „Ich kriege das schon hin", sagt der polnische Shrek: „Da hast du die Wurfprämie", im Polnischen (*becikowe*) eine umgangssprachliche Bezeichnung für die einmalige Geburtsbeihilfe, die seit 2006 von der Regierung ausgezahlt wird, um die Geburtenrate zu verbessern.[6] Wenn Shrek seiner Frau Fiona und allen Ogern seine Lage im Beleg (4) schildert, verwendet er die Worte des berühmt-berüchtigten polnischen kommunistischen Politikers Edward Gierek (Regierungszeit 1970–1980), von diesem in einem propagandistischen Aufruf verwendet und heute mit das bekannteste Zitat aus der Zeit der Volksrepublik Polen und der spektakulärste Appell an das Volk in der Geschichte gegenwärtiger polnischer Politik (vgl. Zasada 2013:o.S.). Im Beleg (5) kommt der Name von Jerzy Hausner vor, unter den Regierungen von Leszek Miller (2001–2004) und Marek Belka (2004–2005) Minister für Staatsvermögen (2004), Gesundheitsminister (2004), Wirtschaftsminister (2003–2005) und Vize-Ministerpräsident (2004). In Beleg (6) verwendet der Synchronautor das in den Präsidentschaftswahlen 2007 berühmt-berüchtigt gewordene Wort „wykształciuchy" („Intelligenzler"). Es ist eine in der politischen Auseinandersetzung von Prämierminister Ludwik Dorn (2005–2007) in einem Interview für die Zeitung *Dziennik* im Jahr 2006 verwendete verächtliche Bezeichnung für Angehörige der oppositionellen Intelligenz (vgl. Markowski/Meger/Worbs 2007:311). Die Belege (7), (8) und (9) beziehen sich auf die polnische Partei *Recht und Gerechtigkeit* (PiS) und die Gebrüder Kaczyński, von denen der eine, Lech, von 2005 bis zu seinem tragischen Tod am 10. April 2010 Präsident Polens war und der andere, Jarosław, seit 2008 Parteivorsitzender ist. Beleg (8), hier in modifizierter, milderer Version, bezieht sich auf die drastische Äußerung von Lech Kaczyński vor laufenden Kameras zu einem Obdachlosen („spieprzaj dziadu" – wörtlich: „Verpiss dich, du Penner"). Bei dem im Beleg (10) erwähnten *Mr. Happy* handelt es sich um eine Bombe mit einem Smiley drauf, die die um ihr Leben fürchtenden Waldtiere in der Filmhandlung auf die Jäger werfen, um sie aus dem Wald zu vertreiben. Die in der polnischen Version verwendeten Worte („Werft ihnen den Großen Roman vor!") sind eine Anspielung auf den groß gewachsenen Roman Giertych, den stellvertretenden Ministerpräsidenten und Bildungsminister unter Kazimierz Marcinkiewicz (Regierungszeit 2005–2006) und Jarosław Kaczyński (in den Jahren 2006–2007).

Allein diese Beispiele lassen das Ausmaß der Eingriffe ahnen, die die Dialogschreiber in ihren Synchronisierungen vorgenommen haben. Die Analysen anderer

6 Vgl. http://isap.sejm.gov.pl/DetailsServlet?id=WDU20060120067 (04.11.2014).

Filme bestätigen diese Tendenz. Es ist schwer zu sagen, ob sie Beispiele für die von Wierzbięta erwähnten (und indirekt eingeforderten) „größeren Freiheiten“ für Synchronautoren darstellen. Einerseits mangelt es den Übersetzern hier nicht an eigenkultureller Kompetenz, und sie werden sich mit Sicherheit der Assoziationen bewusst sein, die sie hervorrufen, wie können sie sich aber andererseits sicher sein, dass sie nicht an ihrem Publikum vorbei arbeiten?

Im Falle der oben in der Tabelle angeführten Belege lassen sich zwei Tendenzen feststellen. Zum einen werden offenbar gerne Anspielungen auf weiter zurückliegende (kanonisierte) politische Ereignisse eingebaut (z.B. Bezüge auf die Zeit der Volksrepublik Polen), andererseits wird auf Tagesaktualitäten verwiesen. Die Referenzen, die ja das Verstehen des Textinhalts im Sinne des Textproduzenten garantieren sollten, können nur äußerst selten als funktionale Äquivalente verstanden werden. In der überwältigenden Mehrheit erscheinen sie im Zieltext als Ergebnisse einer ‚übermäßigen Domestizierung‘, sie sind eher ein Mehrwert, ein Domestizierungs- oder Lokalisierungsüberschuss, dessen Verständlichkeit allerdings in hohem Maße zeitabhängig ist.

Anspielungen auf (innen)politische Ereignisse im eigenen Land, vor allem auf Parteien, Politiker oder kurzlebige politische Debatten, sollten von angehenden Übersetzerinnen und Übersetzern zumindest als fraglich erkannt werden. Es scheint, als wäre es den genannten Synchronautoren hier vor allem darum gegangen, ihr eigenes Zeichen, ihre eigene deutlich erkennbare Spur zu hinterlassen. Studierende sollten dafür sensibilisiert werden, dass Filme nicht ausschließlich für eine begrenzte Spielzeit im Kino synchronisiert werden (in diesem Fall etwa von einigen Monaten), sondern für ganze Generationen von Zuschauern, und dass sie auch noch Jahre nach dem Premierendatum im privaten Hausgebrauch (DVD) kursieren oder ggf. ins Fernsehprogramm gelangen. Einerseits muss also bedacht werden, ob und inwieweit auch ein jüngeres Publikum die eingebauten Anspielungen zeitnah versteht, andererseits muss gefragt werden, ob auch Ältere nach einiger Zeit in der Lage sind, die Zeitgebundenheit der Domestizierung zu durchschauen (bzw. zu würdigen), die Anspielungen selbst noch zu verstehen und ggf. jüngeren Zuschauerinnen und Zuschauern auch noch zu erklären.

Fazit

Das Hinterlassen von ‚eigenen‘ Spuren, die Erlangung der Aufmerksamkeit des Filmpublikums durch die Einbürgerung eines Filmes sind ein bewusster Kunstgriff, Teil einer übersetzerischen Strategie, für die sich eine Synchronautorin oder ein Synchronautor entscheiden. Bei dieser Strategie scheint es nicht zuletzt auch darum zu gehen, die Person des Dialogautors ins Licht zu rücken und zur Aufwertung seiner Rolle einerseits, sowie zur Nobilitierung der audiovisuellen Übersetzung andererseits beizutragen. Es muss jedoch daran erinnert werden, dass die für die Zwecke der Synchronisierung verwendete ‚Einbürgerung', oder ‚Domestizierung', im Prinzip in Opposition zu ‚Verfremdung' steht. Es scheint, die in der polnischen Filmindustrie verwendete ‚übermäßige Domestizierung', wie sie seit einigen Jahren bei US-amerikanischen animierten Kinderfilmen angewendet wird, kann die Illusion der Authentizität nicht mehr aufrechterhalten. Wenn die Zuschauer aus der Illusion ‚erwachen', ist der jeweilige Film nicht mehr authentisch.

Die im Kontext von verschiedenen Verfilmungen von Erich Kästners Jugendbüchern gestellte Frage von Ratschewa (vgl. 1982:o.S.), ob Kinderfilme veralten können, gewinnt in Polen offenbar unerwartete Aktualität. Eine falsch verstandene, zu weit aufgefasste Kreativität grenzt an Manipulation. Ohne Ziehung von Grenzen und nach Lust und Laune der Übersetzer eingesetzt, bewirkt sie, dass dort, wo man Domestizierung braucht, ein Verfremdungseffekt entsteht. Statt zeitlose Klassiker zu werden, altern so ‚übersetzte' Filme besonders schnell.

In der Ausbildung von Übersetzerinnen und Übersetzern darf es an eingehenden linguistischen Analysen von Filmen nicht fehlen, insbesondere im Hinblick auf die Fragen von Kreativität und Angemessenheit, Erfüllung und Verletzung von Normen sowie Ethik und Professionalität im Bereich der audiovisuellen Übersetzung. Ebenso sollte besonderer Wert nicht nur auf eine fremdsprachliche multi- oder interkulturelle, sondern auch auf eine muttersprachliche, eigenkulturelle Kompetenz gelegt werden. Die letztgenannte wird immer als vorausgesetzt angenommen, dies kann jedoch täuschen und in der Konsequenz gefährlich sein. Muttersprachliche eigenkulturelle Kompetenz ist aus einem translatorischen Studium nicht wegzudenken, weil sie oftmals defizitär entwickelt ist und kontinuierlich aufgebaut und gefördert werden muss (vgl. Kubiak 2009: 50). Man könnte noch weiter gehen und von einer notwendigen eigenkulturellen Sensibilisierung, eigenkulturellen Reflexion im Translationsprozess sprechen, um den Studierenden zu helfen, eventuellen Blamagen in ihrem zukünftigen Beruf vorzubeugen.

Filmographie

Brave, Regie M. Andrews, B. Chapman 2012.
Merida Waleczna, Regie W. Paszkowski, Synchronautor J. J. Wecsile 2012. (MW)

Cars, Regie J. Lasseter, J. Ranft 2006.
Auta, Regie W. Modestowicz, Synchronautor J. J. Wecsile 2006. (A)

Cars 2, Regie J. Lasseter, B. Lewis 2011.
Auta 2, Regie W. Modestowicz, Synchronautor J. J. Wecsile 2011. (A2)

Emperor's New Groove, Regie M. Dindal 2001.
Nowe Szaty Króla, Regie J. Wizmur, Synchronautor B. Wierzbięta 2001. (NSK)

Emperor's New Groove 2, Regie S. A. Blinkoff, E. Bour 2005.
Nowe Szaty Króla 2, Regie J. Wizmur, Synchronautor B. Wierzbięta 2005. (NSK2)

The Incredibles, Regie B. Bird 2004.
Iniemamocni, Regie W. Modestowicz, Synchronautor J. J. Wecsile 2004. (I)

Madagaskar, Regie E. Darnell, T. McGrath 2005.
Madagaskar, Regie J. Wizmur, Synchronautor B. Wierzbięta 2005. (M)

Monsters Inc., Regie P. Docter, L. Unkrich, D. Silverman 2001.
Potwory i Spółka, Regie J. Wizmur, Synchronautor B. Wierzbięta 2002 (MI).

Open Season, Regie J. Culton, R. Allers, A. Stacchi 2006.
Sezon na misia, Regie J. Wizmur, Synchronautor B. Wierzbięta 2006 (SnM).

Shark Tale, Regie B. Bergeron, V. Jenson, R. Letterman 2004.
Rybki z ferajny, Regie J. Wizmur, Synchronautor B. Wierzbięta 2004 (RzF).

Shrek, Regie A. Adamson, V. Jenson 2001.
Shrek, Regie J. Wizmur, Synchronautor B. Wierzbięta 2001 (S1).

Shrek 2, Regie A. Adamson, K. Asbury, C. Vernon 2004.
Shrek 2, Regie J. Wizmur, Synchronautor B. Wierzbięta 2004 (S2).

Shrek the Third, Regie C. Miller, R. Hui 2007
Shrek Trzeci, Regie J. Wizmur, Synchronautor B. Wierzbięta 2007 (S3).

Shrek Forever After, Regie M. Mitchell 2010.
Shrek Forever, Regie A. Apostolakis, Synchronautor B. Wierzbięta 2010 (S4).

Space Chimps, Regie K. DeMicco 2008.
Małpy w kosmosie, Regie D. Dunowski, Synchronautor D. Dunowski 2008 (MwK).

Tangled, Regie N. Greno, B. Howard 2010.
Zaplątani, Regie W. Paszkowski, Synchronautor J. J. Wecsile 2010 (Z).

Literatur

Bayer-Hohenwarter, Gerrit (2012): Translatorische Kreativität. Definition – Messung – Entwicklung, Tübingen.

Bogucki, Łukasz (2013): Areas and Methods of Audiovisual Translation Research, Frankfurt am Main.

Chaume-Varela, Frederic (2006): Dubbing. In: Brown, Keith (Hrsg.), Encyclopedia of Language and Linguistics, Oxford, 6–8.

Chmiel, Agnieszka (2010): Translating postmodern networks of cultural associations in the Polish dubbed version of Shrek. In: Díaz Cintas, Jorge / Matamala,

Anna / Neves, Josélia (Hrsg.), New Insights into Audiovisual Translation and Media Accessibility: Media for All 2, Amsterdam, New York, 123–136.

Delabastita, Dirk (1989): Translation and mass communication: film and T.V. translation as evidence of cultural dynamics. In: Babel 35, 4, 193–218.

Fišer, Zbyněk (2008): Didaktisches Modell des kreativen Übersetzens oder kreative Wende in der Übersetzungswissenschaft. In: Fišer, Zbyněk / Hauck, Raija (Hrsg.), Literatur und Übersetzung. Bohemistische Studien, Greifswald, 155–164.

Fodor, István (1976): Film dubbing: phonetic, semiotic, esthetic and psychological aspects, Hamburg.

Grabiec, Marta (2011): Bajkowe paszczodźwięki [Märchentypische Maulgeräusche]. In: Class & Club 1, 6, 56–59.

Grochowska, Malwina (2004): Po co nam dubbing? [Wozu brauchen wir Synchronisierung?], http://film.onet.pl/wiadomosci/publikacje/artykuly/po-co-nam-dubbing,1,3805114,wiadomosc.html (05.04.2014).

Hejwowski, Krzysztof (2012): Widoczność tłumacza a iluzja przekładu [Die Wahrnehmbarkeit des Übersetzers und die Illusion der Übersetzung]. In: Guławska-Gawkowska, Małgorzata / Hejwowski, Krzysztof / Szczęsny Anna (Hrsg.), Tłumacz: sługa, pośrednik, twórca?, Warszawa, 21–30.

Herbst, Thomas (1994): Linguistische Aspekte der Synchronisation von Fernsehfilmen. Phonetik, Textlinguistik, Übersetzungstheorie, Tübingen.

Jankowska, Anna (2009): Translating Humor in Dubbing and Subtitling. In: Translation Journal, 2, 13, http://www.bokorlang.com/journal/48humor.htm (05.04.2014).

Jankowska, Anna (2012a): 'I do what I like, and I don't have to go to work every day': The status quo of audiovisual translators in Poland. In: Bruti, Silvia / Di Giovanni, Elena (Hrsg.), Audiovisual Translation across Europe: an Ever-changing Landscape, Frankfurt am Main, 35–58.

Jankowska, Anna (2012b): Kompetencje tłumacza audiowizualnego [Kompetenzen des audiovisuellen Übersetzers]. In: Piotrowska, Maria / Czesak, Artur / Gomola, Aleksander / Tyupa, Sergiy (Hrsg.), Kompetencje tłumacza. Tom dedykowany Profesor dr hab. Elżbiecie Tabakowskiej, Kraków, 243–265.

Kozak, Joanna (2001): Lawrence Venuti czyli o przekładach oswojonych i wyobcowanych [Lawrence Venuti, das heißt von eingebürgerten und verfremdenden Übersetzungen]. In: Przekładaniec 8, 43–51.

Kubiak, Paweł (2009): Übersetzer als Problemlöser, Poznań.

Kußmaul, Paul (2000): Kreatives Übersetzen, Tübingen.

Luyken, Georg-Michael (Hrsg.) (1991): Overcoming language barriers in television. Dubbing and subtitling for the European audience, Manchester.

Markowski, Andrzej / Meger, Andreas / Worbs, Erika (2007): Polnisch-Deutsches Wörterbuch der Neologismen, Wiesbaden.

Miernik, Paulina (2008): I kto to mówi po polsku? [Und wer spricht das auf Polnisch?]. In: http://www.polskieradio.pl/24/289/Artykul/176689,I-kto-to-mowi-po-polsku (12.12.2014)

Munday, Jeremy (2001): Introducing Translation Studies: Theories and applications, London, New York.

O'Connell, Eithne (2007): Screen Translation. In: Kuhiwczak, Piotr / Littau, Karin (Hrsg.), A Companion to Translation Studies, Clevedon, 120–136.

Ratschewa, Maria (1982): Können Kinderfilme alt werden? Oder „Das doppelte Lottchen" heute. In: Kinder- und Jugendfilm Korrespondenz 9, 1. http://www.kjk-muenchen.de/archiv/index.php?id=640 (04.11.2014).

Schleiermacher, Friedrich (1838): Ueber die verschiedenen Methoden des Uebersezens. In: Friedrich Schleiermacher's sämmtliche Werke, Dritte Abtheilung. Zur Philosophie. Zweiter Band, Berlin, 207–245.

Shavit, Zohar (1986): Poetics of Children's Literature. Athens, London.

Song, Cui (2012): Creativity in Translating Cartoons from English into Mandarin Chinese. In: The Journal of Specialised Translation 17, 124–135.

Szarkowska, Agnieszka (2005): The Power of Film Translation. In: Translation Journal 9, 2, http://translationjournal.net/journal/32film.htm (05.04.2014).

Szarkowska, Agnieszka (2008): Przekład audiowizualny w Polsce – perspektywy i wyzwania [Audiovisuelle Übersetzung in Polen – Ausblick und Herausforderungen]. In: Przekładaniec 20, 8–25.

Szarkowska, Agnieszka (2009): The Audiovisual Landscape in Poland at the Dawn of the 21st Century. In: Goldstein, Angelika / Golubowić, Biliana (Hrsg.), Foreign Language Movies – Dubbing vs. Subtitling, Hamburg, 186–201.

Tomaszkiewicz, Teresa (2006): Przekład audiowizualny [Audiovisuelle Übersetzung], Warszawa.

Urban, Anna (2014): Übersetzer animierter Kinderfilme in Polen und ihre Kompetenzen. In: Studia Translatorica 4, 181–191.

Urban, Anna (2015): Polish dubbing today as an example of excessive domestication. In: Szarkowska, Agnieszka / Jankowska, Anna (Hrsg.), New Points of View in Audiovisual Translation and Media Accessibility (New Series of Translation Studies), Peter Lang: Frankfurt/M. (im Druck).

Urbańska, Aleksandra (2006): Siła głosu tłumacza dialogów w dubbingowanych filmach animowanych [Die Kraft der Stimme des Dialogbuchautors in synchronisierten Animationsfilmen] http://www.dubbing.pl/index.php?option=com_content&task=view&id=90&Itemid=104 (02.02.2014).

Venuti, Lawrence (1995): The Translator's Invisibility: A History of Translation, London / New York.

Zasada, Marcin (2013): Edward Gierek: „Pomożecie? No!" To była improwizacja! [„Würdet ihr helfen? Gut!" Das war Improvisation!], http://www.dziennik-zachodni.pl/artykul/747289,edward-gierek-pomozecie-no-to-byla-improwizacja-zobacz-wideo,id,t.html?cookie=1 (04.11.2014).

Camilla Badstübner-Kizik

Polyglotte Filme als translatorische Herausforderung und didaktische Chance. Das Beispiel *Inglourious Basterds* (Quentin Tarantino 2009)

The following chapter introduces polyglot films as one of the challenges audiovisual translation has to face. Through the example of Quentin Tarantino's *Inglourious Basterds* (2009) in its versions for German, Czech and Polish speaking audiences, the author investigates the three main kinds of audiovisual translation, Dubbing, Subtitling and Voice Over, as far as their performances in portraying diegetic language switching is concerned. Analysing key scenes of Tarantino's film, it shows that neither of them is able to convey filmic multilingual reality satisfactorily. On the contrary, audiences have to put up with massive changes in the course of dialogues, the levelling of language nuances such as dialects, the suppressing of language changes or the shortening and flattening of multilingual conversations. So far, none of the main ways of audiovisual translation seems to be fully up to dealing with filmic reflections on languages, let alone with languages as constituent parts of a filmic story itself. Thus, educational programmes for translators have to draw attention to specialist knowledge in the field of media as well as multilingualism, fostered by a deep insight into the target language and multilingual creative practices covering various types of filmic texts such as film titles, posters or flyers.

Key words: Dubbing, Subtitling, Captioning, Voice Over, Audiovisual Translation, multilingual film, Quentin Tarantino

Schlüsselwörter: Synchronisation, Untertitelung, Voice Over, audiovisuelle Übersetzung, Mehrsprachigkeitsfilm, polyglotter Film, Quentin Tarantino

„Der Film ist mehrsprachig und teilweise untertitelt" – ein Hinweis wie dieser[1] gehört noch immer zu den Seltenheiten in der Welt der europäischen Filmdistribution, gleichwohl ist er symptomatisch für die medialen Entwicklungen des letzten Jahrzehnts. Verweise auf Mehrsprachigkeit und Untertitelung führen mitten hinein in die linguistischen, medialen und kulturellen Verflechtungen, denen

1 Dieser Hinweis findet sich auf der Rückseite des deutschsprachigen Covers der DVD-Ausgabe von *Inglourious Basterds* (Quentin Tarantino, USA 2009), die in Deutschland, Österreich und der Schweiz durch Universal Pictures Germany GmbH (2012) vertrieben wird.

Filmproduktion, Filmvermarktung und Filmrezeption in einer globalisierten Welt unterworfen sind – und sie legen schlaglichtartig deren unmittelbare Konsequenzen für die Filmübersetzung frei. Diese wiederum haben zunehmend Einfluss auf die Ausbildung von Übersetzerinnen und Übersetzern, ist doch Film zweifelsfrei eines der attraktivsten und populärsten Medien, dessen sie sich annehmen können. Einerseits treffen im Umfeld der Filmübersetzung vielfältige kulturell und medienspezifisch geprägte Erwartungen, Traditionen und Konventionen aufeinander. Andererseits unterliegen in der Filmbranche tätige Übersetzerinnen und Übersetzer in besonderem Maße zeitlichen, räumlichen und medienspezifischen Zwängen. Die Dialoglisten müssen zeit- und platzsparend sowie im Einklang mit den jeweiligen Rezeptionserwartungen und -traditionen übertragen werden, denn jeder importierte und übersetzte Film soll zunächst einmal erfolgreich Geld einspielen. Filmübersetzung ist in starkem Maße Übersetzung für den Augenblick, audiovisuelle Übersetzungen bleiben nicht selten kurzlebig und flüchtig.[2] Die Migration von Film aus dem Kino, dem Fernsehen und auch vom DVD-Markt in die rasant wachsende globalisierte Elektronik-Branche (*Pay TV, Video on Demand, Video streaming, Mobile Television* usw.) verstärkt diese Tendenz, und sie nimmt ihrerseits enormen Einfluss auf das Rezeptionsverhalten und den Erwartungshorizont von Konsumentengruppen jenseits von Sprach- und Kulturgrenzen. Der wachsende Wunsch nach möglichst zeitnahen Übersetzungen zu möglichst geringen Kosten bei höchstmöglichster Mobilität ist nur eine Konsequenz, die unmittelbare Auswirkungen auf die Arbeit von Übersetzerinnen und Übersetzern haben muss (vgl. z.B. das Problem der sog. *fan-subs*). Die Chancen und Probleme medienspezifischer Übersetzung konzentrieren sich in der Filmübersetzung wie in einem Brennglas, sie ist ein Feld, das vielfältige kulturhistorische, (inter)kulturelle, linguistische, medien- und rezeptionsspezifische, technische sowie nicht zuletzt auch sprachenpolitische und ökonomische Fragestellungen bereit hält. All das ist Grund genug, ihr in der Translationsdidaktik verstärkte und immer neue Aufmerksamkeit zu schenken.

2 Film gilt, ähnlich wie Musik und anderes als Literatur, als transitorische Kunst, deren Performanz in hohem Maße zeitgebunden ist (konkrete Dauer des Films). Natürlich können audiovisuelle Übersetzungen beim erneuten Sehen eines Films akustisch oder verschriftlicht wieder aufgerufen werden und sie können ggf. ein Eigenleben führen (z.B. einzelne Wörter und Phrasen), generell aber ist dies aufwändiger als bei übersetzten schriftlichen Texten, z.B. Literatur. Auf das Problem der Zeitgebundenheit von Filmübersetzung macht z.B. Anna Urban in diesem Band aufmerksam.

Filmübersetzung im Bedingungsgefüge filmspezifischer Fragestellungen

Der Wunsch, Filme über kulturelle und sprachliche Grenzen hinweg für die Rezeption bereit zu stellen, reicht bis zu den Anfängen des Mediums zurück, naheliegend ist, dass hier die Einführung des Tonfilms zu Beginn der 1930er Jahre einen besonderen Einschnitt bildete. Frühe Filmübersetzung konnte relativ problemlos über die Übersetzung der eingeblendeten Zwischentitel bewerkstelligt werden, eine interessante Zwischenstufe stellten dann in der Anfangszeit des Tonfilms die sogen. Sprachversionsfilme dar, wie sie z.B. die deutsche Ufa versuchte. Hier wurden – entweder mit mehrsprachigen Schauspielern oder aber in veränderter Besetzung – Filme parallel in mehreren Sprachen gedreht, von Anfang an mit dem Blick auf den Export (vgl. Wahl 2009).[3] Seit den 1950er Jahren hat sich die audiovisuelle Translationslandschaft im Hinblick auf die Rezeptionskonventionen und die technische Realisierung von Filmübersetzungen in den einzelnen Sprachräumen schrittweise etabliert – zunächst für den Kino-, später zusätzlich für den TV-Markt. Seit den späten 1990er Jahren tritt der in dieser Hinsicht zunehmend differenzierte Markt der *home media* (DVD und Folgeprodukte) in den Focus, seit den Jahren nach der Jahrtausendwende ist zusätzlich mit einer ständig wachsenden Palette an unterschiedlichen elektronischen Angeboten zu rechnen, die ein wichtiges Segment der audiovisuellen Übersetzung nochmals neu definieren. In Hinblick auf den zeitlichen, technischen und ökonomischen Aufwand lässt sich eine deutliche Trennlinie zwischen Untertitelung und *Voice Over* auf der einen und der Synchronisation (*Dubbing*) auf der anderen Seite ziehen. Sehr grob lassen sich für den europäischen Filmmarkt folgende Fälle für einen eher traditionell ausgerichteten Kino- und TV-Betrieb unterscheiden (vgl. zum Folgenden auch Badstübner-Kizik 2012a):

1. Als Hochburgen der Synchronisation gelten nach wie vor französischer, spanischer, italienischer und deutscher Sprachraum. Synchronisiert werden in der Regel Filme aller Genres und für jedes Publikum, die innerhalb dieser Sprachräume auf dem Kino- und dem TV-Markt distribuiert werden. Kleinere Länder (Regionen) innerhalb der genannten Sprachräume nutzen vielfach die Synchronfassungen ihrer größeren Nachbarn (z.B. in Deutschland hergestellte Synchronfassungen für Österreich und die deutschsprachige Schweiz). Die

3 Wahl (2009) beschreibt diese interessante Entwicklung der Jahre 1929 bis 1939 ausführlich und mit vielen Beispielen. Zu den damals sehr erfolgreich mehrsprachig agierenden SchauspielerInnen gehörten z.B. Lilian Harvey oder auch Marlene Dietrich.

Vorliebe für Synchronfassungen ist im Publikum fest verankert und z.T. stark konventionalisiert.

2. Die Mehrzahl der europäischen Länder greift auf die Untertitelung von importierten Filmen zurück, in erster Linie Großbritannien (mit Irland und Malta), die Benelux-Länder und Skandinavien.[4] Zu dieser Gruppe gehören die baltischen Länder, Polen und die Slowakei sowie Slowenien, Rumänien, Bulgarien, Zypern und Griechenland, schließlich Portugal sowie das mehrsprachige Liechtenstein und zum Teil auch die Schweiz.
3. Mehrere Länder befinden sich in einer Übergangsphase von Synchronisation zu Untertitelung, sehr häufig sind beide Übertragungsmodi parallel präsent. Dazu gehören z.B. Ungarn und Tschechien.
4. Schließlich lassen sich Länder nennen, die insbesondere im Bereich des Fernsehens auch für Spielfilme[5] die Lösung des *Voice Over* verwenden, auch bezeichnet als „vereinfachte Synchronisation" (*doublage simplifié*). Neben Polen sind das vor allem Bulgarien, Russland und, für etwa ein Drittel aller übersetzten Filme, Litauen, Lettland und Estland.

Die audiovisuelle Realität stellt sich natürlich sehr viel differenzierter dar, es gibt zahlreiche Zwischenformen und Übergangsstadien. Insbesondere tun sich Unterschiede hinsichtlich der Herkunftsländer und der Sprachen der distribuierten Filme auf, in Bezug auf Filmträger (z.B. TV, DVD), Filmgenres und Adressatengruppen. Eine Rolle scheinen daneben sprachen- und bildungspolitische Aspekte zu spielen (z.B. die Differenzierung nach „großen" und „kleinen" Sprachen). Insbesondere in der Gruppe der traditionellen Synchronisationsländer zeichnet sich eine partielle Verschiebung in Richtung *Subtitling* ab. Das bedeutet, dass oft zwei Übersetzungsmodi parallel verwendet werden und verschiedene Übersetzungen ein und desselben Films gleichzeitig auf dem Markt sind. In den großen öffentlichen, an ein breites Publikum gerichteten Fernsehkanälen werden fremdsprachige Filme in der Regel in synchronisierter Fassung ausgestrahlt. Die Politik von spezifischer ausgerichteten Sendern sowie kommerzieller Kanäle orientiert sich stärker an Sendeplätzen und Sendeformaten: Die Mehrheit des Publikums sowie Kinder bevorzugen synchronisierte Fassungen – diese werden dementsprechend

4 In Schweden, einem typischen Untertitel-Land, werden 92% aller in den Kinos gezeigten Filme als untertitelte Originale gezeigt.

5 Hierbei wäre zusätzlich nach der Anzahl der eingesetzten Stimmen zu unterscheiden: so wird z.B. in Polen in der Regel nur eine (männliche) Stimme für alle Rollen genutzt. Die geringfügig zeitverzögerte Überblendung des Originals mit einer übersetzenden Stimme ist für Dokumentarfilme sehr viel stärker verbreitet, auch im deutschsprachigen TV.

im Vorabendprogramm und zur Primetime gesendet, Liebhaber von untertitelten Originalfassungen müssen ihre Filme dagegen auf weniger populären Sendeplätzen suchen (nach 22.00 Uhr). Spielfilme und TV-Serien werden in deutschsprachigen Kanälen über Zweikanalton oft wahlweise im Original oder untertitelt angeboten (*A2 Stereo, German Stereo*). Dokumentarfilme sind entweder synchronisiert oder mit *Voice Over* unterlegt, Zeitzeugengespräche wiederum werden eher mit *Voice Over* angeboten – das erhöht den Eindruck von Authentizität. Insgesamt ist auffällig, dass vor allem bei englischsprachigen Produktionen auf die aufwändigere und teurere Synchronfassung zugunsten der Untertitelung verzichtet wird, nicht zuletzt auf Grund sprachenpolitischer Erwägungen. Europaweit hat sich Englisch als erste Fremdsprache etabliert und sowohl die Ambitionen als auch die realen Möglichkeiten im Hinblick auf eine (vermeintlich) ungestörte Rezeption englischsprachiger untertitelter Filme scheinen beim Gros des Publikums stetig zu wachsen. Dies ist allerdings auch ökonomisch bedingt: die englischsprachige Film(ko)produktion (unter Einschluss US-amerikanischer Produktionen) ist weltweit die umfangreichste, Tempo und Quantität der Neuerscheinungen legen daher gerade hier die Wahl zeitnaher und preisgünstiger Übersetzungsmodi nahe. Auf den ersten Blick scheint das Untertitelungs-Verfahren die größte Authentizität für den fremdsprachigen filmischen Rezeptionsprozess zu bieten. Sehr pauschalisierend wird daher auch gerne angenommen, die Bewohner von Untertitelungs-Ländern (z.B. skandinavische Länder) sprächen deshalb so gut Englisch, weil sie von klein auf Filme im (untertitelten) Original konsumieren würden. Die fremde Sprache bleibt in Klang, Tempo und Dynamik hier zwar direkt wahrnehmbar, die Relation zwischen fremdsprachiger Filmrezeption und Fremdsprachenkenntnissen ist jedoch sehr komplex. Begünstigend wirkt sich aus, wenn fremde und eigene Sprache miteinander verwandt sind (z.B. Englisch-Schwedisch), wenn fremde Sprachen bzw. Mehrsprachigkeit ohnehin zum Alltag gehören, wenn bereits früh entsprechende bildungspolitische Weichenstellungen erfolgt sind (z.B. früher Fremdsprachenunterricht), wenn die fremde Sprache auch über andere Medien permanent eingefordert und ihre rezeptive Nutzung durch im Alltag verankerte aktive Kommunikationsbedürfnisse flankiert wird (z.B. Tourismus).[6] Daneben dürfte es eine entscheidende Rolle spielen, ob die entsprechende Rezeptionstechnik genügend stark konventionalisiert und fest

6 Hier wären Ursachen dafür zu suchen, warum die (rezeptiven und aktiven) Fremdsprachenkenntnisse in Ländern mit vergleichbarer Untertitel-Tradition (z.B. Schweden und Polen) so unterschiedlich sind.

etabliert ist.[7] Nicht selten geht es auch um die Frage, was bei der Rezeption im Vordergrund steht: das Verstehen der im Film erzählten Geschichte oder (auch) die Würdigung der ästhetischen Qualitäten des Films?[8] Mangels positiver empirischer Belege ist jedenfalls derzeit nicht auszuschließen, dass unter dem Aspekt der Vermittlung eines filmischen Gesamterlebnisses über Sprachgrenzen hinweg gerade die Untertitelung eines der schwächeren Glieder in der Palette der audiovisuellen Übersetzungsverfahren ist.

Wie dem auch sei, der Konsum anderssprachiger Filme ist weitgehend „erlernt" (vgl. Pruys 1997:193), tradiert und kanalisiert – und damit in seiner sprach- und kulturpolitischen, rezeptionstheoretischen, ästhetischen, soziolinguistischen und auch ökonomischen Dimension von besonderem Interesse. Darüber, was man in Kino und Fernsehen an anderssprachigen Filmproduktionen sehen und hören bzw. auf dem (legalen) DVD-Markt erwerben kann, wird nicht zuletzt durch An- und Verkaufs-, Verleih- und Lizenzpolitik entschieden, die vor allem kommerziellen und urheberrechtlichen Zwängen unterliegt. Inwieweit ein so gefiltertes fremdsprachliches Filmangebot in einem anderen Sprachraum dann tatsächlich zugänglich ist, wird weitgehend durch die Traditionen und Konventionen der Filmrezeption bestimmt. Spätestens hier wird deutlich, dass Übersetzerinnen und Übersetzer neben einem linguistischen und translatorischen auch ein medienspezifisches Einfühlungsvermögen brauchen: Welcher Film wann, wo und für wen in welcher Sprachfassung gezeigt wird und welcher Übersetzungsmodus für diese gewählt wird, hängt weitgehend ab von Thema, Genre, Zielpublikum, Sprachenkonstellation, Ausstrahlungsgerät, Ausstrahlungsort und Ausstrahlungszeit.

7 Hier liegen vielleicht Ursachen dafür, dass viele kompetente FremdsprachensprecherInnen wie passionierte FilmzuschauerInnen gute (!) Synchronfassungen einer durchschnittlichen Untertitelung gelegentlich vorziehen. Insgesamt scheint die Aversion gegen Synchronisierungen bei einem an Untertitel gewöhnten Publikum höher zu sein als umgekehrt.

8 Visuelle (Bildspur), audiovisuelle (Bild- und Tonspur) und sprachliche (Dialogspur) Dimension der Narration sind bei der Filmrezeption natürlich nicht zu trennen. Für das Verfolgen des Handlungsstrangs reichen verkürzte Untertitel allemal aus. Bei durchschnittlich 24 Einzelbildern pro Sekunde muss die Konzentration auf die 2-3-zeiligen Untertitel im unteren Bilddrittel allerdings zwangsläufig die Wahrnehmung des filmischen Bildes (des Soundtracks) beeinträchtigen – Aspekte, die erst bei einem wiederholten Filmkonsum gewürdigt werden können. Nicht selten kommt es zu einem Wechsel der Rezeptionsform, wenn sich der Focus des Rezipienten /der Rezipientin vom „Verstehen der Geschichte" bis zur Würdigung des Films als Zusammenspiel von Bild-, Ton- und Dialogspur verschiebt.

Polyglotte Filme

Die Rezeption und Distribution, und in ihrem Gefolge auch die Translation von Filmen verkompliziert sich, wenn diese diegetisch mehrsprachig sind sowie mehrsprachig realisiert wurden. Diegetische Mehrsprachigkeit zeigt sich dort, wo verschiedene Sprachräume in der filmischen Handlung miteinander verschränkt sind, wo also die Sprecher und Sprecherinnen verschiedener Sprachen aufeinander treffen und sich der filmische *plot* über Sprachgrenzen hinweg entfaltet. Eine zentrale Rolle spielen natürlich Themen wie (freiwillige und unfreiwillige) Migration, Ortswechsel im Kontext von Reisen und Tourismus, mehrsprachige Beziehungen und Kontakte, (historische und aktuelle) Konflikte, an verschiedenen Orten spielende Parallelhandlungen sowie Aspekte einer wirtschaftlichen, politischen und kulturellen Globalisierung (vgl. Badstübner-Kizik 2012b).[9] Aussagekräftige Beispiele sind z.B. Migrations-Geschichten wie *Almanya. Willkommen in Deutschland* (Yasemin Şamdereli, D 2011), Reise-Filme wie *Tickets* (Abbas Kiarostami/Ken Loach/Ermanno Olmi, GB 2005), Beziehungs-Komödien wie *Polnische Ostern* (Jakob Ziemnicki, D/PL 2011), länderübergreifende historisch-politische Konstellationen wie in *The Railway Man* (Jonathan Teplitzky, GB/AUS 2013) und *Zwei Leben* (Georg Maas/Judith Kaufmann, D/N 2012) oder global miteinander vernetzte Parallelgeschichten wie *Babel* (Alejandro González Iñárritu, FR/USA/MX 2006). Dass handlungsbedingte Mehrsprachigkeit allerdings keineswegs immer mehrsprachig realisiert wird, zeigt eine überwältigende Fülle von Filmen. Lukas Bleichenbacher hat (auf der Grundlage der Arbeiten von Petr Mareš) am Beispiel von Hollywood-Filmen die Mechanismen und Schattierungen eines solchen *replacement* von Sprachen überzeugend herausgearbeitet, Hauptformen sind *elimination*, *signalization* und *evocation* (vgl. Bleichenbacher 2008a:55–91; Bleichenbacher 2008b). Zu den jüngeren prominenten Beispielen gehört z.B. Steven Spielbergs Film *War Horse* (USA 2011), wo vor dem Hintergrund des Ersten Weltkriegs die wechselnden Besitzer eines Pferdes (Briten, Deutsche, Franzosen) durchweg Englisch sprechen, wenn auch ggf. mit Akzent (*evocation*).[10] Der Wechsel des Handlungsortes (und linguistischen Settings) wird

9 Ein mittlerweile klassisches Beispiel ist der Episodenfilm *Night on Earth* (Jim Jarmusch, USA 1991), der von Taxifahrten in Los Angeles, New York, Paris, Rom und Helsinki erzählt. Fahrer und Passagiere stammen jeweils aus unterschiedlichen Sprachräumen und sprechen die eigene bzw. eine fremde Sprache. Die nicht-englischsprachigen Passagen sind in der Originalfassung untertitelt.

10 An ein schönes Beispiel erinnert Peter Mühlbauer auf der Plattform Telepolis. Luis de Funès spielt in *Scharfe Kurven für Madame/Das große Restaurant* (*Le Grand Restaurant*,

über die Namen der Protagonisten und fremdsprachige Beschriftungen verdeutlicht (*evocation, partial visual presence*).[11] Mangelnde Logik wird von Produzenten wie Publikum in Kauf genommen, denn für Filme dieser Art gilt:

> [Der] gewöhnliche Dialogfilm] verknüpft Bilder und Sprache mit einer derartigen Eindringlichkeit, die die in vielen Filmen zugunsten einer perfekten erzählerischen Illusion dargestellte, völlig unglaubwürdige kulturelle und sprachliche Verständigung über jegliche Grenzen leicht konsumierbar macht [...]. (Wahl 2003:185)

Tatsächlich mehrsprachig realisierte Filme ermöglichen dagegen „[...] ein differenzierteres Darstellen von Verständigung auf Kosten einer leichten Beeinträchtigung des Erzählflusses" (Wahl 2003:185), bzw. „auf Kosten einer leichten Ablenkung der Illusion" (Wahl 2003:263). Christoph Wahl folgend, spreche ich im Folgenden von polyglotten Filmen, die

> [...] insofern ein Element des filmischen Realismus [sind], als [sie] die Komplexität menschlicher Kommunikation in den Vordergrund rück[en] und damit die unbegrenzte Macht sowohl des Kameraauges als auch des Synchrontons [und das heißt: jeglicher Filmübersetzung] relativier[en]". „[E]in differenzierteres Darstellen von Verständigung" spielt in diesen Filmen eine besondere Rolle, verbale Sprache/n gewinnen einen „symbolischen, mythischen Wert. (Wahl 2003:263)

Filmen dieser Art wohnt nicht selten ein sprach- und medienreflexives Moment inne. Wahl macht an anderer Stelle darauf aufmerksam, dass in polyglotten Filmen „die verbale Sprache beispielsweise für die Inszenierung der Beziehungen

---

Frankreich 1966 Regie: Jacques Besnard) einen Restaurantbesitzer, der hier einen Deutschen, Herrn Müller, über ein Rezept informiert. In der Synchronfassung spricht er Deutsch mit starkem französischem Akzent, die folgende Parodie der deutschen Sprache geht natürlich auf Charlie Chaplin in *Der große Diktator* zurück (*The Great Dictator*, USA 1940, Regie: Charlie Chaplin). http://www.heise.de/tp/artikel/30/30731/1.html (10.01.2015).

11 *Partial visual presence* wird auch in *Hugo Cabret* (Martin Scorsese, USA 2011) oder *Grand Budapest Hotel* (Wes Anderson, D/GB/USA 2014) genutzt, die filmischen Handlungen enthalten hier allerdings keine Sprachenkontakte im eigentlichen Sinne. Der mit 5 Oscars ausgezeichnete Film *Hugo Cabret* auf der Grundlage der Graphic Novel *The Invention of Hugo Cabret* (Brian Selznick) erzählt eine dezidiert französische Geschichte auf Englisch: die Wiederentdeckung des zwischen 1910 und 1930 in Paris lebenden französischen Filmpioniers George Méliès. Auf die französischsprachige Umgebung wird visuell verwiesen (*landmarks*, Straßenbild, Beschriftungen). In *Grand Budapest Hotel* verweisen z.B. Ortsnamen, Schilder und Zeitungen auf eine (mythische) deutschsprachige Umgebung. Vgl. zu solcher Art *linguistic landscapes* im Film auch Bleichenbacher 2008b:189–191.

zwischen einzelnen Filmfiguren oder für die des Verhältnisses einer Filmfigur zu ihrer Umwelt" (Wahl 2003:183) von entscheidender Wichtigkeit für den filmischen Plot sein kann. Genau dies trifft auf *Inglourious Basterds* von Quentin Tarantino zu. Herkömmliche Filmübersetzung stößt hier auf erhebliche Probleme – oder, positiv gewendet, die Ausbildung von kompetenten Übersetzerinnen und Übersetzern steht vor neuen Aufgaben und Chancen.

Inglourious Basterds von Quentin Tarantino (2009)

Tarantinos größtenteils in Deutschland gedrehte Produktion aus dem Jahre 2009 ist in vieler Hinsicht ein besonderer Film und es kann hier nicht mein Anliegen sein, seiner Vielschichtigkeit gerecht zu werden. Er ist Paradebeispiel einer *alternate history* (vgl. Butter 2009), strotzt vor blutig-theatralischen Effekten, enthält vielfältige medienübergreifende (filmische, musikalische, literarische) Referenzen, thematisiert die ‚Institution Kino', enthält einen ‚Film im Film' und ist zudem sehr gut erzählt und hervorragend besetzt. Er ist aber vor allem exemplarisch für einen „mischsprachig" realisierten mehrsprachigen Film (vgl. Wahl 2003:184), d.h. für einen Film, in dem mehrere Sprachen gleichberechtigt nebeneinander gesprochen werden und sich um eine Leitsprache (hier: Englisch) gruppieren. Quentin Tarantino hat mehrere Filme realisiert (z.B. *Django Unchained*, USA 2012), in denen Mehrsprachigkeit diegetisch ist, d.h., sich aus der filmischen Handlung selbst ergibt, über weite Strecken handlungstragend und – darüber hinaus – selbstreflexiv ist.

Der Plot von *Inglourious Basterds* involviert mehrere Länder und Sprachen: Eine aus jüdischen Emigranten bestehende und von Lieutenant Aldo Raine (gespielt von Brad Pitt) angeführte *task-force* mit den Eigenschaften von Superhelden („Apache resistance") macht in Europa Jagd auf Nazis. Im besetzten Frankreich plant die Gruppe ein Attentat auf Hitler und seinen engsten Führungsstab, das während einer Filmpremiere in einem Pariser Kino ausgeführt werden soll („Operation Kino"). Dafür nehmen die Mitglieder der Spezialeinheit Kontakt zu dem britischen Filmkritiker Archie Hicox (gespielt von Michael Fassbender) und der deutschen Schauspielerin Bridget von Hammersmark auf (gespielt von Diane Kruger), die beide undercover für die Briten tätig sind. Die unter falscher Identität lebende jüdische Betreiberin des besagten Kinos will ihrerseits die Gelegenheit nutzen, um sich an der grausamen Ermordung ihrer Familie durch die SS zu rächen. Beide Aktionen werden – u.a. durch die Person des SS-Standartenführers Hans Landa (gespielt von Christoph Waltz) – ineinander verwoben und enden in einem blutigen Massaker an der Führungsspitze des Dritten Reiches. Der Zweite Weltkrieg kann dadurch früher beendet werden, Millionen Opfer bleiben verschont. Im Film wird neben Englisch und Deutsch über weite Strecken Französisch und zeitweise Italienisch gesprochen, viele Protagonisten sind in unterschiedlichen Sprachkonstellationen perfekt und switchen handlungsbedingt hin und her. Daneben gibt es Situationen, in denen gedolmetscht wird oder Sprachkenntnisse vorgetäuscht werden. Schließlich spielen auffällige Akzente, dialektale Färbungen, Phraseologismen, Versprecher und Sprachspiele eine Rolle, ganz zu schweigen von Reflexionen rund um Sprachkenntnisse, Sprachgefühl oder Übersetzungsfragen. Dazu gehört z.B. der auf die Spitze getriebene amerikanische Südstaaten-Akzent von Aldo Raine[12], dessen Tarnung als italienischer Stuntman natürlich durchschaut und zum Element eines brillanten Sprachenspiels wird (vgl. Beispiel 4). Es würde den Rahmen dieses Beitrages sprengen, auch nur ausgewählte Belege für die Diskussionen und Reflexionen rund um Sprache(n) anzuführen, die Tarantinos Film enthält, in jedem Fall lohnt er eine eingehende Analyse aus linguistischer Perspektive. Die filmische Handlung lebt von einem Sprachengeflecht: Franzosen sprechen Englisch, Engländer und Amerikaner sprechen Deutsch, Deutsche sprechen Englisch, Französisch und Italienisch, Sprachen dienen als Tarnung und Erkennungszeichen und alle Protagonisten wollen mit der Hilfe von Sprachen ihre Ziele erreichen. Viele Protagonisten (und ihre Darsteller) zeigen sich dabei überwältigend kompetent, allen voran der im Film viersprachig agierende Christoph Waltz, der für seine Darstellung einen Oscar als bester Nebendarsteller erhielt.

Tarantinos Film übersetzen

Kann ein polyglotter Film angemessen übersetzt werden? An vier Beispielen soll im Folgenden gezeigt werden, welches translationsdidaktische Potenzial Filme wie *Inglourious Basterds* bieten. Der Analyse liegen acht Versionen zu Grunde, vier davon werden mündlich (O, 2xS, VO) und vier schriftlich realisiert (AD, 3xUT):[13]

---

12 "Trust in the fact that Pitt's accent is almost like an entire separate character within the film." http://filmschoolrejects.com/opinions/inglourious-basterds-10-things-i-liked-5-things-i-didnt-bgibs.php#ixzz2y1xj8v7Z (10.01.2014).

13 Der Analyse lagen zwei im Handel in Deutschland und Polen erhältliche DVD-Fassungen zugrunde: Universal Pictures Germany GmbH 2012 (Hörfassungen: Englisch, Deutsch; Untertitel: Deutsch, Englisch, Türkisch), Imperial Cinepix 2011 (Hörfassungen: Polnisch, Englisch, Tschechisch; Untertitel: Polnisch, Englisch, Kroatisch, Tschechisch, Griechisch, Hebräisch, Slowenisch).

a) Originalversion (O) mit englischsprachiger Untertitelung[14] (UT)
b) synchronisierte (S) und untertitelte Version (UT) für den deutschsprachigen Markt
c) synchronisierte (S) und untertitelte Version (UT) für den tschechischsprachigen Markt
d) *Voice Over*-Version (VO) und untertitelte Version (UT) für den polnischsprachigen Markt.

Die folgende Übersicht zeigt, wie unterschiedlich mit der filmischen Mehrsprachigkeit in den jeweiligen schriftlichen und mündlichen Übersetzungsmodi umgegangen wird. Dabei ist Englisch die Leitsprache, der in erster Linie die offizielle translatorische Aufmerksamkeit gilt. Sie wird in den deutschen und tschechischen Synchronfassungen komplett ersetzt – Englisch verschwindet hier aus dem Film.

Sprache	**Original**	**Englisch (UT)**	**Deutsch (S)**	**Deutsch (UT)**	**Tschech. (S)**	**Tschech. (UT)**	**Poln. (VO)**	**Poln. (UT)**
E		unter-titelt[15]	synchr.[16]	untertitelt	synchr.	unter titelt	Voice over	unter-titelt
D	unter-titelt		original / synchr.		untertitelt			
Frz.			unter-titelt					
It.								
Sprach-wechsel	hörbar	nicht durchgängig markiert	hörbar (außer E-D)	nicht markiert	hörbar (außer E-Tsch)	nicht markiert	akustisch verdeckt	nicht markiert

14 Diese Fassung enthält zusätzlich zu den Dialogen gelegentliche Angaben zu Geräuschen sowie ggf. die Zuweisung eines Satzes an eine Person außerhalb des Bildes, es kann damit von einer Art *subtiteling for the hard of hearing* gesprochen werden.

15 Deutschsprachige Passagen werden dann Englisch untertitelt, wenn sie innerhalb der Filmhandlung nicht (ins Englische) übersetzt werden.

16 Die Englisch sprechenden deutschsprachigen Darsteller (u.a. Christoph Waltz, Diane Kruger, Gedeon Burkhard) synchronisieren sich selbst. Geringfügige Veränderungen in der Wortwahl legen nahe, dass die Texte doppelt eingesprochen wurden, vgl. z.B. die Stelle 1:15:18, wo aus dem „ungewöhnlichen Akzent" des Originals (O) eine „ungewöhnliche Art zu reden" wird (Deutsch S), beide Male gesprochen von Darsteller Alexander Fehling.

In der deutschsprachigen Synchronfassung ergibt sich damit das Problem, wie mit diegetisch begründeten englisch-deutschen Gesprächsverläufen (z.B. Dolmetschsituationen) umzugehen ist, da zwischen beiden Sprachen kein Unterschied mehr besteht. Beispiel 1 illustriert, wie der Gesprächsverlauf in der Synchronfassung verändert werden muss, wenn der zweisprachige Captain Wilhelm Wicki (Darsteller Gedeon Burkhard) zwischen Aldo Raine und dem Wehrmachtsgefreiten Butz (Darsteller Sönke Möhring) dolmetscht. Er wird zu einer Art psychotherapeutischem Moderator („Händchenhalten"), die überflüssig gewordenen Übersetzungen werden genutzt, um zusätzliche Torturen anzudrohen. Eine Schlüsselstellung nimmt die Wiedergabe von „English?" als „Hast du Schiss?" ein, die wohl der Lippensynchronität geschuldet ist – die Kamera zeigt hier in einer Halbnah-Aufnahme den Kopf Brad Pitts von vorn, seine Lippen sind gut sichtbar. Dieser Entscheidung muss der folgende Dialogverlauf angepasst werden. Für die englischsprachige Untertitelung ist hier bemerkenswert, dass sie ausgesetzt wird, wenn die Filmhandlung ohnehin eine Übersetzung vorsieht (die dann angegeben wird) bzw. wenn die Antwort unerheblich ist (vgl. den letzten Satz der folgenden Sequenz).

Beispiel 1: Veränderung des im Original zweisprachigen Gesprächsverlaufs in der deutschsprachigen Synchronfassung

Zeit (Person)	**Original**	**Englisch (UT)**	**Deutsch (UT)**	**Deutsch (S)**
32:28 Aldo Raine	Donny, bring that other one over here. Alive!	Donny, bring that other one over here. Alive!	Donny, bring mir den anderen. Lebendig!	Danny, bring mir den Kerl her. Lebendig!
32:32 Donny Donowitz	Get the fuck up! Batter up. You're on deck! Two hits. I hit you, you hit the ground.	Get the fuck up! Batter up. You're on deck! Two hits. I hit you, you hit the ground.	Steh auf! In Schlag-Position! Du bist dran! Zwei Schläge. Ich Kopf, du Boden.	Steh auf, Drecksau! Bring dich in Position, du bist dran! Zwei Schläge: ich Kopf, du Boden.
32:39 AR	English?[17]	English?	___	**Hast du Schiss?**
32:40 Butz	Nein.	(SPEAKING GERMAN)	___	**Ja!**
32:42 AR	Wicki! Ask him, if he wants to live.	ALDO: Wicki. Ask him if he wants to live.	Wicki. Frag, ob er am Leben bleiben will.	**Wicki! Ich brauch dich zum Händchenhalten!**

17 Aldo Raine (Brad Pitt) macht mit seiner Aussprache des Wortes („[Änglisch?]") offenbar ein sprachliches Angebot an den Deutschen.

Zeit (Person)	Original	Englisch (UT)	Deutsch (UT)	Deutsch (S)
32:49 Wilhelm Wicki	Willst du am Leben bleiben?	(BOTH SPEAKING GERMAN)	――	Willst du am Leben bleiben?
32:50 GB	Ja, Sir!		――	Ja, Sir!
32:51 AR	Tell him to point out on this map the German position.	Tell him to point out on this map the German position.	Er soll uns die deutsche Stellung zeigen.	**Da will sich wohl einer um das Baseballspiel drücken.**
32:52 WW	Dann zeig uns auf der Karte, wo die deutsche Stellung ist.	(SPEAKING GERMAN) --- (BASTERDS LAUGHING)	――	Dann zeig uns auf der Karte, wo die deutsche Stellung ist.
32:58 AR	Ask him how many Germans.	Ask him how many Germans.	Frag ihn, wie viele es sind.	**Wir können ihm aber auch die Eier abschneiden.**
32:59 WW	Wieviele Deutsche?	(BOTH SPEAKING GERMAN)	――	Wieviele Deutsche?
32:59 GB	Könnten zwölf sein.		――	Könnten zwölf sein.
33:02 WW	Around about twelve.	Around about 12.	Ungefähr zwölf.	**Er will seine Eier behalten.**
33:03 AR	What kind of artillery?	What kind of artillery?	Welche Art Waffen?	**Und ich hab mich schon so gefreut.**
33:05 WW	Was haben sie für Waffen?	(BOTH SPEAKING GERMAN)	――	Was haben sie für Waffen?
33:06 GB	Sie haben hier einen Maschinengewehr-graben. Nördlich ausgerichtet.		――	Sie haben hier einen Maschinengewehr graben. Nördlich ausgerichtet.

An Beispiel 2 lässt sich zeigen, wie diegetisch wichtige sprachliche Differenzierungen durch die Übersetzung weitgehend nivelliert werden (müssen). Der entscheidende Unterschied besteht auch hier zwischen originaler und synchronisierter Tonspur: zwar wird der gleiche Text gesprochen, seine lautliche Realisierung aber ist unterschiedlich – obwohl die Handlung gerade darauf abhebt. SS-Sturmbannführer Hellstrom (Darsteller August Diel) erkennt am Akzent, woher seine deutschsprachigen Gesprächspartner kommen (München, Frankfurt), bei dem als deutschen Offizier getarnten britischen Captain Archie Hicox hat er jedoch Schwierigkeiten. Auf die Geschichte von dessen Herkunft „vom Fuße des Piz Palü" im Schweizer Kanton Graubünden fällt er anfangs herein, dann verrät sich der Brite jedoch durch eine nicht-stimmige Geste[18] und er fliegt auf. Alle Darsteller der Szene (Alexander Fehling, August Diel, Gedeon Burkhard, Diane Kruger) sprechen sich in der deutschen Synchronfassung selber, einzig Michael Fassbender, der mehrsprachige Star der Szene, dessen „ungewöhnlicher", „bizarrer" Akzent im Mittelpunkt steht, wird synchronisiert, indem der Synchronsprecher (Norman Matt) seine Sätze „akzentlos" wiederholt. Fassbenders (gespielte wie reale) Bemühungen, diese Szene sprachlich zu meistern, gehen damit völlig verloren, dem Publikum der (deutschen) Synchronfassung bleibt der Sinn der linguistischen Argumentation weitgehend verborgen.

Beispiel 2: Nivellierung diegetisch wichtiger innersprachlicher Differenzierungen (Akzente) in der deutschsprachigen Synchronfassung

<table>
<tr><th>Zeit (Person)</th><th>Original</th><th>Englisch (UT)</th><th>Deutsch (UT)</th><th>Deutsch (S)</th></tr>
<tr><td>1:15:18
SS-Sturmbannführer Dieter Hellstrom</td><td>Dürfte ich mich vielleicht erkundigen? Wie unser frischgebackener Vater hier habe auch ich ein sehr genaues Ohr für Akzente. Und wie er finde ich Ihren äußerst seltsam. Woher stammen Sie, Hauptsturmführer?</td><td>--- Might I inquire? (PHONOGRAPH CRACKING) Like our young newly christened father here … I, too, have an acute ear for accents. And like him … I, too, find yours odd. From where do you hail, Captain?</td><td rowspan="4">identisch mit dem gesprochenen Original</td><td rowspan="4">identisch mit dem gesprochenen Original, Originalstimmen, Ausnahme: Synchronisation der Figur AH (Michael Fassbender)</td></tr>
<tr><td>1:16:11
Cpl. Wilhelm Wicki</td><td>Sturmbannführer, ich finde es höchst …</td><td>Major, I find it highly…</td></tr>
<tr><td>1:16:12
DH</td><td>Ich habe nicht mit Ihnen gesprochen, Obersturmführer München. – Und auch nicht mit Ihnen, Obersturmführer Frankfurt. – Ich spreche mit dem Hauptsturmführer Heimatlos hier.</td><td>--- I wasn't speaking to you, Lieutenant Munich. – Or you either, Lieutenant Frankfurt. – I was speaking to Captain I-don't-know-what.</td></tr>
<tr><td>1:16:27
Lt. Archie Hicox</td><td>Ich bin in einem Dorf geboren, dass im Schatten des Piz Palü liegt.</td><td>I was born in a village that rests in the shadow of the Piz Palü.</td></tr>
</table>

18 Der Brite zeigt die „drei Gläser" mit Zeige-, Mittel- und Ringfinger der rechten Hand, die „deutsche Drei" wären Daumen, Zeige- und Mittelfinger gewesen (1:24:23) – „alles andere sieht komisch aus" (Deutsch UT) oder „ist eigenartig" (Deutsch S). Der Fehler wird später im Gespräch zwischen von Hammersmark und Raine nochmals erklärt (1:34:22-1:34:39).

Zeit (Person)	Original	Englisch (UT)	Deutsch (UT)	Deutsch (S)
1:16:32 DH	Der Berg?	The mountain?		
1:16:33 AH	Ja. **In dem Dorf sprechen alle so.** Haben Sie den Riefenstahl-Film gesehen?[19]	Yes. In that village we all speak like this. Have you seen the Riefenstahl film?		
1:16:39 DH	Ja.	Yes.		
1:16:40 AH	Dann haben Sie mich gesehen. Erinnern Sie sich an die Ski-Szene mit der Fackel?	Then you saw me. Do you remember the skiing torch scene?		
1:16:47 DH	Ja.	Yes.		
1:16:48 AH	In dieser Szene spielen ich, mein Vater, meine Schwester und meine zwei Brüder. Mein Bruder sieht so gut aus, dass der Regisseur Pabst eine Großaufnahme von ihm gedreht hat.	In that seen was myself, my father, my sister and my two brothers. My brother is so handsome … the director Pabst gave him a Close-Up.		
1:17:00 Bridget von Hammersmark	Herr Major, wenn mein Wort etwas gilt… Ich kann mich voll und ganz dafür verbürgen, was der junge Hauptmann hier behauptet. Er stammt wirklich vom Fuße des Piz Palü. Er war in dem Film und sein Bruder sieht wesentlich besser aus als er.	Herr Major, if my word means anything… I can vouch for everything the young Captain has just said. He does hail from the bottom of the Piz Palü. He was in the film and his brother is far more handsome than he. (LAUGHING.) (ALL LAUGHING.)		
1:17:28 DH	Sie sollten mal besser zu Ihren Freunden zurückkehren. – Meine Herrschaften, darf ich mich zu Ihnen setzen?	You should rejoin your friends. – May I join you?		
1:17:34 BvH	Gerne.	By all means.		
1:17:36 DH	Wunderbar! – **Das ist der Grund für Ihren bizarren Akzent**… Das ist ungewöhnlich.	Wunderbar! – So that's the source of your bizarre accent. That's extraordinary.		

19 Angespielt wird auf den in den Schweizer Alpen gedrehten Stummfilm „Die weiße Hölle vom Piz Palü" (D 1929, Regie: Arnold Franck, Georg Wilhelm Pabst). Leni Riefenstahl spielte eine Hauptrolle. Lieutenant Archie Hicox ist im Zivilberuf Filmkritiker, er setzt seine Filmkenntnisse zur Aufrechterhaltung seiner Tarnung ein.

Später steht in der gleichen Kellerszene ein Sprachenwechsel vom Deutschen ins Englische an, er bedeutet das Ende von Hicox' Tarnung (Beispiel 3). In der tschechischen Synchronfassung (S) werden die englischsprachigen Passagen Tschechisch wiedergegeben, die deutschsprachigen Passagen dagegen untertitelt. Die tschechische Untertitelfassung (UT) erfasst beide Sprachen, ohne jedoch graphisch zu unterschieden. Sprachlich weniger aufmerksame bzw. auf die Schrift konzentrierte Zuschauer laufen Gefahr, den Zeitpunkt und narrativen Sinn des Sprachenwechsels zu verpassen, obgleich er visuell durch das Aufflammen von Hicox' Feuerzeug verstärkt wird (1:27:01): er findet in der tschechischen ebenso wenig wie in der deutschsprachigen Synchronfassung statt, gleiches trifft auf polnisches *Voice Over* zu. In den drei Untertitelfassungen bleibt der Übergang natürlich hörbar.

Zeit (Person)	**Original**	**Englisch (UT)**	**Tschech. (S)**	**Tschech. (UT)**
1:26:15 Lt. Archie Hicox	Was jetzt passieren wird, Sturmbannführer, Sie werden aufstehen und mit uns durch diese Tür hinausgehen.	What's going to happen, Major ... You're going to stand up and walk out that door with us.	**[UT]** Vy teď, majore, vstanete a vyjdete s námi ven.[20]	identisch mit den Tschechisch untertitelten Passagen in der Synchronfassung
1:26:21 SS-Sturmbannführer Dieter Hellstrom	Nein, nein, nein, nein. Nein, das glaube ich nicht. Ich glaube, Sie und ich, wir beide wissen, Hauptsturmführer, dass, egal was mit den anderen Leuten hier in diesem Raum passiert, wir zwei nirgendwo hingehen. Das ist wirklich schade um Oberfeldwebel Wilhelm und seine berühmten Freunde. Falls einer von euch vorhat, am Leben zu bleiben, werdet ihr sie auch erschießen müssen. Sieht so aus, als ob Klein-Max als Waise aufwächst. Wie traurig.	No, no, no, no, no, no. I don't think so. I'm afraid, you and I ... we both know, Captain ... no matter what happens to anybody else in this room ... the two of us aren't going anywhere. Too bad about Oberfeldwebel Wilhelm and his famous friends. If any of you expect to live, you will have to shoot them too. Looks like little Max will grow up an orphan. How sad.	**[UT]** Ne, ne... To tedy ne. Oba bohužel víme, kapitáne, že ať se tu komukoliv stane cokoliv, my dva nepůjdeme nikam. Škoda rotmistra Wilhelma a jeho slavných kamarádů. Jestli to má někdo z vás přežít, budete muset postřílet i je. Vypadá to, že Maxík bude sirotek. To je smutné.[21]	

20 „Sie jetzt, Major, stehen auf und gehen mit uns hinaus." Für ihre Hilfe bei der Transkription und Übersetzung der tschechischsprachigen Passagen danke ich Raija Hauck (Ernst-Moritz-Arndt-Universität Greifswald) und Zbyněk Fišer (Masaryk-Universität Brno).

21 „Nein, nein... Das sicher nicht. Beide wissen wir leider, Hauptmann, dass egal was hier wem passiert, wir beide nirgendwo hingehen. Schade um Feldwebel Wilhelm und

Erst mit dem Wechsel in die Leitsprache Englisch unterscheiden sich untertitelte und synchronisierte tschechische Fassung voneinander.

Beispiel 3: Verdeckung diegetisch begründeten Sprachenwechsels durch tschechische Synchron- und Untertitelfassung

Zeit (Person)	Original	Englisch (UT)	Tschech. (S)	Tschech. (UT)
1:27:01 AH	Well, if this is it, old boy, I hope you don't mind if I go out speaking the King's.	Well, if this is it, old boy, I hope you don't mind if I go out speaking the King's.	**No že jestli je konec, brachu, snad nebude vadit, když přejdu do angličtiny.**	**Jestli je to tak, příteli, snad vám nebude vadit, že přejdu do angličtiny.**[22]
1:27:09 DH	By all means, Captain.	By all means, Captain.	**Beze všeho, kapitáne.** [Ohne weiteres, Hauptmann.]	**Ale ovšem, kapitáne.** [Aber natürlich, Hauptmann.]

Voice Over-Versionen decken durch ihre minimal zeitversetzte akustische Präsenz und die damit einhergehende notwendige Abdämpfung der originalen Tonspur diegetische Mehrsprachigkeit zu, insbesondere bei hohem Sprechtempo und wortreichen Sätzen. Dass weder *Voice Over* noch Untertitelung für solche Fälle optimal sind, zeigt Beispiel 4. Einzelne Sätze der mehrsprachigen Konversation fallen in der Übersetzung weg, Sprachenwechsel werden nicht konsequent angezeigt, unterschiedliche Sprachbeherrschung bzw. vorgetäuschte Sprachkenntnisse spielen gar keine Rolle.[23] Deutlich wird außerdem, dass für die beiden polnischsprachigen Fassungen offenbar verschiedene Übersetzer am Werk waren.

seine berühmten Freunde. Wenn das jemand von euch überleben soll, muss er auch die erschießen. Es sieht so aus, als würde Mäxchen eine Waise. Das ist traurig."

22 S: „Also, wenn das das Ende ist, Kamerad, stört es vielleicht nicht, wenn ich ins Englische übergehe." UT: „Wenn das so ist, Freund, stört es Sie vielleicht nicht, dass ich ins Englische übergehe." Die polnischen Übersetzungen riskieren durch die wörtliche Wiedergabe im Plural, dass die Bedeutung des Wechsels vom Deutschen ins Englische zusätzlich verdeckt wird. „Speaking the King's" wird zur „Sprache der Könige": „umrę mówiąc językiem królów" [„sterbend spreche ich in der Sprache der Könige"] (Poln. UT) bzw. „przemówię językiem królów" [„dann spreche ich in der Sprache der Könige"] (Poln. VO).

23 Hans Landa (Darsteller Christoph Waltz) macht sich einen besonderen Spaß daraus, seine drei „italienischen" Gesprächspartner ihre Namen mehrmals wiederholen zu lassen und sie dabei sprachlich bloßzustellen.

Beispiel 4: Verkürzung originaler diegetischer Mehrsprachigkeit in den polnischen Voice Over- *und Untertitelfassungen*

Zeit (Person)	**Original**	**Englisch (UT)**	**Poln. (VO)**	**Poln. (UT)**
1:48:39 Hans Landa	Wer sind denn Ihre drei feschen Begleiter?	So, who are your three handsome escorts?	Kim są Pani przystojni towarzysze?	A kim są Pani przystojni towarzysze?[24]
1:48:43 Bridget v. Hammers-mark	Ich befürchte, dass keiner von ihnen ein einziges Wort Deutsch spricht. Es sind Freunde aus Italien. – Das hier ist der hervorragende Sensationsdarsteller Enzo Gorlomi. – Ein sehr talentierter Kameramann, Antonio Marghareti. – Und Antonios Kameraassistent, Dominick Decocco. – Signiori, questo es[25] un vecchio amico mio, Colonnello Hans Landa della SS.	I'm afraid, neither three speak a word of German. They're friends of mine from Italy. – This is a wonderful Italian stuntman, Enzo Gorlomi. – A very talented cameraman, Antonio Marghareti. – And Antonios camera assistant Dominick Decocco. (SPEAKING ITALIAN), Gentlemen, this is an old friend, Colonel Hans Landa of the SS.	Niestety, żaden z nich nie mówi po niemiecku. To moi znajomi z Włoch. – Przystojny włoski kaskader Enzo Gorlomi. – Zdolny kamerzysta Antonio Marghareti oraz jego asystent Dominick Decocco. A to mój stary przyjaciel, pułkownik Hans Landa z SS.	Niestety, żaden z nich nie mówi ani słowa po niemiecku. To moi znajomi z Włoch. To jest znakomity włoski kaskader Enzo Gorlomi. – Bardzo utalentowany operator, Antonio Marghareti. – I asystent Antonia, Dominick Decocco. Panowie, to jest mój stary znajomy, pułkownik Hans Landa z SS.[26]

24 „(Und) wer sind Ihre drei ansehnlichen [hübschen] Begleiter?“

25 Statt „es“ müsste es richtig heißen: „è“. Für ihre Hilfe bei der Transkription und Übersetzung der italienischsprachigen Passagen danke ich Chiara Cerri (Philips-Universität Marburg).

26 VO: „Leider spricht keiner von ihnen Deutsch. Das sind meine Bekannten aus Italien. Der ansehnliche italienische Stuntman EG., der begabte Kameramann AM und sein Assistent DD. – Und das ist mein alter Freund Oberst HL von der SS.“ UT: „Leider spricht keiner von ihnen ein einziges Wort Deutsch. Das sind meine Bekannten aus Italien. Das ist der hervorragende italienische Stuntman EG. Der sehr talentierte Kameramann, AM. Und Antonios Assistent, DD. – Meine Herren, das ist mein alter Bekannter, Oberst HL von der SS.“

Zeit (Person)	Original	Englisch (UT)	Poln. (VO)	Poln. (UT)
1:49:12 Aldo Raine	Bon giorno.	(SPEAKING ITALIAN) Hello.	______	Dzień dobry. [Guten Tag.]
1:49:14 HL	Signori, piacere. Gli amici della vedette[27] ammirata da tutti noi, questa gemma propria della nostra cultura, saranno naturalmente accolti sotto la mia protezione per la durata del loro soggiorno.[28]	Gentlemen, it's a pleasure… the friends of our cherished star, admired by all of us, the outright jewel of our culture … are naturally going to be under my personal protection or the duration of their stay.	To dla mnie zaszczyt. Przyjaciół naszej ukochanej gwiazdy, podziwianego przez wszystkich klejnotu naszej kultury, obejmę na czas pobytu osobistą kuratelą.	Panowie, to wielka przyjemność. Przyjaciele naszej wspaniałej gwiazdy, klejnotu naszej kultury, podczas pobytu tutaj znajdują się pod moja osobistą ochroną.[29]
1:49:27 AR	Grazie.	Thank you.	Dziękuję	Dziękuję. [Danke.]
1:49:29 HL	Gorlomi? Lo pronuncio correttamente?[30]	Gorlomi? Am I saying it correctly?	Gorlomi? Dobrze wymawiam?	Gorlomi? Czy powiedziałem to poprawnie?[31]

…

27 Mit „vedette" („Star / Filmstar") wird hier ein französisches Wort gewählt.

28 „Meine Herren, angenehm. Selbstverständlich werden die Freunde des von allen geliebten Stars, dieses besonderen Juwels unserer Kultur, während der ganzen Aufenthaltsdauer unter meinem Schutz stehen."

29 VO: „Das ist eine Ehre für mich. Die Freunde unseres geliebten Stars, dieses von allen bewunderten Kleinods unserer Kultur, werde ich für die Dauer [ihres] Aufenthalts unter meinen persönlichen Schutz nehmen". Benutzt wird das Wort „kuratela", wörtlich: „„Pflegschaft, Vormundschaft, [Kuratel]". Die Stelle erhält damit im Polnischen eine juristische Dimension. UT: „Meine Herren, es ist mir ein großes Vergnügen. Die Freunde unseres wunderbaren Stars, des Kleinods unserer Kultur, befinden sich während ihres Aufenthaltes unter meinem persönlichen Schutz."

30 Gorlomi? Spreche ich es korrekt aus?

31 VO: „G. Spreche ich das gut aus?" UT: „Habe ich das richtig gesagt"?

Zeit (Person)	Original	Englisch (UT)	Poln. (VO)	Poln. (UT)
1:49:52 HL	E come si chiama Lei?[32]	What's your name again?	A Pan jak się nazywa?	A pańskie nazwisko raz jeszcze?[33]
1:49:54 Donny Donowitz	Antonio Margareti.[34]	Antonio Marghareti.	———	———
1:49:57 HL	Ancora? [Noch mal?]	Again…?	Jeszcze raz?	Jeszcze raz. [Noch mal?]
1:49:48 DD	Margareti.	Marghareti.	———	———
1:49:59 HL	Un'altra volta, ma adesso vorrei proprio sentire la musica delle parole![35]	Once more time, but let me really hear the music in it!	Tym razem niech to zabrzmi.	Jeszcze raz, ale tak, żebym usłyszał muzykę tego słowa.[36]
1:50:06 DD	Margareeeti.	Marghareti.	———	———
1:50:07 HL	Marghareti! – E lei?[37]	HANS: Marghareti! – And you?	A Pan?	A Pan? [Und Sie?]
1:50:10 Omar Ulmer	Dominick Decocco.	Dominick Decocco.	———	———

………

32 „Und wie heißen Sie?"

33 VO: „Und wie heißen Sie?" UT: „Und Ihr Name noch mal?"

34 Die Aussprache des Namens ist hier falsch, gesprochen wird „Mar**ga**reti" anstatt „Mar**gha**reti", ein Grund für die vielen Nachfragen von Seiten Landas. Keine der betrachteten Übersetzungen berücksichtigt diesen Umstand, die mehrmaligen Wiederholungen des Namens bleiben damit eigentlich unmotiviert, bzw. erscheinen als Versuch, den Gesprächspartner auf die Probe zu stellen.

35 „Noch einmal, aber diesmal möchte ich wirklich die Musik der Wörter hören!"

36 VO: „Diesmal soll es klingen." UT: „Nochmal, aber so, dass ich die Musik dieses Wortes höre."

37 „Marghareti! Und Sie?"

Zeit (Person)	Original	Englisch (UT)	Poln. (VO)	Poln. (UT)
1:50:12 HL	Bravo!	Bravo! (SPEAKING ITALIAN)	________	________
1:50:16 BvH	Ich glaube, meine Kamerafreunde müssen ihre Plätze finden.	(SPEAKING GERMAN) Well, my two cameraman friends need to find their seats.	Moi dwaj kamerzyści muszą odnaleźć swoje miejsca.	Moi koledzy kamerzyści muszą znaleźć swoje miejsca.[38]
1:50:18	Lasciatemi vedere i vostri biglietti – Mit Verlaub [?], für einen Star von Ihrem Status wird's nichts allzu schwierig gewesen sein, Premierenkarten für Ihre Freunde zu besorgen. – Zero zero ventitré, zero zero ventiquattro. Non sarà troppo difficile di trovare.[39] Arrivederci.	(SPEAKING ITALIAN) Let me see your tickets. – (SPEAKING GERMAN) I suppose you getting premiere tickets for your friends wouldn't be the most difficult thing … for a star of your status. – (SPEAKING ITALIAN) 0023 and 0024. That shouldn't be too difficult to find, goodbye.	Mogę zobaczyć bilety? – Gwiazda Pani formatu nie miała na pewno problemu ze zdobyciem zaproszeń. – Zero zero dwadzieścia trzy i zero zero dwadzieścia cztery. Znajdziecie bez trudu.	Pokażcie mi, proszę, wasze zaproszenia. – Przypuszczam, że dla gwiazdy pani formatu załatwienie zaproszeń na premierę raczej nie było trudna sprawą. 0023… i 0024. Łatwo będzie znaleźć te miejsca. Do widzenia.[40]
1:50:38 DD, OU, AR	Arrivederci.	(ALL SAYING GOODBYE IN ITALIAN)	________	________

38 VO: „Meine zwei Kameraleute müssen ihre Plätze finden." UT: „Meine zwei Freunde, die Kameraleute, müssen ihre Plätze finden."

39 Richtig müsste es heißen: „Non sarà troppo difficile trovarli."

40 VO: „Darf ich die Tickets sehen? Ein Star Ihres Formats hatte sicher keine Probleme mit der Beschaffung von Einladungen. – 0023 und 0024. Das findet ihr ohne Schwierigkeiten." UT: „Zeigt mir bitte eure Einladungen. - Ich nehme an, dass für einen Star

Alle vier Beispiele zeigen die Chancen und Grenzen audiovisueller Übersetzungsmodi wie in einem Brennglas. Die Veränderung des Dialogverlaufs – und damit ein Eingriff in die Struktur filmischer Charaktere und Handlungsverläufe (Beispiel 1), die Nivellierung innersprachlicher Nuancen (Beispiel 2), die Ausblendung der diegetischen Funktion von Sprachen und Sprachenwechsel (Beispiel 3) sowie schließlich die Verflachung narrativ begründeter mehrsprachiger Konversation (Beispiel 4) sind im Grunde genommen nicht vermeidbar. Wichtig ist aus meiner Sicht vor allem, dass sie erkannt und diskutiert werden sowie in die Suche nach kreativen Lösungen münden, die ihre Folgen nach Möglichkeit minimieren.

Didaktische Konsequenzen

Filmübersetzerische Kompetenzen werden immer mehr als wichtiger Baustein einer Übersetzer-Ausbildung verstanden, sowohl in Synchron- als auch in Untertitel- und *Voice Over*-Ländern liegen hier nicht zuletzt reale Verdienstchancen. Dabei wird es sicher vor allem um Her-Übersetzungen im Kontext der filmübersetzerischen Konventionen des eigenen Landes gehen, in den Focus rückt damit die jeweilige Landessprache. Mehrsprachige Filme beleuchten hier schlagartig dringende Desiderata. Mehre Aspekte müssen daher immer wieder nachdrücklich angemahnt werden. Übersetzer und Übersetzerinnen brauchen neben einer möglichst aktiven mehrsprachigen Kompetenz eine profilierte muttersprachliche Kompetenz. Thematisiert werden müssen z.B.:

- soziolinguistische Fragen rund um Situations- und Adressatenangemessenheit sowie Registerwahl, insbesondere Dialekte und Soziolekte, Slang und Jugendsprache,
- stilistische Besonderheiten der gesprochene(n) Landessprache(n), darunter phonologisch-phonetische und phonologisch-kinetische Aspekte (Klang und Lippenbild, Lippen- und Bewegungssynchronität, Gestik, Mimik u.Ä.) – das gilt v.a. in Synchron-Ländern,
- aktive Formulierungskompetenzen (u.a. prägnantes, schriftliches Zusammenfassen von Gesprächen) – das gilt v.a. in Untertitel-Ländern,
- Sprachnormen und Regeln,
- Chancen und Grenzen sprachlicher Kreativität und Originalität in der eigenen Sprache.

Ihres Formats die Beschaffung von Einladungen zur Premiere keine schwierige Sache war. – 0023 und 0024. Diese Plätze kann man leicht finden. Auf Wiedersehen."

Entscheidend ist des weiteren eine umfassende funktionale Translationskompetenz. Zu wichtigen Themen gehören hier

- Unterschiede zwischen mündlicher und schriftlicher Translation / Spezifika gehörter und gelesener Translate,
- Fragen von Natürlichkeit und Künstlichkeit in mündlicher und schriftlicher Translation,
- zwischensprachliche Unterschiede hinsichtlich sprachlicher Intentionalität, Genauigkeit, interpersonaler Direktheit, diesbezügliche Normen und Erwartungen und daraus folgende Übersetzungsstrategien,
- Sensibilität für den Einfluss, den Übersetzungen auf die kommunikativen Strukturen und Konventionen der Zielsprache haben können[41],
- Fragen spezifischer kultureller Konnotationen und daraus folgende Felder des Unübersetzbaren (z.B. Rang- und Personenbezeichnungen, wie etwa Fräulein),
- spezifische Figuren der Filmsynchronisation und Filmuntertitelung – z.B. Auslassung- und Hinzufügungsfiguren – und ihre kulturspezifischen Wirkungen[42],
- Toleranzgrenzen für Übersetzungsfehler, die beim Film anders verlaufen als etwa in der Literatur.

Schließlich sehe ich die dringende Notwendigkeit kultur- und medienspezifischer Kompetenzen. Obligatorische Bestandteile wären:

- grundlegendes Kulturwissen zur Textsorte ‚Film' in der Ausgangs- und Zielkultur. Dies ist u.a. notwendig, um den Übersetzungsauftrag korrekt erfassen zu können.
- grundlegendes Wissen über filmspezifische Übersetzungskonventionen und ihre Entstehung,
- verschiedene filmische Rezeptionstraditionen und -gewohnheiten,
- Vergleich von gesprochener Sprache in verschiedenen Filmformaten und Filmgenres (Spielfilm, Dokumentarfilm, *docu fiction*, *talk show*, Kinderfilm, Kriminalfilm usw.),
- bewusster Umgang mit Dialekten, Soziolekten, fremdsprachigen Akzente in der Filmübersetzung,

41 "In other words, it needs to be clarified whether in the case of film translation, the source text's language and culture inevitably leave an imprint on the linguistic surface of the translation text, or whether this is due to the specific extralinguistic conditions between the languages and cultures." (Baumgarten 2007:245).

42 Pruys spricht von Austausch-, Auslassungs-, Hinzufügungs- und Übernahmefiguren im Bereich der gesprochenen / gesungenen Worte, der Geräusche, Musik, Bildern, Bildausschnitten und dem Ton-Bild-Verhältnis (vgl. Pruys 1997:110–130).

- Sensibilität in Bezug auf intermediale Bezüge im Film (z.B. die Stimmigkeit zwischen Sprache und Bild),
- Sensibilität (ggf. Recherchekompetenzen) in Bezug auf intertextuelle Bezüge (z.B. Zitate),
- Sensibilität für das Verhältnis zwischen filmischem Realismus und filmischer Illusion (perfekte vs. teilweise Illusion).

Auch in Sprachräumen, für die eine bestimmte filmische Übersetzungskonvention eher den Ausnahme- als den Regelfall darstellt, sollten immer verschiedene Übersetzungsvarianten ausprobiert, verglichen und diskutiert werden. Das entspricht einerseits den Erfordernissen globaler Filmdistribution und beruflicher Mobilität, andererseits der zunehmenden Parallelität verschiedener filmischer Übersetzungen im Zeichen einer Relativierung bisheriger Rezeptionskonventionen. Darüber hinaus aber ermöglicht es eine bessere Erfassung medien- und kulturspezifischer Konventionen. Zum einen muss sehr viel genauer als bisher gefragt werden, für wen und mit welchem Ziel übersetzt wird.[43] Zum anderen scheint es ein dringendes Desiderat, die kulturspezifische Empathie und Toleranz angehender Übersetzerinnen und Übersetzer zu fördern, etwa, indem die mangelnde Akzeptanz für ungewohnte Übersetzungsmodi kritisch hinterfragt wird. Diese müssen sehr viel stärker als bisher als integraler Bestandteil medialer Kulturen wahrgenommen werden – sie bilden in meinem Verständnis Fixpunkte einer konkreten kulturellen Kompetenz. Die eingehende Analyse und Reflexion mehrsprachiger Filme bündelt solche Fragestellungen, da sie in besonderer Weise das Nebeneinander verschiedener Lösungswege als einen Weg zeigt, mit mehrsprachiger Medialität umzugehen. Da sich das Medium Film im Kontext grenzüberschreitender Narration, Produktion und Rezeption seit über einhundert Jahren mehrsprachig präsentiert und zudem ein multimodales Phänomen darstellt, kann die Arbeit mit filmischen Paraprodukten die eigentliche Filmübersetzung in nahezu idealer Weise vorbereiten und flankieren. Schon die Übersetzung von Filmtiteln, Filmplakaten (ggf. mit den übersetzerisch oft sehr anspruchsvollen *taglines*), Flyern, Trailern, Interviews, Festivalberichten oder Rezensionen gehört in den Aufgabenbereich von Übersetzerinnen und Übersetzern und sollte daher in die translatorische Ausbildung Eingang finden. Der Vergleich verschiedener Plakatversionen der *Inglourious Basterds* kann z.B. zeigen, wie Titelübersetzung und Schriftgestaltung einander

43 Auf die z.T. sehr speziellen Übersetzungsleistungen in den Synchronfassungen von (englischsprachigen) Trickfilmen für Kinder z.B. für den polnischen Markt ist in diesem Zusammenhang wiederholt hingewiesen worden, wichtiges Stichwort wäre hier (intendierter?) Adressatenwechsel, vgl. den Beitrag von Anna Urban in diesem Band.

bedingen. Bei der ansonsten weitgehenden Übereinstimmung der Plakate in den einzelnen Sprachen gibt es dennoch signifikante Unterschiede. So wird in der amerikanischen Originalversion ein Hakenkreuz in das erste „o" komponiert, um den Film eindeutig zeitlich und räumlich zu verorten (a). Die deutschsprachige Plakatversion nutzt den gleichen Titel, verzichtet aber auf das nazistische Symbol (b), die tschechische Version muss das Symbol außerhalb der Buchstaben situieren, da der Titel keinen geeigneten Buchstaben enthält (c) und in der polnischen Version wandert das Symbol in die zweite Zeile, wo das Wort „wojna" [Krieg] die passende graphische Möglichkeit bietet.[44]

a)

b)

c)

d)

Translation kann die Mehrsprachigkeit filmischer Erzählungen als narrativen und linguistischen Mehrwert herausstellen oder aber nivellieren. Die Reflexion einer notwendigen Balance zwischen diesen Polen stellt einen wichtigen Aspekt der Translationsdidaktik dar und an Filmen erworbene diesbezügliche Kompetenzen lassen sich auch im Kontext anderer Textsorten nutzen. Vergleichbare Fragestellungen ergeben sich nicht zuletzt im Umfeld mehrsprachiger literarischer Texte.

Literatur

Badstübner-Kizik, Camilla (2012a): Languages, stereotypes and films. European film policy and perception of ‚Others'. In: Acta Germanica. German Studies in Africa, Jahrbuch des Germanistenverbandes im Südlichen Afrika / Yearbook of the Association for German Studies in Africa 40, 134–142.

Badstübner-Kizik, Camilla (2012b): Alles nur Missverständnisse? Sprachenkontakte in Spielfilmen und ihr didaktisches Potenzial. In: Adamczak-Krysztofowicz,

44 Quelle für alle Plakatversionen: MoviePosterDB.com http://www.movieposterdb.com/movie/0361748/Inglourious-Basterds.html (10.02.2015). Bearbeitung der Autorin.

Sylwia / Stork, Antje (Hrsg.), Multikompetent – multimedial – multikulturell? Aktuelle Tendenzen in der DaF-Lehrerausbildung, Frankfurt am Main, 179–194 (= Posener Studien zur Angewandten Linguistik 2).

Baumgarten, Nicole (2005): The Secret Agent. Film dubbing and the influence of the English language on German communication preferences. Towards a model of the analysis of language use in visual media. Diss. Universität Hamburg, http://ediss.sub.uni-hamburg.de/volltexte/2005/2527/pdf/Dissertation_Baumgarten.pdf (15.01.2015).

Bleichenbacher, Lukas (2008a): Multilingualism in the Movies. Hollywood Characters and Their Language Choices, Tübingen (= Schweizer Anglistische Arbeiten 135).

Bleichenbacher, Lukas (2008b): Linguistic Replacement in the Movies. In: Poznań Studies in Contemporary Linguistics 44(2), 179–196.

Butter, Michael (2009): Zwischen Affirmation und Revision populärer Geschichtsbilder: Das Genre der *Alternate History*. In: Korte, Barbara / Paletschek, Sylvia (Hrsg.), History Goes Pop. Zur Repräsentation von Geschichte in populären Medien und Genres, Bielefeld, 65–81.

Pruys, Guido Marc (1997): Die Rhetorik der Filmsynchronisation: wie ausländische Spielfilme in Deutschland zensiert, verändert und gesehen werden. Tübingen.

Wahl, Christoph (2003): Das Sprechen der Filme. Über verbale Sprache im Spielfilm, Diss. Ruhr-Universität Bochum, http://www-brs.ub.ruhr-uni-bochum.de/netahtml/HSS/Diss/WahlChristoph/diss.pdf (10.01.2015).

Wahl, Chris (2009): Sprachversionsfilme aus Babelsberg. Die internationale Strategie der Ufa 1929–1939, München.

Autorinnen und Autoren

Badstübner-Kizik, Camilla, Prof. Dr.
Professorin am Institut für Angewandte Linguistik, Adam-Mickiewicz-Universität Poznań, Leiterin des Lehrstuhls für Kultur- und Mediendidaktik

Arbeitsschwerpunkte: Medien in sprachdidaktischen Prozessen, Medienlinguistik, filmische Mehrsprachigkeit

Korrespondenzadresse: Instytut Lingwistyki Stosowanej UAM, ul. 28 Czerwca 1956 nr 198, 61–485 Poznań, Polen, E-Mail: cbkizik@amu.edu.pl

Brehmer, Bernhard, Prof. Dr.
Inhaber des Lehrstuhls für Slawische Sprachwissenschaft am Institut für Slawistik der Universität Greifswald

Arbeitsschwerpunkte: individuelle und gesellschaftliche Mehrsprachigkeit, Sprachkontakt und Spracherwerb, Schriftlinguistik, Variationslinguistik, linguistische Pragmatik, Korpuslinguistik

Korrespondenzadresse: Institut für Slawistik, Universität Greifswald, Domstr. 9/10, D-17487 Greifswald, E-Mail: brehmerb@uni-greifswald.de

Fišer, Zbyněk, PhDr., Ph.D.
Dozent für tschechische Literatur an der Masaryk-Universität Brno am Institut für tschechische Literatur der Philosophischen Fakultät

Arbeitsschwerpunkte: Theorie und Didaktik der Übersetzung, zeitgenössische tschechische Literatur, Kreatives Schreiben

Korrespondenzadresse: Ústav české literatury a knihovnictví, Filozofická fakulta Masarykovy Univerzity, Arna Nováka 1, CZ-60200 Brno, Tschechische Republik, E-Mail: fiser@phil.muni.cz

Fictumová, Jarmila, PhDr.
Lektorin, Institut für Anglistik und Amerikanistik, Philosophische Fakultät, Masaryk-Universität Brno

Arbeitsschwerpunkte: E-learning, Korpuslinguistik, neue Technologien im Lernen, Übersetzung.

Korrespondenzadresse: Filozofická fakulta Masarykovy Univerzity, Arna Nováka 1, CZ-60200 Brno, Tschechische Republik, E-Mail: fictumov@phil.muni.cz

Hauck, Raija, Dr. phil.
Mitarbeiterin am Institut für Slawistik der Universität Greifswald

Arbeitsschwerpunkte: Sprachlehre Russisch/Tschechisch, Übersetzungstheorie und -praxis, Übersetzungen

Korrespondenzadresse: Institut für Slawistik, Universität Greifswald, Domstr. 9/10, D-17489 Greifswald, E-Mail: hauck@uni-greifswald.de

House, Juliane, Prof. Dr. Dr. h.c. mult.
Professor i.R., Universität Hamburg, Allgemeine und Angewandte Sprachwissenschaft

Arbeitsschwerpunkte: Kontrastive Pragmatik, Diskursanalyse, Höflichkeit, Interkulturelle Kommunikation, Mehrsprachigkeit, Sprachlehr- und lernforschung, Übersetzungswissenschaft, Englisch als Lingua Franca

Korrespondenzadresse: Lagerlöfstr. 25, 22391 Hamburg, E-Mail: jhouse@fastmail.fm

Krebs, Katja, Dr.
Senior Lecturer in Theatre and Performance Studies

Arbeitsschwerpunkte: Adaptationstheorie, Übersetzungsgeschichte des 19. und frühen 20. Jahrhunderts, Geschichte des theatralen Austauschs innerhalb Europas

Korrespondenzadresse: Department of Theatre, Cantocks Close, University of Bristol, BS8 1UP, UK, E-Mail: K.Krebs@bristol.ac.uk

Kyloušek, Petr, Prof. PhDr., CSc.
Professor für Französische und Quebecer Literatur, Masaryk-Universität Brno

Arbeitsschwerpunkte: Französische und Quebecer Literatur des 20. Jahrhunderts, Narratologie

Korrespondenzadresse: Masarykova univerzita Brno, Filozofická fakulta, Arna Nováka 1, CZ-602 00 Brno, Tschechische Republik, E-Mail: kylousek@phil.muni.cz

Nord, Christiane, Prof. Dr.
Diplom-Übersetzerin (Heidelberg, 1967), 1967–2005 in der Übersetzungslehre tätig (Universitäten Heidelberg, Wien, Innsbruck, Hildesheim, Hochschule Magdeburg-Stendal). Seit 2005 Kurzzeitdozenturen und Seminare vor allem zur Übersetzungsdidaktik in verschiedenen Ländern. Seit 2007 Research Fellow am Department of Hebrew and Linguistics and Language Practice der University of the Free State, Bloemfontein, Südafrika.

Arbeitsschwerpunkte: Funktionale Übersetzungstheorie, -methode und -didaktik.

Korrespondenzadresse: E-Mail: cn@christiane-nord.de, Homepage: www.christiane-nord.de

Přibylová, Irena, PhDr., PhD.
Mitarbeiterin am Institut für Englische Sprache und Literatur, Masaryk-Universität Brno

Arbeitsschwerpunkte: regionale und moderne amerikanische Literatur, englischsprachige Kinder- und Jugendliteratur, traditionelle Musik englischsprachiger Länder

Korrespondenzadresse: Masarykova univerzita Brno, Pedagogická fakulta, Poříčí 9, CZ-603 00 Brno, Tschechische Republik, E-Mail: pribylova@ped.muni.cz

Rakšányiová, Jana, prof. PhDr., CSc.
Professorin am Lehrstuhl für Germanistik, Nederlandistik und Skandinavistik an der Philosophischen Fakultät der Comenius-Universität Bratislava

Arbeitsschwerpunkte: Translatologie, Übersetzungsdidaktik, interkulturelle und interlinguale Kommunikation

Korrespondenzadresse: Filozofická fakulta Univerzity Komenského, Gondova 2, P.O.Box 32, SK - 814 99 Bratislava, Slowakische Republik, E-Mail: jana.raksanyiova @gmail.com

Rambousek, Jiří, Mgr. Ing.
Assistent am Institut für Anglistik und Amerikanistik der Philosophischen Fakultät, Masaryk-Universität Brno

Arbeitsschwerpunkte: Geschichte, Didaktik und lexikographische Aspekte der Übersetzung; E-learning

Korrespondenzadresse: Filozofická fakulta Masarykovy univerzity, Arna Nováka 1, CZ-60200 Brno, Tschechische Republik, E-Mail: jiri.rambousek@phil.muni.cz

Urban, Anna, Dr.
Wissenschaftliche Mitarbeiterin am Institut für Angewandte Linguistik, Adam-Mickiewicz-Universität Poznań

Arbeitsschwerpunkte: literarische und audiovisuelle Übersetzung

Korrespondenzadresse: Instytut Lingwistyki Stosowanej UAM, ul. 28 Czerwca 1956 nr 198, 61–485 Poznań, Polen, E-Mail: aurban@amu.edu.pl

Posener Beiträge zur Angewandten Linguistik

Herausgegeben von Waldemar Pfeiffer und Camilla Badstübner-Kizik

Band 1 Camilla Badstübner-Kizik (Hrsg.): Linguistik anwenden. 2011.

Band 2 Sylwia Adamczak-Krysztofowicz / Antje Stork (Hrsg.): Multikompetent – multimedial – multikulturell? Aktuelle Tendenzen in der DaF-Lehrerausbildung. 2012.

Band 3 Lucyna Krenz-Brzozowska: Das Notationssystem von Heinz Matyssek. Die Realität seiner Anwendung und sein generatives Potenzial beim Konsekutivdolmetschen. 2013.

Band 4 Sylwia Adamczak-Krysztofowicz / Anna Szczepaniak-Kozak (Hrsg.): Kultur – Kommunikation – Kreativität – Reflexivität. Beiträge zum universitären Fremdsprachenunterricht. 2014.

Band 5 Britta Stöckmann: Stephen Kings *It* in Translation. Die Übersetzungen von Tabuwörtern in der Umgangssprache der Kinder im Roman. Sieben Sprachen im Vergleich. 2014.

Band 6 Camilla Badstübner-Kizik / Zbyněk Fišer / Raija Hauck (Hrsg.): Übersetzung als Kulturvermittlung. Translatorisches Handeln. Neue Strategien. Didaktische Innovation. 2015.

www.peterlang.com

www.ingramcontent.com/pod-product-compliance
Ingram Content Group UK Ltd.
Pitfield, Milton Keynes, MK11 3LW, UK
UKHW041825031026
15587UKWH00002B/567

9 783631 657478